시간을 이기는
주식투자 **불변의** 법칙

시간을 이기는

주식투자

불변의 법칙

investment in stocks

lovefund 이성수 지음

라의눈

개정판 머리말

지금이라도
달라져야 한다

2013년 5월『시간을 이기는 주식투자 불변의 법칙』초판이 나오고 4년이라는 시간이 흘렀다. 짧다면 짧은 그 4년 동안 주식시장은 질적 변화가 급속도로 진행되고 있다. 특히 개인투자자들이 과거와 많이 달라졌음을 현장에서 실감하고 있다. 예전에는 묻지마 투자로 일관하였던 그들이 이 책에서 다루고 있는 가치스타일 투자와 포트폴리오 투자 그리고 자산배분전략을 이제는 당연한 투자 문화로 받아들이고 있다.

이러한 투자 문화의 변화는 주식투자로 수익을 만들었다는 투자 인구의 증가로 이어지고 있다. 과거에는 개인투자자가 주식투자를 하면 무조건 손해 보는 경우가 많았지만, 점차 합리적 가치투자로 재테크에 성공하는 이들이 주변에서 보이기 시작한 것이다. 점차 그 수가 눈에 띄게 증가하면서, 장기적 관점에서 주식투자를 하는 이와 하지 않는 이들 간에 부의 격차가 벌어질 것이라 판단된다.

하지만 이런 변화 속에서도 아직 마음의 준비가 되지 않은 개인투자자들이 많으리라 생각한다. 과거에 비해 합리적인 투자를 하는 개인투자자가 늘어났다 하더라도, 아직 대다수의 개인투자자들은 비합리적인 투자를 이어가고 있다. 특히 한두 종목에 몰빵투자를 하는 개인투자자 비중은 전체 개인투자자의 60%에 이른다(비록 이 수치는 10여 년 전에 비하면 많이 개선된 수준이긴 하다).

환경이 달라지고 있는데 과거의 잘못된 투자 방법을 고집하면, 주식투자로 패가망신했던 과거 세대들의 투자 결과가 반복될 뿐이다. 부를 키우기 위해 시작한 투자가 결국 부를 깎아먹는 결과로 이어지는 것이다.

따라서, 지금이라도 투자 방법은 달라져야 한다.
이번 개정판에서는 초판에 미처 다루지 못했거나 부족했던 투자 기준들, 그리고 앞으로의 주식시장에서 기준으로 삼을 수 있는 내용을 추가하였다.

또한 투자심리와 행태 투자론에 기초한 내용들도 보강했다. 투자이론과 전략은 잘 알고 있지만 투자심리 때문에 모든 것을 망친다는 것은 주지의 사실이다. 하지만 동시에 실천하기가 가장 어려운 일이기도 하다. 심지어 대학에서 경영학을 가르치는 교수님 중에 주식으로 돈을 번 사람이 없다는 말도 있다. 개정판에서는 투자심리에서 이기고 들어가는 방법에 대해 중점적으로 다루고 있다.

주식투자의 원칙은 체계적인 전략에서 빛을 발할 수 있다. 느리지만 강력한 힘을 발휘하는 것이 바로 '자산배분전략'이다. 이 책이 처음 나올 때만 하더라도 투자자들 사이에서 '자산배분전략'에 대한 거부감이 컸던 것이 사실이다. 그래서 필자는 '주식혼합전략'이라는 용어로 대체했다. 하지만 지금은 상황이 많이 바뀌고 거부감도 옅어졌으므로 개정판을 통해 자산배분전략에 대한 내용을 강화했다.

2013년, 독자 분들께서 초판에 보여주신 관심을 잊을 수가 없다.
독자 분들 중에는 '시간을 이기는 주식투자 불변의 법칙'이란 책 제목을 인터넷 필명으로 쓰는 분도 계셨다. 오프라인 세미나 현장에서 만난 어떤 독자는 필자의 책을 10번 이상 읽었다고 하셨다. 너무 많이 읽어서 책이 깜지가 되고 갈라졌다는 것이다.

이번 개정판에는 내용을 업데이트해 달라는 독자 여러분들의 지속적인 요청과 필자가 더욱 보강하고 싶었던 내용과 주제들을 모두 담았다. 초판보다 한층 업그레이드되었다고 자부한다. 부디 이 책이 독자 여러분들의 투자에 큰 지침이 되기를 진심으로 바라는 바이다.

마지막으로 이 책을 내기까지 응원해준 나의 영원한 동반자, 그리고 나의 첫사랑이자 끝사랑인 근애에게 고마움을 전한다. 그리고 필자의 든든한 힘이 되어주시는 6,000여 카페 회원과 3,000여 SNS 친구, 필자의 일일 증시토크 애독자 분들에게도 머리 숙여 감사드린다. 책을 출판하는 데 많은 도움을 주신 라의눈 출판사 여러분에게도 감사의 인사를 올린다.

2017년 9월
lovefund 이성수

머리말

나만의 투자법으로
나는 꿈을 이루었다

나는 주식투자를 통해 집안의 도움 없이 서울에 아파트를 구입할 수 있었고, 결혼도 하고 유명대학교의 MBA도 했다. 다시 말해 나는 주식투자를 통해 꿈을 이룰 수 있었다. 그리고 그것을 가능하게 했던 것이 lovefund만의 투자전략이다. 많은 이들이 나에게 주식투자를 어떻게 해야 하냐고 묻곤 한다. 그러면 나는 이렇게 대답한다.

"정석투자 하라! 가치투자하라!"

그런데 이것이 말은 쉽지만, 가장 실천하기 어려운 투자방법이다. 개인투자자들은 검증도 되지 않은 이상한 기법에 현혹되어 투자손실만을 키워가고 있다. 투자자를 자극하는 '급등주기법', '상한가 따라잡기', '세력주 분석법'과 같은 단기간에 큰 수익을 준다고 하는 투자 방법에 대해서만 관심을 가질 뿐이었다. 결국은 개인투자자의 99%가 큰 손실을 겪고 주식시장에서 원금 회복만 바라는 피동적인 존재로 몰락하게 되었다.

그렇다면 '정석투자, 가치투자'가 왜 소외를 받았을까?

가장 큰 이유는 개인투자자들이 이해하기에 너무 어렵기 때문이다. 가치투자를 하라며 저평가된 종목을 발굴하라고는 하는데 왜 그리도 공식은 복잡한지, 숫자들로만 가득한 가치투자는 너무도 복잡하게 느껴졌을 것이다.

나는 오랜 기간 개인투자자 교육과 강의를 통해서 개인투자자가 가치투자를 하지 못하는 근본적인 원인을 익히 알고 있었다. 그렇다면 개인투자자에게 적합한 가치투자 방법을 만들면 되지 않을까.

오랜 고민의 결과, 단 몇 개의 공식만으로 누구나 쉽게 할 수 있는 'lovefund만의 초간단 가치투자 전략'을 만들어냈다. 여기에는 가치투자를 숫자로만이 아닌 주가차트에도 적용시켜서 분석하는 최초의 방법을 만들어 냈을 뿐만 아니라, 운용전략도 심플하게 정립하였다.

15년이 넘는 기간 동안 밤낮으로 연구한 결과이다. 나는 상장기업들의 전체 재무제표를 수집하여 분기 단위로 쪼개어 분석하기도 하고, 실전에서의 검증을 위해 실제 상황에서 전략을 검증해 정교하게 공식으로 다듬는 과정을 거쳤다. 'lovefund만의 초간단 가치투자전략'은 이렇게 태어났다.

그 결과는 놀라웠다. 주식을 처음 시작하는 초보투자자도 가치투자를 재미있게 배워 실전에 응용할 수 있었다. 심지어 초등학교를 막 졸업하고 중학생이 된 학생도 가치투자를 할 수 있었다. 많은 전문가들이 원했지만 하지 못 했던 일을 드디어 이루어낸 것이다.

하지만 그 과정은 결코 쉬운 것이 아니었다.

나에게 이 전략을 배운 사람들은 하나같이 큰 성공을 거두었다. 어떤 이는 결혼자금을 만들었고, 어떤 이는 아파트를 넓혀 갔으며, 어떤 이는 안정된 노후 대책을 마련할 수 있었다.

나 역시 '투자독립'을 한 후, 10년 1,000% 수익률을 넘기는 기록을 세웠다. 10년 동안 큰 부침 없이 꾸준한 수익을 냈다는 것은 증권가의 사람들도 인정하는 기록이다. 이러한 추세라면 10년 뒤면 자산이 처음보다 100배로 늘어나게 될 것이다.

사람들은 1년 만에 수천 %의 수익률을 냈다고 하는 대박 투자법을 말한다. 하지만, 그 방법을 사용한 개인투자자의 99%는 막대한 손실을 입었다는 것을 잊지 말아야 한다. 주변에 주식투자로 돈 벌었다는 사람 몇이나 있던가?

그러니 대박 바라다가 쪽박 차는 투자법을 따를 것인가, 오랜 기간 검증된 'lovefund만의 초간단 가치투자전략'을 따를 것인가? 선택은 독자의 몫이다.

물론 내가 100% 연승을 해온 것은 아니다. 2000년 초보투자자 시절, IT버블이 깨지는 폭락장에서 한 번 큰 상처를 입었다. 그리고 그때의 고통과 상처는 필자가 주식투자 연구에 열정을 바치게 한 원동력이 되었다. 따라서 나는 이 책의 전략을 따른다면 시간을 이겨 큰 성공을 거둘 수 있을 것이며, 그 확률은 99%라고 자신있게 말씀드리고 싶다.

마지막으로 이 책을 읽는 독자들은 내가 이룬 10년 1,000% 수익률을 넘어설 수 있으리라 확신한다.

2013년 5월
lovefund 이성수

차 례

개정판 머리말 • 004
머리말 • 007

0장 기회는 계속 반복된다

01_ 기회는 안 오는 것이 아니라 못 알아보는 것! • 017
02_ 반복되는 기회를 잡으려면 시장에 있어야 한다 • 021
03_ 지루했던 지난 4년 동안에도 가치투자는 성공했다 • 024

1장 당신은 잃을 수밖에 없었다

01_ 어느 늦가을, 20대 청년 하나가 한강 다리에 서있었다 • 029
02_ 지금까지 하던 대로 하면, 100% 또 잃는다 • 034
03_ 남들이 오른쪽으로 갈 때, 왼쪽으로 가라 • 042
04_ 슬프거나 잔인한 2가지 이야기 • 054

2장 당신도 이제 벌 때가 됐다

01_ 돈을 존경하라! • 063
02_ 빚을 내는 순간, 지옥문이 열린다 • 067
03_ 단기투자로 돈 번 사람 있으면 나와 봐라 • 072
04_ 벌면 벌수록 고개를 숙여라 • 076

3장 이렇게만 하면 평생 벌 수 있다

01_ 가치투자에 대한 당신의 생각은 다 틀렸다 • 081
02_ 영원 불변한 가치투자의 매력 • 087
03_ 가치투자는 왜 좋은 성과를 보여주는가? • 099
04_ 가치투자 대가들의 투자 대박 비법 • 105
05_ 진정한 성공투자 비법은 가치투자에 있다 • 116

4장 우물쭈물 말고 지금 당장 시작해라

01_ 한손에 재무제표를 꽉 쥐어라! • 123
02_ 재무상태표에서는 '유비부자'만 알면 된다 • 137
03_ 포괄손익계산서, 기업의 역동적 숨소리를 들어라 • 145

5장 계산기만 있으면 되는 핵심 투자기술

01_ 기업을 해부하는 핵심기술, 재무비율 5형제 • 158
02_ 공격 포인트 포착 기술, 투자지표 2+2 • 175
03_ 재무비율, 투자지표 분석 실습편 • 184

6장 오를 종목만 골라내는 마법의 공식

01_ 종목 선택의 칼자루, 초간단 적정주가 공식 • 190
02_ PER를 이용한 적정주가 제1공식 • 192
03_ PBR를 이용한 적정주가 제2공식 • 197
04_ 매출액성장률을 이용한 적정주가 제3공식 • 200
05_ 적정주가 공식 실전 적용 사례 : 2017년 사조씨푸드 • 205

7장 손실을 원천봉쇄하는 방어의 법칙

01_ 상장폐지의 공포를 원천봉쇄하라 • 213
02_ 방어 제1법칙 : 블랙홀을 피하라! • 217
03_ 방어 제2법칙 : 지뢰를 피하라! • 224
04_ 방어 제3법칙 : 신기루를 피하라! • 229
05_ 팜므파탈의 유혹, 우회상장 • 237
06_ "너만 알고 있어." 은밀한 정보의 비밀 • 245

8장 이것이 돈 버는 스타일, 가치스타일 전략

01_ 종목 포트폴리오를 구축하라 • 259
02_ 계좌를 살찌게 하는 가치스타일 전략 • 271
03_ 포트폴리오는 몇 개가 적당한가? • 288
04_ 가치스타일에 따른 투자 성과는 어떠할까? • 293

9장 평생 부자 되는 자산관리전략

01_ 개인투자자를 위한 '믹스 앤 매치' 전략 • 303
02_ 완벽한 투자 전략의 완성 • 321
03_ 투자 수익금 관리하기 • 333

10장 투자심리에 성패가 달렸다

01_ 감정에 휘둘리지 않도록 제한을 가하라! • 347
02_ 군중심리의 메커니즘을 이해하라 • 350
03_ 군중심리를 역이용하는 방법, 휴먼인덱스 • 353

에필로그 • 357

0장

기회는 계속 반복된다

01
기회는 안 오는 것이 아니라 못 알아보는 것!

기회의 신은 앞머리는 풍성하지만, 뒤쪽은 대머리라는 말이 있다. 너무 빠른 속도로 계속 달리는 기회의 신을 잡기 위해서는 앞머리가 보일 때 재빨리 낚아채야 하지만, 대부분 사람들은 앞모습이 보일 때는 멍하니 있다가 지나간 후에야 잡으려고 손을 뻗는다. 뒤가 대머리인 기회의 신이 잡힐 리가 없다.

이렇게 우리네 삶에 있어서 기회는 몇 번 찾아오지 않고 찾아오더라도 순식간에 사라진다. '인생에는 3번의 기회가 온다'라는 말이 있지만 정작 그 기회를 잡았다는 이들은 그리 많지 않다.

주식투자를 하면 기회의 신이 대머리란 말이 더욱 절절하게 체감된다. 절호의 투자 기회를 멍하니 바라보기만 하다가, 막상 지나간 후에야 가슴을 친다.

2001년 어느 날, 필자의 사회 초년 시절 있었던 일이다. 필자는 당시 근무하던 회사의 회계 부장님과 커피타임을 가지고 있었는데, 이런저런 이야기를 나누던 중 그분이 다음과 같은 얘기를 꺼내었다.

"만약에 4년 전 IMF 사태 같은 상황이 다시 벌어진다면 절대 기회를 놓치지 않을 텐데. 그런 기회는 다시 안 오겠지?"

그 대화를 나누고 얼마 뒤, 2001년 9·11 테러가 발생했다. 항공기 테러로 뉴욕의 월드트레이드센터가 무너지는 장면이 전 세계에 실시간 뉴스로 방영되었고, 그 충격은 주식시장에도 고스란히 전해졌다. 결국 다음날 거의 대부분의 주식이 하한가로 무너져 내렸고 투자자들은 패닉에 빠져 어찌할 줄 몰랐다. 그런데 바로 그때가 주식시장에 있어 몇 안 되는 기회였다.

그 후로 반년 동안 주식시장이 상승하면서 종합주가지수가 거의 100% 가까이 상승했으니 말이다. 그때 그 회계부장님은 주식을 샀을까? 필자의 기억으로는 차일피일 미루다가 결국 뒤늦게야 주식을 매수했던 것으로 기억한다. 기회의 신이 스쳐 지나간 후에 잡으려고 손을 뻗은 다른 이들처럼 그저 민머리인 뒤통수에 손만 닿았을 뿐이다.

그런데 이런 기회는 그 후에도 여러 번 다가왔다.
2003년 봄 이라크 전쟁이 발발하자, 유가 폭등으로 인해 글로벌 증시가 헤어날 수 없는 늪에 빠질 것이라는 전망이 우세했고 당시 한국 증시는 그런 분위기 속에서 주가지수 500p까지 하락했다.

[그림 0-1] 1997년 IMF사태 이후 찾아온 4번의 큰 기회, 그리고…

그 즈음 한국 증시 상황을 돌이켜보자. 오히려 절대 저평가 국면에 들어간 종목들이 2000년 이후 가장 많은 시기였다. 지금 생각하면 상상도 할 수 없는 배당수익률, PER 레벨, PBR 레벨을 기록하는 종목들이 부지기수였다. 배당수익률 20%에 이르는 종목들도 허다했으며 PER 레벨이 2배밖에 안 되는 종목들도 발에 밟힐 정도였다.

주식시장이 불안하다는 이유로 그런 종목들이 버려져 있었던 것이다. 하지만 당시 가치투자자들은 이런 종목들을 헐값에 사들였다. 한마디로 체리 피킹(Cherry Picking)이었다. 2003년 중반부터 시작된 증시 상승은 2005년 스몰캡 랠리로 번지면서 2005년에만 소형업종지수가 127% 오르고 코스닥지수는 84% 오르는 엄청난 기세를 보였다.

상승세는 2007년까지 이어졌다. 종합주가지수 2000 시대로 이어지면서 2000년대 중반의 화려한 랠리를 기록한 것이다. 아이러니하게도 2003~2004

년 당시 개인투자자들은 주식에 염증을 느끼며 시장을 떠났고 정작 그 기회를 잡은 이들은 그렇게 많지 않았다.

그 후에도 기회는 다시 한 번 찾아왔다.

2008년 금융위기는 IMF에 버금가는 위기였고, 동시에 기회였다. 하지만 사람들은 공포감에 사로잡혀 주가지수가 500p까지 밀린다고 확신하던 분위기였다. 하지만 그때는 2003~2004년 수준으로 저평가된 종목이 늘어난 시기였다. 이후 2009년 금융위기가 안정되는 과정에서 주가지수는 50% 가까운 상승을 기록하며 가치주들은 더 화려한 랠리를 만들었다.

아쉽게도 당시 그 기회를 잡은 이들은 극소수에 불과했다. 공포 심리에 모두가 주식시장을 떠나기 바빴으니 말이다.

반복되는 기회를 잡으려면
시장에 있어야 한다

　이 책을 쓰고 있는 2017년 현재 한국 증시는 7년간의 박스권을 뚫고, 6월 2,453p까지 상승하였다. 하지만 그 이전 7년여 이어진 지루한 박스권은 투자자들을 지치게 했고 결국 시장에서 멀어지게 만들었다. 투자자들은 주식형 펀드를 환매하여 증시에서 자금을 회수했으며, 주식에 대한 관심 자체가 크게 줄어들어 주요 포털사이트에서 증권이나 주식투자 관련 메뉴는 눈에 잘 띄지 않는 곳으로 밀려났다.

　하지만 묘하게도 기회는 모두가 시장에서 멀어져 있을 때 반복되는 경향이 있다. 주식시장의 투자 격언 하나를 떠올려보자.
　"강세장은 비관 속에서 태어나, 회의감 속에 자라며, 낙관 속에서 성숙하여, 행복 속에서 사라진다." 그 유명한 존 템플턴 경의 말이다.
　모두가 시장을 멀리하고 회의감을 가지고 바라볼 때, 주식시장은 지평가 국면에 들어가게 되고 이 과정에서 좋은 종목들은 마치 창고 대방출에 나온 명

품들처럼 헐값에 거래된다. 실제로 창고 대방출에 명품이 나오면 순식간에 사라지지만, 주식시장은 제법 긴 시간 동안 비효율적인 가격에 머물러 있다.

바로 기회의 신이 우리의 코앞에서 앞머리를 휘날리고 있는 시점이다. 그런데 사람들은 멍하니 바라볼 뿐이다. 이런 풍경은 과거에도, 현재에도, 그리고 미래에도 반복될 것이다.

[그림 0-2] 2000년 초반 수준으로 기회가 찾아온 7년간의 박스권

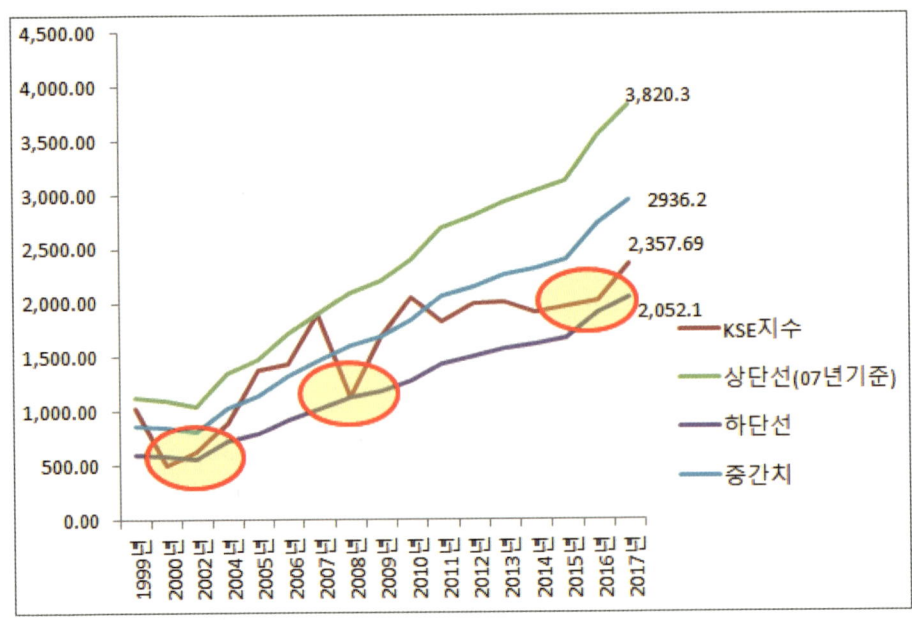

다시 2017년 9월 초의 주식시장을 한번 살펴보겠다.

이 자료는 과거 역사적 PBR 밴드의 상하한선을 바탕으로 그린 종합주가지수의 PBR 밴드 차트이다. 주가지수만 보면 2011년부터 7년간의 박스권 이후 사상 최고치 영역대에 있는 듯 보인다. 하지만 이를 가치 측면에서 보면,

2000년 초반 그리고 2008년 금융위기 직후 수준으로 시장 밸류에이션은 크게 낮아져 있다.

하지만 투자자들은 시장 밸류에이션은 보지 않은 채 사상 최고치라는 이유로, 그리고 7년간의 박스권이라는 이유로 시장을 철저하게 외면하고 있다. 그러면서도 IMF나 2000년 초반과 같은 절대적인 기회를 기다리고 있다. 2017년 지금이 바로 그에 버금가는 기회인데도 말이다.

이런 모습은 2020년, 2030년, 그리고 수십 년이 지난 미래에도 반복될 것이다. 과거에도 그랬던 것처럼 말이다. 기회를 잡으려면 기회의 신이 나타날 때까지 길목을 지키고 있다가 앞 머리칼이 보이면 바로 낚아채야 한다.

그러려면 비관과 회의감이 만연할 때 주식시장에서 자리를 비우면 안 될 것이고, 기회의 신을 잡을 수 있는 그물인 '자산배분전략'과 '가치투자전략'을 반드시 본인의 것으로 만들어 놓아야 한다.

03
지루했던 지난 4년 동안에도 가치투자는 성공했다

『시간을 이기는 주식투자 불변의 법칙』 초판이 나온 지 4년이 지났다. 그해 6월 필자는 '10 by 10'이라는 가치투자 프로젝트를 론칭하였고, 이를 업그레이드하여 한두 달 뒤 '369 프로젝트'를 론칭하였다. 앞으로 언급할 가치스타일 전략을 기반으로, 포트폴리오와 자산배분전략을 적용한 프로젝트였고 지금도 계속 진행 중에 있다.

필자는 앞에서 가치투자전략과 자산배분전략을 가지고 기회의 신을 잡을 수 있다고 말씀드렸다. 그렇다면 이 책의 초판 출간 후 론칭한 가치투자 포트폴리오가 어떤 성과를 창출했는지 궁금해하는 독자가 많을 것이다. 우선 필자가 만든 10 by 10 가치투자 포트폴리오의 성과에 대해 설명하도록 하겠다.

[그림 0-3] 초판 출간 후 4년간 가치투자 포트폴리오 성과

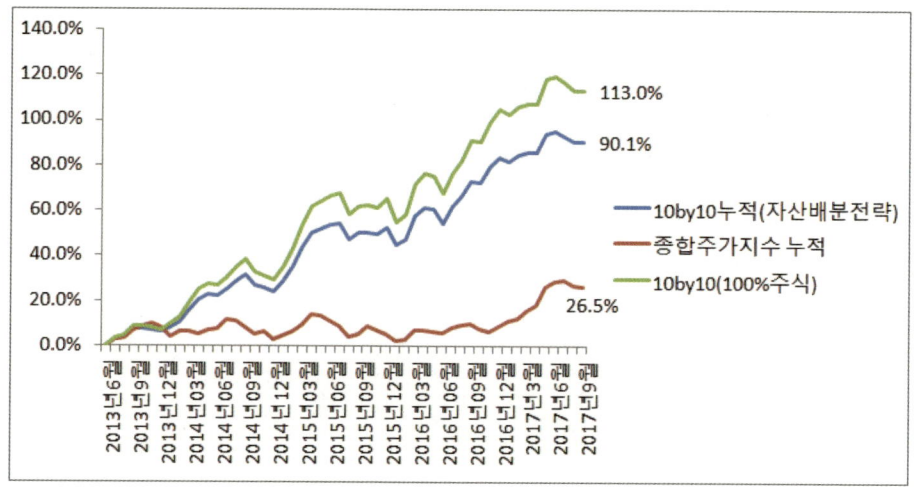

2013년 6월부터 시작한 가치투자 포트폴리오인 '10 by 10 프로젝트'는 2017년 9월 1일 기준으로 113%의 수익률을 기록했다(100% 주식으로 운용 시). 또한 자산배분전략을 적용했을 때는 90%의 수익률을 기록했다. 같은 기간 종합주가지수가 26.5% 상승했음을 감안할 때 놀라운 성과가 아닐 수 없다.

결과만 놓고 보면 가치투자가 쉬워 보일 수 있지만 그것을 실천하기란 결코 쉽지가 않다. 2013년 중순 양적완화 축소에 대한 이슈가 제기되었고, 단계적으로 축소되었던 양적완화는 2014년 말에 최종적으로 종료된다. 이 과정에서 글로벌 증시는 크게 출렁거렸다. 이후 미국의 금리 인상도 증시에 그림자를 드리웠다. 중국의 디폴트 가능성이 제기되기도 했고, 유럽 은행들의 파산 가능성, 유가 급락 이슈 등 증시는 조용할 날이 없었다.

이런 어려운 시장 환경에서도 기회의 신이 오가는 길목을 지키고 있던 가치투자전략은 기회를 잡을 수 있었고 어려움 속에서도 큰 수익률을 만들어냈다. 여기에 주가지수도 4년여 동안 은행이자보다는 높은 성과를 보였으니 주식시장도 나쁘지는 않았다고 평가된다.

이에 반하여 시장을 떠난 이들은 이런 수익률을 향유할 수 없었고, 특히 잘못된 투자 방법을 고수하던 수많은 개인투자자들은 막대한 손실을 기록하고 시장에서 퇴출되고 말았다.

자, 그렇다면 어떤 방법으로 투자해야 할지는 이제 방향이 잡혔다. 가치투자와 자산배분전략으로 체계화된 투자로 투자 방법을 바꾸어야 한다. 초판이 나오기 전 연구 과정에서 보여준 결과, 그리고 그 후 4년간 실제 시장에서 10 by 10 가치투자 포트폴리오가 보여준 성과는 절대 무시해서는 안 될 가치투자의 힘을 보여주는 증거이다.

지금부터 그 방법들에 대해 더 자세히, 체계적으로 설명드리도록 하겠다.

1장

당신은 잃을 수밖에 없었다

01
어느 늦가을, 20대 청년 하나가 한강 다리에 서있었다

거리마다 가로수의 낙엽이 수북이 쌓여가던 2000년 늦가을 자정이 가까운 시각, 20대 청년 하나가 한강 다리를 건너고 있었다. 대중교통이 끊긴 그 시각 그는 걸어서 귀가하고 있었다.

그 해 2000년은, 1999년의 화려했던 IT버블 장세에 이어진 IT버블의 붕괴를 거치는 과정에서 주식시장이 폭등과 폭락의 롤러코스터를 탔던 해였다.
종합주가지수는 2000년 1월 첫 거래일 1000p 부근에서 그 해 가을 500포인트까지 50% 이상 급락하였고, 99년 IT버블의 진원지인 코스닥시장은 2000년 초 2500p 부근에서 그해 12월 500p까지 5분의 1 수준까지 급락하는 냉혹한 장세가 이어졌다.

그 상황 속에서 20대 그 청년은 생애 처아의 손실을 겪었다. 믿었던 코스닥 시장의 종목은 그에게 모멸적인 수익률과 손실을 안겨주었다. 손실에 대한 고통도 컸지만 누군가에게 당했다는 생각이 치밀어 오를 때에는 마음속에 일어나는 분노에 눈물이 왈칵 쏟아지기도 했다.

자존심 때문에 누구에게 하소연할 수도 없었다. 그나마 마음을 열어 이야기했던 지인에게 들은 이야기는 "네가 호구였다."라는 냉정한 한 마디였다.

청년이 걸음을 멈춘 그곳은 다리 한가운데, 그는 한강을 향해 무의미한 고함만 질러댔다. 그러나 그 고함소리는 한강 다리를 질주하는 자동차 소리에 묻혀 무의미하게 사라졌다.

무엇이 궁금했는지, 청년은 다리 난간에 고개를 내밀어 아래 한강을 물끄러미 바라보았다. 늦가을 한밤중에 보는 한강 물은 그 어느 때보다 까맣게 보였다.

갑자기 까만 한강 물이 눈앞에 가까워졌다. 누군가 강물 아래로 끌어들이는 것 같은 기분 나쁜 느낌이 드는 그 순간! 청년은 퍼뜩 정신을 차리고 달리기 시작한다.

그곳에서 벗어나기 위해 무작정 뛰었다.

"나는 더 이상 호구가 아니야!"라고 울부짖음 같은 고함을 지르며……

청년은 달리면서 본인의 실수를 마음속으로 인정했다. 스스로의 실수를 인정하지 못했던 알량한 자존심 따위는 던져버렸다. 그리고 꼭 성공하고 말리라는 다짐하고 또 다짐했다.

그 청년은 20대 중반 시절 필자의 모습이다. 만일 그때, '까만 한강 물'이 가까워지는 것을 아무 생각 없이 보고 있었다면 어떻게 되었을까? 한참 후에 이런 말을 들었다. 한밤중에 한강 다리를 건널 때는 다리 밑을 절대 보지 말라고, 물귀신이 한강으로 끌어당긴다는 것이다. 하지만 나는 그 순간을 견뎌내고 달려 나왔다.

아마도, 주식으로 성공하겠다는 독한 마음이 있었기 때문일 것이다. 그날 이후 시장의 생존자로서, 수익을 내고 있는 트레이더로서, 그리고 증권가의 전문가로서 나만의 투자 방법을 정립해 왔다.

수많은 시간이 흘러가는 동안 필자는 많은 개인투자자들을 만나왔다. 아마도 수백 명이 넘을 것이다. 강연회에서 만난 분일 수도 있고, 필자와 인연이 있는 지인일 수도 있다. 또는 방송의 상담 코너에서 만난 분일 수도 있다.

안타까운 것은 100명 중에 90명의 개인투자자들이 손실을 겪는다는 사실이다.

물론 본인이 실수를 했을 수도 있지만, 많은 경우는 본인의 의사와는 다르게 마치 누군가에게 당한 듯한 상황도 많이 목격하게 된다. 아래에 소개할 P씨의 사례는 세력들에게 피동적으로 당한 경우라 하겠다.

개인투자자 P씨는 자신의 친한 친구의 친구가 코스닥 상장 K사의 CEO로 있다고 하였다. P씨는 친구에게서 K사의 최근 동향을 듣고 K사의 주식을 사서 한 번 매매할 때마다 5~10%씩 쏠쏠하게 수익을 거두었다. 나름 K사 CEO와 가까운 사람에게 들은 정보이기에 믿을 수 있다고 생각한 P씨는 K사에 투자하는 금액을 크게 늘리기 시작하였다.

그러던 어느 날, K사의 정보를 전해주던 친구가 "이건 너만 알고 있어."라며 은밀한 정보를 알려주었다. K사가 국내 굴지의 기업에 피인수합병 된다는 대박정보였다.

다음 날 P씨는 주식 시세를 보았다. 최근 상승세가 제법 강해서일까, 아침 시초가도 10% 이상 상승하면서 P씨의 가슴을 콩닥콩닥 두들겨 댔다. P씨는 예전에 계속 성공한 경험과 확실한 정보를 믿고 있었기 때문에, 이번에는 더 과감하게 투자금 전액과 주식투자자금 대출을 받아 공격적으로 K사 주식을 매수하였다.

그날 거래량이 발생하면서 K사 주식은 상한가에 올라선다. 그런데 예전과 다르게 거래량이 급증했다는 느낌을 받게 된다. 평소에 10만 주 정도 거래되던 종목이 500만 주나 거래된 것이다.

P씨는 그날 저녁 잔고를 점검하면서 수익금에 기분 좋아하던 중, 주식 관련 뉴스에 충격을 받게 된다.

'K사 주식 상장폐지 사유발생, 횡령 등, 거래정지!'

P씨는 K사 정보를 준 친구에게 연락해서 어찌된 것인지 자초지종을 물어봤다. 자세한 건 모르겠고, 그 친구도 몇 억을 투자했는데 난처하게 되었다는 이야기만 반복한다.

P씨는 마음만 급해지고, 어찌해야 할지 모르는 패닉 상태에 빠진다. 며칠 후 '대주주 지분 축소' 관련한 공시를 본다. P씨가 매수한 그 시점 즈음에, 대주주가 보유지분 거의 대부분을 매도했던 것이다.

문득 P씨는 '내가 호구였다'라는 생각이 든다. 그리고 바로 K사의 정보를 준 친구에게 다그치니 사실 그 친구도 K사 CEO를 직접 아는 것이 아니고 다른 지인을 거쳐서 정보를 받던 상황이었다. 그리고 떠오른 단어 '역정보'······

그렇다. P씨가 받은 정보는 대주주가 자신의 지분을 매도하기 위해 흘려보

낸 역정보였던 것이다.

  스스로 노련하다고 생각했던 P씨는 K사의 주식이 상장폐지 되는 과정을 그대로 겪게 된다. 엄청난 고통 속에서 개인투자자의 비애를 눈물로 경험하게 된다.

02
지금까지 하던 대로 하면, 100% 또 잃는다

P씨의 사례는 어찌 보면 개인투자자들이 겪게 되는 수많은 실패 사례 중 한 가지일 것이다. P씨가 유독 극단적인 상황에 처했다 뿐이지 다른 투자자들도 매한가지다. 매매를 하는 과정에서 서서히 손실이 쌓여가는 과정을 보이게 된다. 개인투자자가 손실을 보는 이유는 '대박'이라는 투자심리가 마음에 크게 자리하고 있기 때문이다. 그러니 대박 종목들에 관심을 가지는 것은 당연한 일이다.

대박을 노릴 수 있는 가장 대표적인 매매패턴이 바로 '테마주'에 대한 투자이다. 테마주란 '새로운 이슈' 또는 '패러다임의 변화'와 같은 사회, 경제적으로 저절로 관심이 가는 주제들에 편승한 종목을 말한다. 이 과정에서 적게는 50%부터, 많게는 백 배 이상의 어마어마한 주가상승률을 보여주는 종목들도 나타나게 된다.

특히 한국에서 5년에 한 번씩 벌어지는 이벤트인 '대선 테마주'의 경우는 주기적으로 찾아오고, 당선 가능성이 높은 후보가 언급한 정책과 관련된 종목, 후보 인맥과 관련 있는 기업들의 주가가 상승하게 된다.

하지만 개인투자자의 경우 이러한 대선 테마주를 초기에 매수해서 큰 수익을 누리는 경우는 극히 드물다. 오히려 특정 테마주들이 크게 상승한 뒤에 매수에 가담하는 경우가 대부분이다. 이렇게 주가가 크게 오른 것을 본 대주주 입장에서는 자연스럽게 주식을 매각하고 싶은 욕구가 높아지게 된다. 결과적으로 개인투자자들이 고가로 대주주의 물량을 사들이는 꼴이 되는 것이다.

'우리들제약'은 2012년 대선 당시 M후보 관련주로 널리 알려졌다. 그림

[그림 1-1] 우리들제약(2012년 대선당시 M후보 관련주로 1월 급등 후 12월 급락) 주가 차트

1-1을 보면 우리들제약의 주가는 1월까지만 하더라도 별다른 조짐을 보이지 않는다. 거래량도 수십만 주에 불과했다. 주가가 500원도 안 되던 것을 감안한다면, 하루 거래대금도 수억 원 정도였던 소형주였다. 하지만 1월 말부터 'M후보 관련주'로 분류되면서 주가는 급등하였고, 단 한 달 만에 600%가 넘는 주가상승률을 보여준다. 즉 500원도 안되던 주가가 3,000원 대까지 폭등하게 된 것이다.

그런데 역시나, 개인투자자들은 2월 시점부터 관심을 갖기 시작한다. 결국 거래량으로 그 관심도를 가늠해 볼 수 있는데, 1월에는 수십만 주에 불과했던 거래량이 2월 이후에는 그 규모가 100배나 커져 수천만 주에 이르렀다.

그만큼 투자자들이, 특히 개인투자자들이 단기간에 높은 변동성을 노리고 '데이트레이딩'을 감행했기 때문이다. 하지만 신기하게도 우리들제약의 주가는 그 이후 더 이상의 강력한 상승추세가 이어지지는 못 하였다. 물론 2월 초에 3,000원까지 올라왔기에 여름까지 반토막 난 주가 수준에서 반발매수가 다시 유입되면서 3,000원 대로 진입하긴 하였다. 하지만, 1월~2월과 같은 드라마틱한 수익률을 거두지는 못하였다.

거의 대부분의 개인투자자들이 8월 급반등 초기에 물량을 급히 매도, 손절매, 단기이익을 실현했기 때문이다. 그런데 지지부진하던 주가는 '결정타'를 맞게 된다. '대주주 매도'가 발생하면서 주가는 급강하하기 시작한다. 이는 시장에서 대주주와 관련된 소수가 아니라면 알 수 없는 악재였다. 12월 3일 대주주의 지분매각이 공시되면서 주가는 손을 쓸 수 없을 정도로 하한가에 하한가를 이어가게 된다.

생각해 보면 시가총액 300억 원에 불과했던 회사의 주가가 1년이 안 되어 2,000억 원이 넘나드는 회사가 되었으니, 대주주 입장에서는 그 정도면 충분히 차익실현을 하고 싶은 욕심이 생기는 것이다. 그러나 개인투자자들은 대선 관련된 이슈가 계속 이어질 것이라는 기대감에 계속 테마주 매매에 집중했고 결국 사단이 나고 말았다.

2012년 테마주 관련해 대주주와 친인척이 매각한 지분 규모는 9,760만 주, 총 4,559억 원에 이르고 차익금액만 3,154억 원에 이른다고 하니, 테마주로 '푼돈'만 벌었던 개인투자자 입장에서는 배가 많이 아플 것이다. 개인투자자가 2012년 정치 테마주에서 잃은 손실액은 얼마일까?

그래도 개인들이 열심히 잘 매매했으니 손실은 겨우 수백억 원일까? 아니면 대주주가 매각해서 얻은 차익인 3,000억 원이 그대로 손실 규모일까?

아, 그러나 현실은 더 잔혹했다.

개인투자자가 2012년 정치 테마주로 잃은 투자금은 1조 5,000억 원에 이른다고 한다. 1조 5,000억 원의 손실액은 아이들 껌 값 수준이 아니다. 인터넷에서 1조 5천억 원을 검색해 보았다. 대전시교육청의 2013년도 새해예산 규모이고, 국내 극장의 한 해 매출 규모에 준하며, 최근 이슈화 되고 있는 금융소득종합과세에 따른 한 해 세수 수입증가 금액과 유사하다. 그 어마어마한 금액이 허망하게 거품처럼 사라지고 말았다. 쌈짓돈으로 수익 좀 내보려고 한 개인투자자들은 막대한 손실을 보게 된 것이다.

참고로 2017년 19대 대선에서도 대선 테마주에 몰린 개인투자자는 큰 낭패를 보았다. 금융위 자료인 '19대 대선 정치 테마주 대응 성과'를 살펴보자. 과거 18대 대선 당시 대선 테마주 매매에 따른 피해액이 1계좌당 709,000원이었던 것에 비하여 617,000원으로 소폭 감소하기는 하였지만, 테마주 매매의 96.6%라는 절대적인 비중이 개인투자자라는 사실은 변하지 않았다.

이러한 현상은 '테마주'에서만 관찰되는 것이 아니다.

매년 연말이 되면 나오는 흥미로운 뉴스가 한 해 '개인, 기관, 외국인의 수익률' 평가이다. 뭐 짐작들 하시겠지만 개인투자자들은 매년 '눈물의 쓴 잔'을 마시는 것을 반복하고 있다.

2011년, 기관투자자들이 순매수한 코스피 상위 10개 종목의 수익률은 14.80%라는 좋은 결과를 냈다. 2011년 당시 종합주가지수는 -11% 대였으므로, 하락장에서 선방한 모습이었다. 이에 반해 개인투자자가 매수에 열을 올렸던 코스피 10개 종목의 경우 -32%의 하락세를 보였다. 대부분 종목들도 반토막 수준의 하락을 보였다.

2012년에도 그 역사는 반복되었다. 2012년은 종합주가지수가 9.38% 상승한, 조금 지루했지만 훈훈한 시장이었다고 평가내릴 수 있다. 2012년 기관이 많이 사들인 상위 20개 종목의 평균 상승률은 19.28%다. 외국인이 많이 산 상위 20개 종목 평균수익률 10.45%보다 훨씬 높은 고무적인 모습이었다.

하지만, 개인은 또다시 뼈아픈 상처를 겪게 된다. 개인이 매수한 상위 20개 종목의 평균상승률은 -18.20%라는 황당한 결과를 보여준다. 이를 표로 다시 한 번 정리해 보면 더욱 확실해진다.

[그림 1-2] 기관, 외국인, 개인의 2010년 이후 7년간 수익률 비교

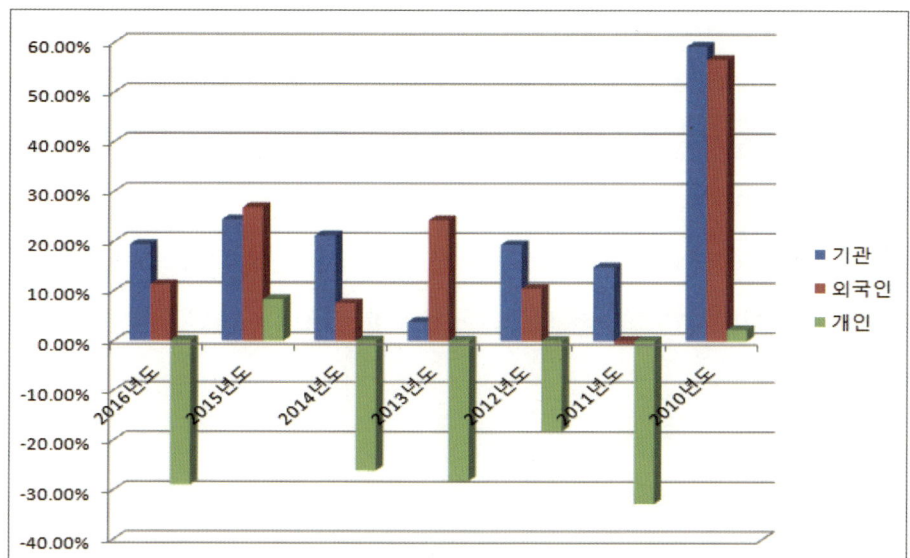

그림1-2에서 볼 수 있듯이, 기관과 외국인이 선호한 종목들의 수익률은 플러스권에서 압도적인 수익률을 보여주었다. 하지만 개인이 선호한 종목들의 수익률은 심각한 손실상태를 보여주었다. 특히 2010년 개인은 수익률이 2% 수준의 플러스이긴 하였으나, 종합주가지수가 20% 상승했던 시기였다는 점을 감안해 본다면, 매우 초라한 성적표였다고 할 수 있겠다.

2010년 기관이 선호한 상위 20개 종목은 평균수익률 +59.24%, 외국인이 순매수한 상위 20개 종목은 56.59%에 달하였다. 개인이 선호한 20개 종목에서 2.26%의 수익률을 냈다는 것은 초라하다 못해 참담한 지경이다. 아이러니하게도 2010년 당시 개인이 순매도한 상위 20개 종목의 평균수익률은 +60%에 이른다. 개인은 왜, 수익이 날 종목을 팔고 꼭 손실이 날 종목을 사는지 아쉬울 따름이다.

이런 추이는 이 책이 첫 출간된 2013년 이후에도 계속 이어졌다. 2013년과 2014년 그리고 2016년에 개인투자자가 집중 매수한 상위 20개 종목의 수익률은 -20%대 후반을 기록했다. 반면 그 시기 기관과 외국인이 집중 매수한 상위 20개 종목의 수익률은 최저 3.8%의 플러스 수익률에서 20% 대에 이르는 높은 성과를 기록하였다.

그나마 2015년에 개인투자자가 매수한 상위 20개 종목이 플러스 수익률을 기록하기는 하였지만, 기관과 외국인이 매수한 종목에 비하면 미미한 수준이었다.

개인이 선호하는 종목들의 수익률이 나쁘다는 이야기는 어제 오늘의 일이 아니다. 우리나라에 주식시장이 개장된 이후 계속되는 상황이다. 기관, 외국인과 비교했을 때 약간 밀리는 수준을 훨씬 넘어섰다.

손실을 경험한 개인투자자는 '주식시장'에 환멸을 느끼면서 떠나지만 어느 사이엔가 새로운 개인투자자가 다시 들어와 있고, 또 어느 사이엔가 떠났던 개인투자자가 다시 들어와 있게 된다.

문제는 개인투자자의 매매 습관, 매매 형태, 매매 문화다. 그것이 바뀌지 않는 한, 손실을 보는 패턴 역시 바뀌지 않는다.

개인들은 성급한 투자성향 때문에 조금만 상승하면 '수익을 확보한다'는 명분으로 더 상승할 종목을 중간에 잘라내고 새로운 종목을 채워 넣는다. 하지만 주가가 하락할 경우에는 그 이유를 찾아보려하지 않고 '본전심리'에 휘말려 어찌할 줄 모르다가 크나큰 손실을 보고 손절매를 하게 된다.

마음속에 항상 '대박'이라는 글자를 새기고 있기에 '변동성'이 높은 테마주를 건드리게 되고, '한방'을 노릴 수 있는 잡주를 매수하게 되고, '턴어라운드'를 가장한 재무구조가 부실한 종목에 전 재산을 몰빵투자하게 된다.

요행히 한두 번 수익을 낼 때는 마치 경마장이나 도박장에서 돈을 딴 것처럼 짜릿한 느낌에 밤을 환하게 밝히지만, 그 이후 찾아오는 단 한 번의 실패에 잠을 이루지 못 한다. 이렇게 개인투자자들이 잃은 손실은 단순히 '개인'의 자산이 줄었다는 점뿐만 아니라, 국부가 해외로 유출된다는 점에서 더 심각하다. 개인 문제가 모이면 국가 문제가 되는 것이다.

03
남들이 오른쪽으로 갈 때 왼쪽으로 가라

2009년 이후 외국인은 주식시장에서 강한 매수를 이어가고 있다. 이런 흐름은 10여 년 전인 2003년~2007년 장에서도 있었다. 외국인의 강력한 매집성 매수로 주가지수는 상승하면서 외국인들은 높은 수익률을 냈지만, 당시 국내투자자들은 그 혜택을 거의 받지 못하였다는 전적을 남겼었다. 그러다 주가지수가 상투에 이른 2007년에서야 국내투자자들이 주식시장에 들어오기 시작하면서, 결국 외국인들의 파티 뒷설거지만 하는 꼴이 되고 말았던 전적이 있었다. 그런 흐름은 사실 매년 반복되고 있다.

▶ 끝없이 몰려다니는 국내 투자자들

전체적인 주식투자 분위기를 가늠할 때는 '펀드'에 대한 일반인들의 관심도가 어떤지 파악해 보면 많은 도움이 된다. '주식형펀드 자금흐름 동향'이라는 지표가 유용하게 사용된다. 그런데 2010년에서 2016년 사이 자주 나온 '주식형펀드 자금흐름 동향' 관련 뉴스 기사 중에 이러한 제목이 자주 눈에 띈다.

'국내 주식형펀드, 11일 연속 순유출'

그냥 쉽게 말해서 펀드에서 돈이 빠져나간다는 얘기다. 펀드에서의 자금 유출은 2010년 초부터 심각하게 이어졌다. 시계를 조금 더 과거로 돌려보면, 투자자들의 심리가 180도 바뀌었다는 것을 확인할 수 있다.

2007년에만 해도 주식형펀드, 차이나펀드, 브릭스펀드 등에 가입하기 위해 증권사 앞에 줄을 섰다. 아마 지금 이 글을 읽는 독자 중 절반 이상이 그 즈음에 주식 관련 펀드에 가입한 경험이 있을 것이다. 당시에는 여의도 증권사 건물마다 마치 뱀이 똬리를 튼 것 마냥 사람들이 긴 줄을 서서 기다리던 모습이 경제 뉴스의 단골 메뉴였다.

하지만 격세지감이라 해야 할까, 2010년 이후 지금까지 연일 펀드 자금이 유출되고 있다. 생각해 보면, 펀드 가입은 절차도 어렵고 복잡하지만 해약은 쉽다. 그냥 증권사 대표번호로 전화해서 "나는 아무개이고 계좌번호는 이러이러한데, 펀드 환매하겠다."라고만 얘기하면 깔끔하게 펀드가 해약되어서 며칠 뒤에는 계좌에 돈이 들어온다.

[그림 1-3] 국내 주식형 펀드 환매 추이와 종합주가지수

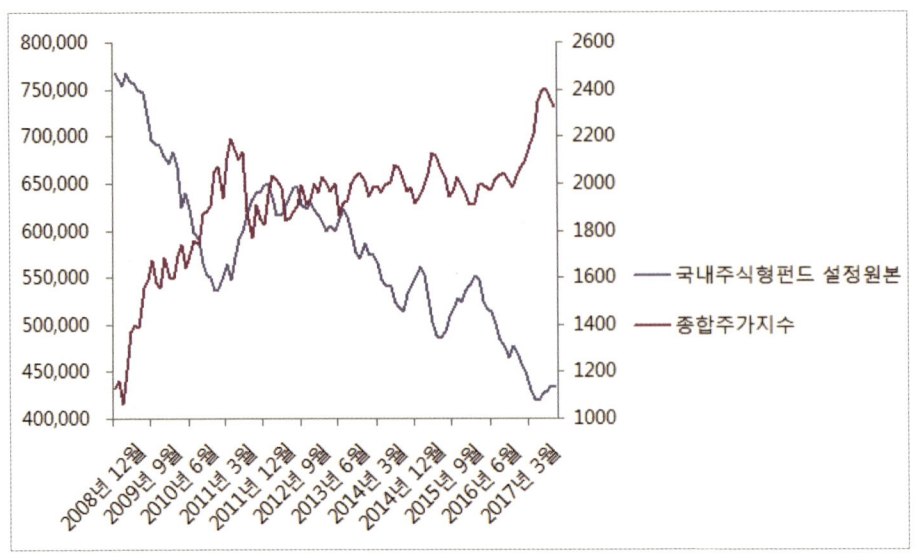

그림1-3을 보면 2009년 이후 국내 주식형펀드의 추세적인 환매는 계속 이어지고 있다. 2009년 1월부터 2017년 6월까지, 펀드 환매액은 33조 원에 이르렀다.

종합주가지수가 2,200p를 찍었던 2012년 여름 이후 그 감소폭이 둔화되는 듯했지만, 이후 환매 속도는 다시 가속화 되었다. 그러다 보니, 투신권에서의 공격적인 매수는 이루어지지 않고 있다.

[그림 1-4] 2009년 이후 이어지는 투신권의 지속적인 매도 공세

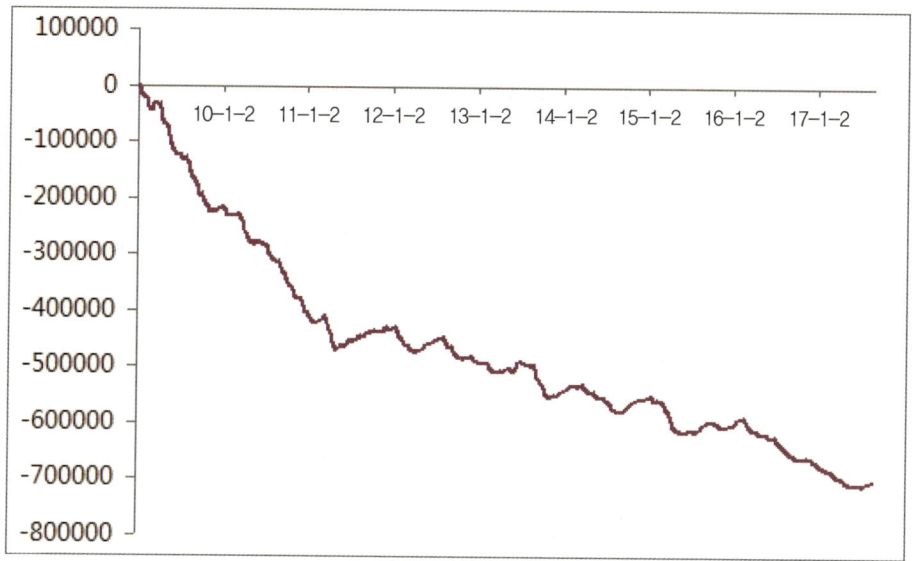

펀드 환매가 지속되면서 투신권은 연일 매도로 현금 확보가 어려운 상황이 되었다. 자금 여력이 없으므로 공격적인 투자도 장기 투자도 할 수 없기에 결국 인덱스를 추종하는 수밖에 없는 상황이 반복되고 있다. 2009년 이후 2017년 상반기까지 투신권의 누적 매도 규모는 대략 70조 원에 이른다. 투자자가 주식형펀드를 환매하면 곧바로 투신권의 매도로 이어지는 것이다.

▶ 잃을 타이밍에 들어가고, 벌 타이밍에 빠지고

주식시장에서의 매도세는 펀드환매에 따른 투신권의 매도뿐만 아니다. 개인투자자의 통계를 보더라도 시장과는 거꾸로 매매하고 있는 듯 보인다.

[그림 1-5] 2009년 이후 개인투자자 누적순매도

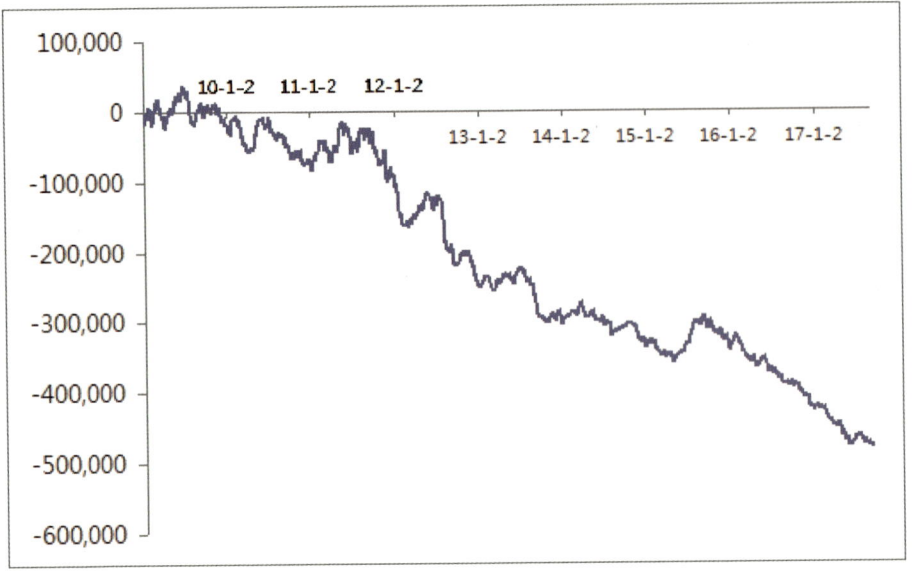

그림1-5에서 알 수 있듯이 2009년 이후 2017년 상반기까지 개인의 누적 순매도 금액은 46조 원에 이른다. 주식시장이 상승할 때마다 더욱 강하게 매도로 일관하였다. 주식시장이 과열되는 분위기가 조성될 때 개인들은 일정 부분 매수세를 보였지만, 결국 2012년 내내 매도로 일관하며 보유 주식을 매도하고 주식시장에서 이탈하는 현상을 간접적으로 확인할 수 있다.

바로 이 지점에서 가장 우려되는 것이 머리를 스치고 지나간다.

앞서 이야기한 주식형펀드의 환매에 따른 물량과 개인투자자의 매도 물량은 모두 누가 거두어 간 것일까? '주식시장이 2009년 이후 꾸준히 상승하였는데, 그 물량을 가지고 간 주체는 큰 수익을 거두지 않았을까?'라는 물음이 자연스럽게 나올 것이다. 매도 물량을 걷어간 매매 주체, 그리고 수익을 누리고 있는 주인공은 바로 외국인이었다.

▶ 아, 얄미운 외국인들

　유럽발 금융위기니, 미국의 경제 침체니, 한국경제의 불안이니 하는 공포스러운 경제 상황 속에서 한국 국민들 그리고 개인투자자는 열심히 펀드를 환매하고 주식을 매도했다. 심리적으로 당연한 일이었을 것이다. 하지만 외국인들은 우리 국민들이 버린 주식들을 야금야금 걷어갔다.

　그 과정에서 외국인들은 가끔씩 매도하는 속임수를 쓰기도 했다. 마치 세계 경제위기에 따른 이유로, 'Sell Korea' 하는듯한 공포심을 주었다가 투매 물량이 쏟아지면 바로 주워 담았다. 그 규모는 2009년 이후 무려 86조 원 대에 이른다.

　외국인은 시장이 출렁거려도 추세적으로 꾸준히 물량을 걷어갔다. 그 자금은 어디에서 나왔을까? 그들은 돈이 펑펑 쏟아져 나온다는 '화수분'이라도 가지고 있었던 것일까? 맞다, 화수분이 있었다.

[그림 1-6] 외국인 누적 순매수(2009년 이후 86조 원)

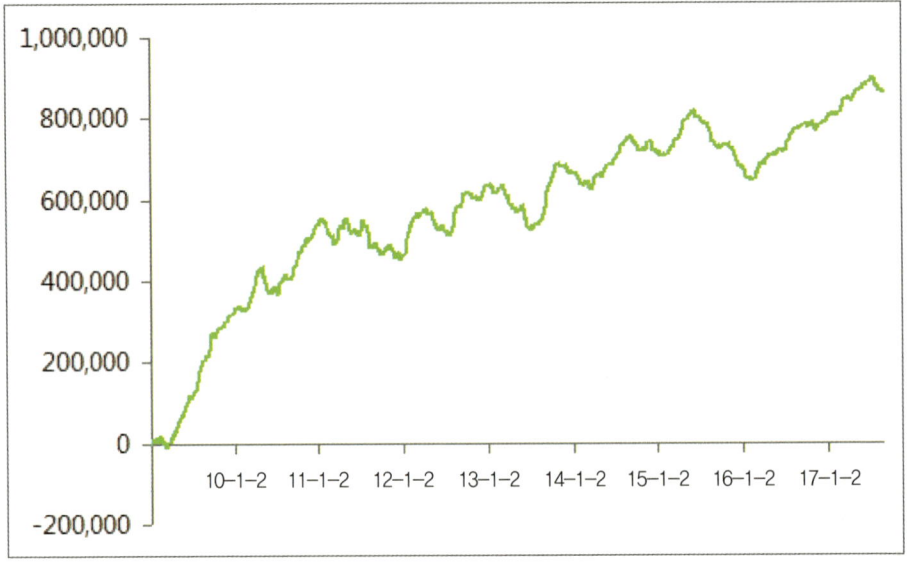

그것은 바로 2009년 이후 시작된 글로벌 양적완화에서 나온 자금들이다. 2012년 미국, 유럽, 일본 등 주요 국가들은 '양적완화'에 그치지 않고, 앞에 수식어를 하나 더 붙였다.

바로 '무제한' 양적완화다.

양적완화 종료 후에는 경기 회복과 함께 신용시장이 살아나면서 유동성이 넘치는 현상은 계속되고 있다.

이렇게 글로벌 자금이 넘쳐나면서 유동성 랠리 및 경기 회복의 시그널이 서서히 보이기 시작한다. 하지만 한국 증시에 대한 개인투자자의 시각은 냉랭하기만 하다. 필자는 아쉬움과 답답함을 동시에 느끼고 있다.

▶ 독도는 우리 땅, 우리 증시는 우리 자산

　더 아쉬운 것은 한국 증시에서 누려야 할 부(富)의 효과를 외국인들이 누려왔다는 것이다. 과거부터 지금까지 항상 그랬다. '조지 부시' 대통령 시절인 2000년대 초반, 미국경제의 침체에 따른 저금리 정책으로 미국의 자금이 전 세계로 퍼져 나가 글로벌 버블을 형성하고 있었다. 그 당시 미국 FRB 의장은 '그린스펀'! 그는 저금리로 미국 경제를 부양하고자 했다.
　그러나 이런 자금 흐름에도 불구하고 2003년 이라크전이 터지니, 세계경제에 대한 우려가 커졌다. 그 즈음, 한국증시에 적극적으로 유입되는 투자자는 없었다. 오로지 외국인만이 나홀로 매수를 하고있었다.

[그림 1-7] 2003년~2007년 개인 및 외국인 누적순매매 동향

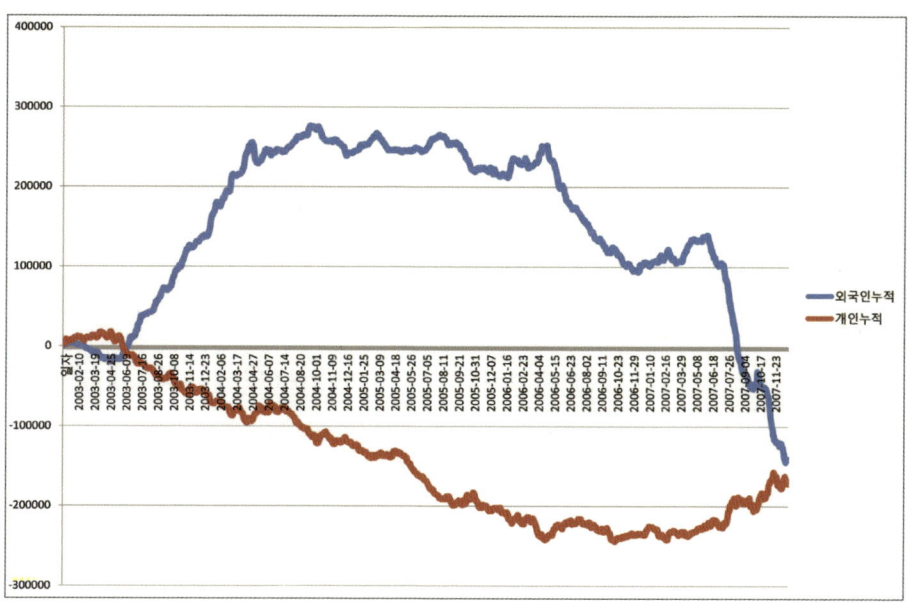

그림1-7에서 확인되듯 외국인은 2003년부터 본격적으로 매수세를 이어갔다. 마치 헐값에 물건을 주워 담듯 매우 공격적으로 매수를 하였다. 국내의 알짜 회사들이 염가에 외국에 팔려나가기도 하였고, 국내 굴지의 대기업들의 시가총액이 낮은 상황에서 외국인의 자금에 의해 경영권 공격을 받기도 한 시기였다.

당시 개인투자자들은 마치 최근의 매도세처럼 매도를 이어갔고, 그 결과 개인투자자들의 물량은 그대로 외국인들에게 넘어갔다. 결국 외국인들은 2000년대 초반 저금리 기조에서 풀린 막강한 자금력으로 한국증시를 매수하며 점령해 갔다.

즉, 2000년대 초중반 외국인의 바이코리아(Buy Korea) 행진이 이어지고 있었다.

그런데 외국인이 어느 날부터 돌변하기 시작한다. 2006년 후반부터 자신들의 물량을 시장에 내다 팔기 시작한 것이다.

즉, 2006년 후반부터 셀 코리아(Sell Korea)가 시작된 것이다.

슬프게도 그 외국인이 매도하는 물량은 2003~2006년까지 매도로 일관했던 개인투자자들이 받아간다. 마치 외국인들이 자기들만의 '파티'를 마치고 파티의 뒷설거지를 한국인들에게 떠넘기는 양상이었다. 당시 개인만 그 뒷설거지 물량을 받아간 것이 아니었다. 2005년부터 펀드 붐이 일면서 투신권에서도 매수세에 가담하게 된다.

[그림 1-8] 2003~2007년 투신권의 누적순매매 동향

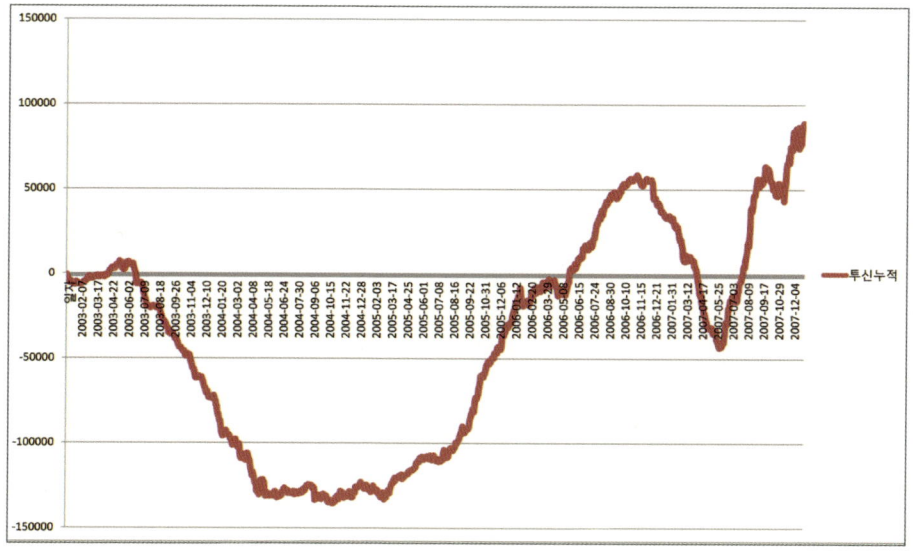

2003년~2005년 초까지만 하더라도 펀드들의 자금 흐름은 여의치 않았다.

그러니 투신권은 열심히 매도하면서 2003~2004년까지 15조 원 수준의 누적매도 금액을 보여준다. 하지만 2005년 봄부터 시작된 주식형펀드 열풍은 투신권의 자금 여력을 끌어올렸고, 결국 2005년부터 강력한 매수세로 돌아선다.

2005년 당시 펀드매니저들 사이엔 이런 고민들이 오갔다고 한다. 펀드 붐으로 연일 자금이 들어오다 보니, 오늘 수십억 원을 신규로 매수했는데 내일 들어올 자금은 도대체 어디에 투자해야 할지 모르겠다는 것이다. 즉 돈이 넘쳐서 행복한 고민을 했던 것이다.

그런데 확실히 알아야 할 것은 이 펀드 자금은 모두 한국 국민들의 돈이라는 것이다.

외국인이 집중적으로 매집을 하던 시기에는 물량을 넘겨주던 국내투자자들이 정작 시장에서 외국인들이 자금을 빼나가던 시기에는 오히려 더 큰 자금을 투입했던 것이다.

특히 2007년 들어서면서 펀드 붐은 '펀드 광풍'으로 변한다. 한국 국민들은 예금과 적금을 인출해 직접 주식에 투자하거나 주식형펀드에 가입하기 위한 질주를 시작했다.

아이러니하게도 개인투자자와 한국 국민이 주식에 올인 하던 이 시기는 '글로벌 버블경제'가 절정에 이르던 시기였다.

슬픈 일이지만 결과적으로 외국인의 파티가 끝난 후, 뒷설거지를 했던 것이다.

▶ 군중심리를 역행하는 사람이 이긴다

이 글을 쓰고 있는 2017년 현재까지, 한국 주식시장에 대한 우리나라 투자자들의 반응은 냉랭하다. 즉, 경제참여자들 사이에서는 소위 '회의감'이 지배하는 시장이라는 것이다. 하지만 과거 10년 전 상황을 보면, 오히려 그때가 기회였었다. 이러한 '회의감'과 '불안감'이 가득할 때, 경제지표는 나쁘게 나올지언정 주식시장은 유동성의 힘에 의해 꿈틀거리기 시작한다.

주식시장의 격언을 다시 한번 떠올려보자.

"강세장은 비관 속에서 태어나, 회의감 속에 자라며, 낙관 속에서 성숙하여, 행복 속에 사라진다."

위의 격언에서 말하는 '비관적인 상황'은 2008년으로 볼 수 있고 '회의감'은 2009년 이후 계속되는 상황이다. 회의감으로 팽배한 주식시장을 또다시 외국인들이 점령해 가고 있다. 아마 이번에도 한국의 개인투자자들은 낙관 속에 주식시장이 성숙할 때 들어올 지도 모른다.

그 이유는 '군중심리' 때문이다. 하지만 이 책을 읽으시는 분들께 꼭 해주고 싶은 이야기가 있다.

"군중심리를 역행하는 사람이 이긴다."

그리고 이번 기회엔 반드시 수익을 높여야 한다고. 하지만 개인투자자 대다수의 슬픈 현실은 상승장에 참여했더라도 수익을 내지 못한다는 것이다. 오히려 계좌가 초토화되어 재기가 불가능한 사람들을 많이 보았다.

개인투자자의 눈물이, 필자가 이 책을 쓰게 된 동기가 되었다.

04
슬프거나 잔인한 2가지 이야기

▶ **K씨와 슬픈 봄비**

2012년 봄의 일이다. 점심을 먹으러 가던 길에 필자와 친분이 있던 K씨에게서 갑자기 연락이 왔다. 투자한 종목에서 '감사의견 거절'이 발생했는데 혹시 상장폐지 되는 것은 아닌지 걱정하는 전화였다. "그 종목이 무엇이냐?"고 물어보려는 찰라 머릿속을 스쳐가는 종목이 있었다.

그 즈음에 유명한 증권전문가 몇 명이 회원들에게 강하게 추천했다가 거래정지 되는 바람에 많은 개인투자자들을 마음고생 시키고 있던 종목이 있었다.

"혹시 '성융광전투자'는 아니시죠?"라고 우려 섞인 목소리로 되물었다. 그 종목이 맞다는 대답이 돌아왔다. 모 사이트에서 유명 전문가인 J씨가 강력하게 추천해서 믿고 매수했다고 했다. J씨, 이 업계에서 알 만한 사람은 모두 고개를 설레설레 젓는 전문가……

왜 나의 지인 K씨가 그 전문가에게 종목 추천을 받았는지 이해가 가지 않았다. 그 종목은 모 싸이트의 G라는 전문가도 잘못 추천했다가 곤혹을 치루고 있었다. 그러나 안타까운 것은 전문가는 단순히 '곤혹'을 치루는 정도이지만, 그 종목을 매수한 개인투자자는 심각한 재정적 타격을 입는다는 것이다.

위에서 언급한 K씨 역시 개인적으로 사용할 수 있는 자금 5,000여 만 원 중 거의 대부분을 그 종목에 투자했다. 그 전화를 받고 '성융광전투자'의 상황을 분석해 보니, 상장폐지가 확정될 가능성도 높았다. 거래는 정지되어 있는지라, 어찌할 수도 없고 거래가 풀릴 때까지 지켜보는 수밖에 없는 피가 마르는 상황이 이어지게 된다. 그렇게 거의 반년에 가까운 시간이 흘러갔다.

그 동안 K씨는 마음의 정리를 하긴 하였지만, 크나큰 손실은 그의 삶에 큰 영향을 주었다. 그해 9월의 어느 날, 결국 성융광전투자는 다시 거래가 재개되었다. 상장폐지를 위한 정리매매 절차를 밟게 되었던 것이다. 거래정지 되기 직전 1,200원 정도에 거래되었던 그 종목은 95%나 급락한 50원 대로 정리매매 첫날 거래가 진행되었다.

결국 K씨는 5,000만 원의 자금이 250만 원만 남게 되는 눈물겨운 상황을 맞게 되었다. 며칠 뒤, K씨는 필자에게 술 한잔 하자고 연락을 해왔다. 정리매매한 250만 원으로 위로주나 마시자는 거였다. 그날 저녁을 먹으며 하염없이 눈물을 흘리는 K씨를 지켜보며, 힘내라는 말밖에 할 수 없었다. 그 돈 5,000만 원은 그분의 피와 땀이라는 것을 알고 있었기 때문이다.

"욕심을 부려 몰빵투자했으니 그렇지."라고 그 분을 폄하하는 분도 있겠지만 그러한 상황은 그의 잘못만으로 생긴 것이 아니다. 투자자를 현혹시키고 속인 해당 기업, 그리고 심도 깊은 분석 없이 추천주를 제시한 전문가에게도 분명히 잘못이 있다.

　애초 약속과는 다르게 그날 저녁 우리는 식사만 하고 헤어졌다. 갑자기 K씨가 혼자 생각하고 싶다고 했기 때문이다. 식당을 나오니 비가 내리고 있었다. 헤어져 걸어가다 문득 뒤돌아보니, K씨의 뒷모습이 너무나 무거워 보였다. 상장폐지란 개인투자자가 짊어지기에는 너무 큰 상처이다.
　때맞춰 내리는 봄비는 그 상처를 더 아프게 하는 듯 했다.

▶ 2010년 잔인한 봄

　2010년 봄에 있었던 일이다. 필자는 그날 경기도 모처에서 지인들과 즐거운 저녁식사를 하고 있었다. 오리고기를 먹으면서 앞으로의 주식시장에 대해 이야기를 나누고 있는데, 전화벨이 울렸다. 살갑게 지내는 W씨였다. 지금 코스닥이 난리가 났다는 거다.
　이야기를 들어보니, 시가총액 4,000억 원의 '네오세미테크'가 거래정지되고 잘못하면 상장폐지 대상이 될 수 있다는 얘기였다. 시가총액 4,000억 원대, 코스닥에서 30위권 안에 들어가는 네오세미테크라면 언론에서 '알짜'라고 부르짖던 종목이었다.
　W씨의 이야기를 더 들어보았다.
　일이 터지기 며칠 전, 필자가 이데일리TV의 상담 프로에 패널로 출연해 "네오세미테크, 비중 축소하거나 매도하라."는 의견을 냈다고 했는데, 그 때 본인이 그렇게 했어야 했다고 너무 아쉬워했다.

그 얘기를 듣자니 "얼마나 투자했어?"라는 질문이 저절로 나왔다. W씨가 알려준 금액은 꽤 컸다.

일단은 한 번에 상장폐지 되는 건 아니고, 여러 절차를 밟게 되니 조금 더 상황을 보자고 위로해 주고 전화를 끊었다.

집에 돌아와 네오세미테크 사태를 보니 심각했다.

우회상장을 통해서 코스닥에 입성한 기업. 정부 모처로부터 '2009 차세대 세계 일류상품'으로 선정되기도 하고, '글로벌 스타 인증기업'으로 채택되기도 하면서 '녹색성장'과 관련한 종목으로 각광을 받았다. 바야흐로 장밋빛 미래가 펼쳐질 것이 예상되던 종목이었다. 하지만 네오세미테크는 우회상장기업이었다. 필자는 개인적으로 우회상장기업을 매우 싫어한다. 그 속을 알 수 없기 때문이다. 이데일리TV 상담 프로에서 매도 의견을 제시하였던 가장 큰 이유는 '우회상장'이라는 출신성분 때문이었을 것이다.

결국 거래정지는 거의 반년 가까이 이어졌고, 그 사이 회계감사를 다시 한 결과 전년도의 적자 규모가 4배 가까이 확대되었다. 그리고 전 대표 O씨가 '횡령' 등의 혐의로 검찰의 압수 수색을 받는 등 사태는 심각하게 전개되었다.

네오세미테크의 경우 기관의 투자 비중이 높았던 상황이었기 때문에 일각에서는 '상장폐지'까지는 안 갈 것이라는 전망이 있기는 하였지만, 거래소는 냉정했다. 가차 없이 상장폐지 결정을 내린 것이다. 시장에서는 소액주주 규모는 7,000여 명, 1인당 평균 손실금액은 3,000만 원 이상이라는 추정치가 나돌았다. 1인당 평균 3,000만 원은 만만치 않은 금액이다. 샐러리맨이 2~3년 죽어라 모아야 하는 큰 돈이다. 그런데 평균 손실 금액을 훌쩍 뛰어넘는 고액

피해자도 보이기 시작했다. 인터넷 네오세미테크 관련 게시판에는 6억을 손해 봤다는 개인투자자의 눈물 섞인 글도 올라왔다.

6억, 보통사람은 평생 만져 보지도 못 할 큰돈을 단 한순간에 허망하게 손해 본 개인투자자는 지금 패닉 상태일 것이다.

필자는 그 즈음 자책감에 괴로웠다.
"개인투자자는 왜 계속 눈물을 흘려야 하나?"
"나는 왜 지인들의 상장폐지만이라도 미연에 막지 못했을까?"
머리를 싸잡고 고민하다 보니, 투자자들을 농락한 경영진과 일부 부도덕한 전문가들에 대한 분노가 치밀어 올랐다.

앞으로 '개인투자자들이 손실을 보지 않는 방법을 전도해야겠다.'라는 결심을 했고, 필자는 2010년부터 씽크풀과 함께 개인투자자를 위한 초보자 교육을 1년 가까이 진행했다. 하지만 보다 많은 개인투자자들에게 전파하기에는 한계가 있었다.

그래서 책을 쓰기 시작했다. 책이라면 수천 명, 수만 명의 독자들에게 그 방법을 알릴 수 있다고 생각했기 때문이다.

더 이상 내 주변 사람들과 개인투자자들이 주식투자 손실로 눈물을 흘리지 말길 바라면서……

2장

당신도 이제 벌 때가 됐다

본격적으로 주식투자에서 성공하는 방법을 이야기하기에 앞서, 가장 중요한 출발점이 투자마인드의 관리에 있다는 점을 강조하고 싶다. 아무리 좋은 기법과 자금력이 있다고 하더라도, 투자마인드가 흔들리게 되면 일순간에 무너지기 때문이다. 앞에서 언급했던 가슴 아픈 투자 실패를 맛본 사람들 모두 자신만의 투자기법과 기준은 있었지만, 투자심리가 흔들리면서 그 기준을 지키지 못했고 그 결과 크나큰 손실을 겪게 된 것이다.

투자 격언 중에 IQ 80인 사람이 주식투자를 잘한다는 말도 있다. 조금이라도 수익을 더 내보려고 머리를 굴리다 투자심리가 무너지고 결국 다른 이유를 찾아 손실 난 종목을 어찌해 보려다 망하는 것이다. 약간은 우둔하게 무관심한 듯 주식투자를 하는 편이 더 좋은 결과를 가져다주는 경우가 많다. 즉, 기준이 세워졌다면 그 기준에 맞추고 우직하게 끝까지 밀고나갈 수 있는 마인드가 필요한 것이다. 하지만 주식투자에 발을 담궈 본 사람은 알겠지만, 그게 말처럼 쉬운 일이 아니다. 마치 '건강을 위해서 술, 담배를 멀리해야 한다.'라는 것은 누구나 알고 있지만, 실제 그것을 실천하는 데에는 매우 강한 의지가 필요한 것과 같다.

하지만 술, 담배를 끊는 것보다 투자 마인드를 지키는 것이 훨씬 더 쉽다. 필자가 제시하는 몇 가지만 명심하면 되기 때문이다. 그 몇 가지는 당연하게 보일 수도 있다. 하지만 그것만 주의하면 투자 성공을 위한 첫걸음을 제대로 내딛는 것이 확실하다.

필자는 과거에 아침에 일어나면 거울을 보고 투자마인드를 바로 잡는 마인드컨트롤을 하기도 했다. 거울 속에 비친 나의 눈동자를 보고 매일 이렇게 이야기했다.

"절대 주식투자 자금은 장난감이 아니다."
"절대 빚내서 투자하지 않는다."
"주식투자는 단기로 하지 않는다."
"수익 보고 있다고 주식연구와 공부를 멈추지 않는다."

01 돈을 존경하라!

　주식투자를 시작하게 되면 사람들은 곧바로 아주 중요한 사실을 망각한다. 바로, 주식계좌에 들어가 있는 돈이 '내 자신이 힘들게 만든 돈'이라는 것을 잊게 된다는 것이다. 마치 도박장에서, 카지노에서 현금을 코인으로 환전한 사람들과 동일한 심리적 상태가 형성되게 된다.

　주식투자를 막 시작한 투자자는 이해가 잘 안 갈 수도 있다. 하지만, 여러 번 주식매매를 하다보면, 주식계좌에 있는 금액이 마치 사이버머니처럼 느껴지게 되면서 현실감이 떨어진다.

　잠시 우리가 실제 현실에서 돈을 모아가는 과정을 상상해 보자. 샐러리맨이라면 매달 들어오는 월급을 쪼개어 은행적금을 넣고, '1,000만 원 만들기'나 '1억 만들기'의 목표를 위해 사고 싶은 것 못 사고, 먹고 싶은 것 못 먹으며 아끼고 아끼게 된다. 더운 여름날 시원한 아이스커피 한잔 먹고 싶어도 참고, 택시로는 10분이면 편하게 갈 수 있는 출근길을 불편한 지하철에서 사람들과 부대끼며 출근한다.

만일 사업체를 경영하는 분들이라면, 어려운 세무회계 일일이 공부하고, 말 안 듣는 직원들 관리에 손님들의 불평불만 들어가면서 어렵게 어렵게 돈을 만들어 간다. 물론 단시간에 큰돈을 벌 수도 있지만, 삐끗하면 공들인 탑이 허물어지고 처음부터 다시 쌓아야 하는 상황도 발생하게 된다.

가정주부라면 더 그렇다. 시장에서 콩나물 값 몇 백 원 아끼기 위해 상인과 실랑이하고, 조금이라도 더 싸게 사기 위해 슈퍼에서 줄을 서기도 한다. 빠듯한 월급에 집안 경조사라도 있을라치면 씀씀이를 줄여야 한다. 가계부에는 남편은 결코 모를 고뇌가 서려 있다.

월급 받아본 사람들이라면 다 알겠지만 샐러리맨들이 말하는 '피 같은 돈'은 결코 비유적 표현이 아니다. 그런데 그 피 같은 돈이 주식계좌에 들어가는 순간, 내 돈이라는 것을 망각하고 단순한 놀이에 사용되는 사이버머니처럼 보인다는 것이다. 어떤 때는 주사위놀이 '블루마블'에서 사용되는 돈마냥, 100만 원이 종이조각처럼 느껴질 때도 있다. 이러한 현상은 자금규모에 상관없이, 나이에 상관없이, 성별에 상관없이 나타나게 된다.

필자가 개인투자자 분들을 만나서 이야기하다 보면 자주 듣게 되는 이야기 중에 하나가 "재미 삼아서 소액으로 굴려 보는 거야."라는 것이다. 그런데 흥미로운 점은, 재미 삼아 소액으로 굴려본다는 자금이 직장인들은 평균 500~1,000만 원이고 경우에 따라서는 억대에 이른다는 것이다. 그 재미삼아 굴리는 자금이 '수익'이 꾸준히 나면 좋겠지만, 현실에서는 십중팔구 큰 손실을 경험하고 있다는 것이 문제다.

"재미삼아 테마주 들어갔다가 손절했다."

"재미삼아 단타 쳤는데 물렸다."
"재미삼아 해도 승률이 80%였는데, 이번에 몰빵투자한 게 상장폐지 됐어."

필자는 이런 개인투자자의 모습을 너무도 많이 보아 왔다. 그들의 투자자금 규모를 보면 신기하게도 비슷비슷하다. 그 투자자금이란 것이 예금에서 빼왔거나, 적금을 깨서 마련한 것이란 점에서 안타까운 마음을 금할 수 없다. 주식투자는 온라인 고스톱, 포커 게임처럼 사이버머니가 오가는 것이 아니다. 실제 자신의 돈이 매매되고 있다는 것을 잊어서는 안 된다. 주식을 매수할 때는 신중하게 그리고 여러 번의 확인을 거쳐야 하고, 매도를 할 때도 전략전술에 맞춘 기준으로 엄격하게 해야 한다. 하지만 거의 대부분의 개인투자자들은 매우 감정적으로, 기분 내키는 대로 주문을 하게 된다.

"아! 촉이 왔어, 이 종목에 몰빵!"

이런 분들 많이 접해 보았다. 하지만 그렇게 장난처럼 매매하는 투자자들은 99% 크나큰 손실을 경험하게 된다. 초기 투자금을 모두 날려 깡통계좌로 만드는 것도 모자라, 추가적인 투자를 무모하게 이어가면서 전 재산을 탕진하게 된다.

모 증권사에서 보았던 한 아주머니 얘기를 해보겠다.

그 분은 3억 원의 현금으로 주식투자를 시작했다. 어렵게 어렵게 3억 원의 자금을 만들었고, 그것을 종잣돈으로 한몫 단단히 불릴 요량이었던 것이다. 하지만, 그분의 계좌는 단 몇 개월 만에 반토막이 났다. 느낌이 가는 데로, 그야말로 '촉'이 가는 데로 투자를 했는데, 처음에는 수익이 잘 났다고 한다. 하지만 그 이후 본인의 직감대로 사고팔기를 반복하더니 몇 개월 만에 3억 원이라는 큰돈은 1억 원으로 줄어 있었다.

  해당 증권사의 직원이 매매를 신중하게 하시라는 조언을 했지만, 그 아주머니 귀에는 그 말이 들어오지 않았다. 결국 단 1년 만에 3억이 천만 원이 되는 끔찍한 상황이 벌어졌다. 그분께 왜 그렇게 매매하셨는지 물어 보았더니 "계좌의 돈이 그저 숫자로 보여서, 오락하는 것처럼 투자했다."는 대답이 돌아왔다.

  모든 투자자는 매일 아침 거울을 보고 이 말을 되새기길 바란다.
"내가 이 자금을 만들기 위해 얼마나 죽도록 고생했던가!"

02
빚을 내는 순간, 지옥문이 열린다

　개인투자자 분들이 너무 쉽게 접하고 너무도 가볍게 사용하는 전략 중 하나가 바로 레버리지투자, 즉 빚내서 하는 투자이다.
　친구에게 돈을 빌리거나 카드 대출을 받는 것과 같은 매우 원시적인 방법도 있지만, 증권사에서 제공하는 미수, 신용융자서비스 그리고 다양한 업체에서 제공하는 주식투자자금 대출도 모두 빚내서 투자하는 범주에 들어가게 된다. 빚을 내서 투자하게 되면, 당연히 내가 가진 돈보다 더 큰 돈으로 투자를 할 수 있기 때문에 수익률을 극대화할 수 있는 장점이 있다.

　예를 들어 본인의 투자 가능 자금이 1,000만 원 정도 있을 때, 10% 수익률이 생긴다면 100만 원을 벌게 되지만, 여기저기서 돈을 빌려와서 5천만 원으로 투자했다면 500만 원의 수익금이 발생하게 된다. 저절로 "와우"라는 감탄사가 입에서 나오게 된다. 내 돈 1,000만 원이 순식간에 1,500만 원이 된 것이다. 만약 1억을 빌렸다고 하자. 이자를 내더라도, 10% 수익률로는 내가 가진 자금만큼 수익금이 생기게되므로 본인 투자금 대비 100% 수익률을 내게 되는 것이다. 쉽게 생각해서 상한가 한 번만 "딱" 먹게 되면 가능한 일이다.

하지만 우리는 반대로 생각해 볼 필요가 있다.

만일 내 주식자금 1천만 원에 대출 4천만 원을 받아서 5천만 원을 투자하였을 때, 만일 10% 손실이 발생할 경우, 500만 원의 적자상황이 생긴다. 대출 4000만 원은 그대로 남아있는 상황에서 내 자금 500만 원만 사라지게 되는 것이다. 즉, 내 순투자자금의 50%가 하루아침에 사라졌다.

만약 어떤 간 큰 사람이 9천만 원을 빌려서 1억 원으로 매매했다고 가정해 보자. 수익률이 -10%라면, 1천만 원의 손실이 발생하게 되고, 빚 9천만 원은 그대로 남은 상태에서 내 돈 1천만 원은 연기처럼 사라지는 끔찍한 상황이 발생한다.

투자만 잘 하면 대출을 받는 편이 훨씬 이익이라고 반문할 수도 있다. 하지만, 우리가 주식투자를 할 때 있어서 꼭 기억해야할 것은 '투자자는 인간이라는 감정의 동물'이란 것이다.

그러하기에 원금손실에 대한 '공포심리'가 극단에 이르게 된다. 내 돈으로만 투자할 때는 주식계좌의 자산이 단순히 숫자로만, 혹은 장난감처럼 보이다가도, 빚을 내고 대출을 받아서 투자한 자금의 경우는 이상하게 '쫓기는 돈'으로 보이는 심리적 현상이 나타난다.

수익을 내지 못 하면, 그 몇 배의 손실이 현실화 된다는 공포감 때문이다. '이 돈을 날리게 되면 다시 재기하기 힘들 것이다, 이 돈을 만들기 위해 얼마나 고생했는데' 등등 투자기준을 지키지 못하게 하는 많은 심리적 불안 상태가 발생한다.

그 결과, 작은 이익에 잦은 매매를 하게 되고 반대로 작은 손실에도 심리적으로 패닉 상태에 빠져 어찌할지 모르고 투자의 냉철함은 사라지게 된다. 그러다가 어느 순간, 계좌에 있는 평가금액을 보면 자신의 순투자금이 50%로 줄어 있다. 그러면 대부분의 투자자는 무리한 매매를 감행한다거나, 눈앞에 마치 안개가 낀 것 같은 상태에서 묻지마 매매를 하게 된다.

이 뿐만 아니라 주식투자관련 대출상품, 증권사 신용융자 서비스의 경우, 일정 증거금 이하로 자산이 감소하게 되면 '강제매매'가 일어나게 된다. 이 강제매매는 주식관련 대출 또는 신용융자서비스 계약을 할 때, 강제조항으로 들어가 있다. 그렇기에 업체에서 제시한 기준금액에 미달될 경우, 친절하게 증권사 또는 대출업체에서 전화가 온다. 증거금이 부족해졌다고 걸려오는 전화이기 때문에 이를 '마진콜'이라고 부른다.

"언제까지 추가로 입금하지 않으시면, 리스크관리시스템(RMS)이 강제청산 하게 됩니다."

그런데 투자자 중에 마진콜 상황이 되었을 때 입금할 만한 현금을 추가로 가지고 있는 경우는 거의 없다. 그때가 되면 손실이 현실화된다는 공포에 빠지게 되면서 여기저기 지인들에게 추가로 돈을 빌리기 위해 백방으로 노력한다. 하지만 이상하게 그런 상황이 되면 돈을 빌리기가 더욱 어렵게 되고, 결국 추가증거금을 입금하지 못해 계좌의 주식은 모두 강제청산 된다. 강제청산 시엔 '하한가'로 매도 주문이 들어가기 때문에 결국 본인이 원하지 않는 가격대에서 억울하게 매도되는 경우가 발생된다.

  결론적으로 빚을 내서 투자하는 경우, 투자심리 측면에서 냉정하게 매매를 할 수 없기에 손실로 귀결된다는 점, 또한 시스템 측면에서 주식관련 빚을 내어주는 증권사의 신용융자와 주식자금 대출은 본인이 원하지 않는 가격에 강제로 매도하기 때문에 큰 손실이 발생한다는 점을 명심해야 한다.

  이러한 레버리지 투자에 대한 사례는 주변에서 쉽게 찾아볼 수 있다.

  필자의 지인 W군은 젊은 나이에 부자가 되고 싶다는 욕심이 있었다. 직장에 갓 들어간 W군은 목돈을 만들어 집에서 독립하고자 하였다. 그는 주식투자를 하면 단숨에 큰돈을 벌 수 있다는 것을 알았다. 나름 회계 쪽 업무도 알기에 기업분석은 잘 하겠다는 요량으로 그렇게 주식투자를 시작하였다. 처음, 학창시절에 모아놓은 100만원으로 공부 삼아 투자할 때는 수익이 좋았다. 매매할 때마다 꼬박꼬박 10%씩 수익을 내는 본인의 모습이 대견스럽기까지 하였다.

  자신감이 붙은 W군은 투자금을 늘리고 싶었다. 하지만 월급은 한정되어 있는데, 갑자기 자금을 대기가 어려웠다. 그는 마이너스 통장이라는 제도와 신용카드로 돈을 빌릴 수 있다는 것을 알고 2천여만 원을 빌려서 투자금액을 늘렸다.

  "너무 무리하지 마라. 빚내서 하지 말고 차근차근 쌓아올려라."라고 필자가 조언했지만, 그는 이번에 100% 수익을 내면 작은 원룸 보증금이 되니 독립할 수 있다며 과감한 베팅을 한다. 막상 계좌에 목돈이 들어오고 보니, 욕심이 더 생겼다. 2천만 원으로 주식을 사고 주식담보대출을 받아 추가로 매수하면 더 큰 자금으로 투자할 수 있다는 생각이었다.

W군은 빚으로 만든 2천여만 원으로 주식을 사고 주식담보대출을 받아서 거의 3천여만 원을 투자하게 된다. 이제부터 승승장구하겠다는 자신감을 보였던 W군은 한두 달 뒤 필자에게 급하게 전화를 한다. "증거금이 부족해서 몇 시까지 입금해야 하니 돈을 빌려 달라."는 내용이었다.

　"그 종목이 무엇이냐?"라고 물으니 조만간 감자사건이 예상되는 종목이었다. 그 종목은 연일 급락하는 상황. 필자는 냉정하게 "지금이라도 다 털고 나와라. 깡통계좌를 넘어 거지 된다."라고 말했다. 하지만 W군은 필자의 말에 매우 자존심이 상했는지 오기가 생겼는지, 그렇게 매도할 수는 없다면서 억지로 다른 곳에서 돈을 빌려 증거금을 채웠다. 그러나 결국 W군의 그 종목은 감자사건을 거치면서 어마어마한 재산상의 손실을 넘어 빚더미에 앉게 되었다. 이것이 바로 '빚으로 투자'의 최종 결말이다.

　필자는 투자 강연회에서 "절대로 빚내서 투자하지 말라."고 강력하게 주장한다. 증권 관련업계가 주최하는 강연회일 경우 필자의 이런 논조로 인해 가끔은 껄끄러운 상황이 생기기도 한다.

03
단기투자로 돈 번 사람 있으면 나와 봐라

일반 개인이 주식투자를 처음 시작하게 되면 '단기 트레이딩'에 관한 책을 많이 접하게 된다. 아마도 가장 먼저 접하는 책들이 '기술적 분석'에 관한 서적일 것이다. 차트분석이나 단기투자 서적, 눈으로 보기에는 매우 좋다. 현란하다. 마치 내가 그렇게 매매하면 단 몇 개월 만에 100%, 200% 수익을 내면서 승승장구 할 수 있을 것 같은 망상에 빠지게 된다.

필자도 처음 주식투자를 접했을 때 똑같은 과정을 거쳤다. 서점에 가면 비주얼이 화려한 차트로 가득 차 있는 기술적 분석 관련 책들이 주를 이루었다. 그 방법대로 매매를 해보기도 하고, 개인투자자는 초단타를 해야 한다는 책에 심취하기도 하였다.

하지만 결과는 좋지 않았다. 오히려 투자자금은 야금야금 줄어들고, 매매할 때마다 쌓이는 긴장감에 스트레스가 쌓여가고 있다는 것을 어느 순간 몸으로 느끼게 되었다.

필자 역시 주식투자 초창기엔 '스캘핑' 매매에 잠시 빠졌던 것이다. 그런데 스캘핑은 긴장도가 극단에 이르러, 학창시절에도 경험하지 못하였던 장중 6시간의 '초집중' 상태에서 심리적인 부담과 신체적 이상반응도 경험하였다. 1분 1초도 쉬지 않고 호가창에 매수주문과 매도주문 버튼을 재빠르게 누르고, 주문이 원하는 대로 잘 안 될 때는 눈이 터질 것 같은 스트레스와 화가 밀려온다. 원하는 대로 주가가 움직이면 그나마 다행이지만, 하락한다든가 방향을 잡지 못하면 마음이 초초해 진다. 이렇게 하루에 수십 번 매매를 하고, 장이 끝나는 3시가 되면 곧바로 화장실로 뛰어가야만 하였다(참고로 지금은 3시 30분에 증시가 끝나지만 2016년 이전에는 3시에 시장이 마감되었다).

과도한 스트레스가 몸에 이상을 일으켰던 것이다. 그리고 온몸에 기운이 빠지고 모든 일이 귀찮은 상태가 된다. 마치 초보자가 무리하게 마라톤을 한 것처럼 온몸이 쑤시고 머리는 아프고 눈앞이 잘 보이지 않는다. 그런 생활을 수개월 한 필자는 '단기매매는 수익이 문제가 아니라 건강에 더 큰 문제다.' 라는 결론에 도달한다.

당시 필자는 그래도 상태가 상대적으로 양호한 편이었다. 초 스캘핑을 전문으로 하던 필자의 지인과 저녁에 맥주 한잔을 한 적이 있었다. 반가운 마음에 "원샷"을 부르며 맥주 잔을 들었는데, 그 지인의 손이 바들바들 떨리고 있었다. "왜 그렇게 손을 떠냐?"고 물으니, 그날 100번에 가까운 초단타 매매를 하다 보니 저녁이 돼도 긴장이 풀리지 않았다고 했다. 그의 얼굴엔 피로가 가득했다. 그만큼 힘들었고 스트레스도 크게 받았던 것이다. 이런 단기매매, 단타매매, 스캘핑은 몸에 스트레스를 준다는 부작용만으로 끝나지 않는다. 더 큰 부작용은 계좌 수익률을 최악의 상황으로 몰아넣는다는 것이다.

일단 비용 측면에서 그 이유를 살펴보자.

주식투자의 경우 매도할 때마다 거래소 종목은 0.1%의 증권거래세와 농특세 0.15%가 붙게 되어 총 0.25%의 세금이 발생되고, 코스닥 종목은 0.25%의 증권거래세가 발생된다. 즉 매도할 때마다 0.25%의 거래세가 발생되는 것이다.

투자금액이 일정하다는 가정 하에 하루에 한 번 매매할 경우, 대략 20거래일인 한 달이면 세금으로만 5%가 발생된다. 그 금액은 기간이 길어질수록 기하급수적으로 커지면서 1년이면 투자금의 60%가 세금으로 날아간다.

1년에 수익률 60%를 만드는 것은 현실에서 정말 어려운 일이다. 필자가 예전 하루에 수십 번의 매매를 하던 시절, 하루에 10%~20%의 수익률을 세금으로 날린 경험이 있다.

여기에 증권수수료도 감안해 본다면 비용적인 측면은 더욱 커지게 된다. 최근 가장 싸다는 0.015%의 수수료라 하더라도, 하루에 한 번 매매할 경우 한 달이면 0.3%의 수수료, 1년이면 3.6%의 수수료가 발생된다. 최근 은행금리를 생각해 보면 3.6%의 크기가 어느 정도인지 가늠이 될 것이다.

2017년 9월 현재, 은행권 중 1년 예금금리를 가장 후하게 주는 곳이 2%란 점을 감안해 본다면, 수수료 비용과 거래세로 수십 %를 버린다는 것은 말도 안 되는 일이다.

그리고 단기 트레이딩의 경우 심리적으로 부담이 계속 이어지기 때문에 냉철한 매매를 하기 어렵다. 앞서 언급한 대로 필자 또한 단기 트레이딩에 심취했을 때 극도의 스트레스를 겪었다. 실제 매매상황에서 스트레스 상태 즉, 신체적으로 아드레날린 호르몬이 펑펑 분비되는 상태에서는 '감정적'이고 '직관적'으로 판단할 수밖에 없다.

　즉, 내 나름의 매매기준을 정했다고 하더라도 감정적으로 행동하게 된다. 그러다 자칫 나쁜 투자결과가 발생되면, 이러지도 못하고 저러지도 못하는 패닉 상태에 빠지게 된다. 결과적으로 비용적인 측면에서의 손실뿐만 아니라, 매매 실패에 따른 정신적 피로감이 누적되어 심리적으로 무너지는 현상이 이어진다.

　결국 필자는 초창기 시절, 마음의 평화와 투자수익의 극대화를 위해서 '단기매매'를 모두 버리게 된다. 그 이후 가치투자를 중요한 투자기준으로 잡고 가치투자와 포트폴리오 전략으로 관리를 하다 보니, 수익률이 저절로 올라갔다. 가치투자를 한 뒤로는 습관도 성격도 느긋하게 바뀌었다. 20대 초반만 하더라도 횡단보도에 파란불이 깜빡거리면 빠르게 달려서 건너던 필자는, 언제부턴가 '다음신호에 건너지 뭐.'라는 여유가 생기게 되었다.

04
벌면 벌수록 고개를 숙여라

주식투자의 세계에 본격적으로 들어온 이후, 필자에겐 하나의 징크스가 생겼다.

'주식 연구 또는 공부'를 한동안 안 하면 수익률에서 바로 반응이 나쁘게 나타난다는 것이다. 황당하게 들릴 수도 있는 얘기다. 그런데 필자는 주식 바닥에 있으면서 '연구를 안 하면 도태된다.'라는 불안감을 항시 가지고 있다. 그러한 결과를 종종 겪어 왔기 때문이다.

필자가 단기매매에 집중하던 시기, 오랜 기간 수익률을 내면서 기세등등했던 때가 있었다. 마치 내 자신이 '미다스의 손'을 가진 것처럼, 매매할 때마다 수익이 나게 되니, 자연스럽게 매매를 하고 난 뒤에 복기를 한다든가, 매매에 대해 하루의 반성을 한다든가, 또는 새로운 매매기법을 연구하는 것을 등한시하게 되었다.

연구를 하지 않게 되니, 자연스럽게 노는 시간도 늘어나면서 컨디션은 흐

트러졌다. 그 결과는 계좌 수익률에서 바로 나타났다. 이상하게도 매매를 할 때마다 손실이 서서히 쌓이기 시작하였다. 냉정한 판단을 하지 못하고, 투자 원리원칙도 모두 무시하면서 매매는 점차 산으로 갔다.

필자가 정신을 차려 다시 연구를 시작하면서, 점차 가치투자로 기울어 가게 된다. 2000년부터 가치투자에 대한 매력을 연구하면서 배당을 많이 주는 종목, PER가 낮은 종목, PBR가 낮은 종목, ROE가 높은 종목들의 수익률이 높다는 점을 이론적으로 그리고 실전에서 조금씩 깨달아 가게 된다. 2001년 이후 주가지수는 그렇게 좋은 흐름은 아니었지만, 개별종목 단위에서 시세가 크게 분출하는 종목들이 목격되었다. 그들 종목들의 공통점은 극단적인 저평가 구간에 위치했었다는 점이다. 예를 들어 한 해에 벌어들이는 순이익이 매년 1천억 원에 이르는 회사인데, 현재 시가총액이 2천억 원이라면 '2년 정도면 원금을 회복한다.'라는 이론적 근거가 된다. 2000년 초반에는 그렇게 헐값에 버려진 종목들이 많이 있었다.

종목들을 탐구하고 연구하면서 점점 가치투자의 비중을 높여가고 그와 관련된 연구도 계속하였다. 외국의 자료부터 종목 단위의 섬세한 분석까지 거의 밤을 낮 삼아 연구와 공부를 이어갔다. 이렇게 열심히 하는 때에는 이상하게 수익률도 뒤따라서 쭉쭉 올라갔다. 하지만, 수익률에 자만하여 연구를 소홀히 하면 바로 수익률이 떨어지는 현상도 반복되었다. 필자의 징크스는 가치투자를 연구할 때도 계속 이어져 자연스럽게 많은 연구와 실험, 실전투자에서의 적용을 해보게 된다.

이렇게 내 스스로 깨닫고 실전에서 검증한 노하우를 다음 장부터 시작되는 가치투자기법에서 쉽게 풀어놓겠다. 누구라도 실전에서 쉽게 활용할 수 있으리라 생각한다.

3장

이렇게만 하면 평생 벌 수 있다

01
가치투자에 대한 당신의 생각은 다 틀렸다

결론적으로 필자가 거의 20년 동안 죽도록 연구하며 깨달은 주식투자의 진리는 '가치투자'다. 가치투자(Value Invest)라는 말에 벌써부터 갑갑해 오는가? 그런데 잘 생각해 보라. 당신이 제대로 된 가치투자를 해 본 적이 있었던가? 아니, 제대로 공부라도 해보았던가? 많은 개인투자자들이 가치투자에 대해 '복잡하다, 어렵다, 갑갑하다'란 생각을 갖고 있는 것은 한마디로 오해다. 상대를 잘 모를 때 오해가 생기는 법, 이제부터 제대로 알아야 한다.

왜? 그것이 주식시장에서 돈을 버는 유일한 길이니까!
지금부터 당신이 가치투자에 대해 갖고 있는 고정관념이 송두리째 바뀌는 경험을 하게 될 것이다.

가치투자란 회사의 가치에 비해 주가수준이 저평가 된 종목에 투자하나는 의미이다. 회사의 자산가치 대비하여 저평가된 주가를 보이는 종목을 매수하거나 회사의 수익가치 대비하여 저평가된 주식을 매수하여, 목표주가에서 매도하거나 정해진 룰에 따른 시점에서 매도하는 투자 방법이다.

가치투자의 기법에는 '자산가치', '이익가치', '성장가치' 등 다양한 기법이 세분화 되지만, 중요한 건 회사의 잠재적 가치 대비하여 주가가 낮은 종목을 매매하는 것이다.

2000년대 초반만 하더라도, 우리 한국증시에서는 '가치투자'라는 말이 그렇게 많이 사용되지 않았었다. 가끔 '정석투자'라는 용어로 통용되기는 하였지만, 거의 대부분의 국내 투자자들은 주식시장에 처음 발을 접하는 순간부터 '차트분석', '기술적 분석', '호가분석', '세력분석' 등과 같이 화려한 비주얼이 가득한 책이나 자료를 선호했다. 지금도 개인투자자들은 '차트'를 보지 않으면 증권전문가가 아닌 것처럼 인식하기도 한다. 하지만 실상은 그렇지 않다.

대부분의 증권전문가들이 큰 수익을 낸다는 차트기법, 호가분석기법, 세력기법 등 다양한 기법들을 개인투자자들이 사용하게 되면 이상하게 '빛 좋은 개살구'가 되는 경우가 허다하다. 예를 들어 어떤 전문가가 '5일 이동평균선'만 보라고 해서, 그것만 들여다보고 매매하던 개인투자자는 어느 순간 자신의 자산이 점점 줄어들고 있다는 것을 깨닫게 된다. 그래서 '5일 이평선'을 '10일 이평선'으로 바꾸기도 하고 스토캐스틱 지표, RSI 지표 등으로 바꾸어 보지만, 수익률 하락세는 멈추지 않는다.

그 결과 대부분의 개인투자자들이 '손실'만을 겪는 상황이 발생하게 된다. 증권가에는 이런 말이 있다. "100명의 개인투자자 중에 10명의 개인투자자만 수익을 내고, 수익을 내는 10명 중에서 단 1명만이 큰 수익을 낸다."

그만큼 개인투자자들이 지금까지 써왔던 방법으로는 주식투자에서 수익을 내기가 어렵다는 이야기다.

[그림 3-1] 단 1%의 개인투자자만이 큰 수익을 거두는 일반적인 투자전략

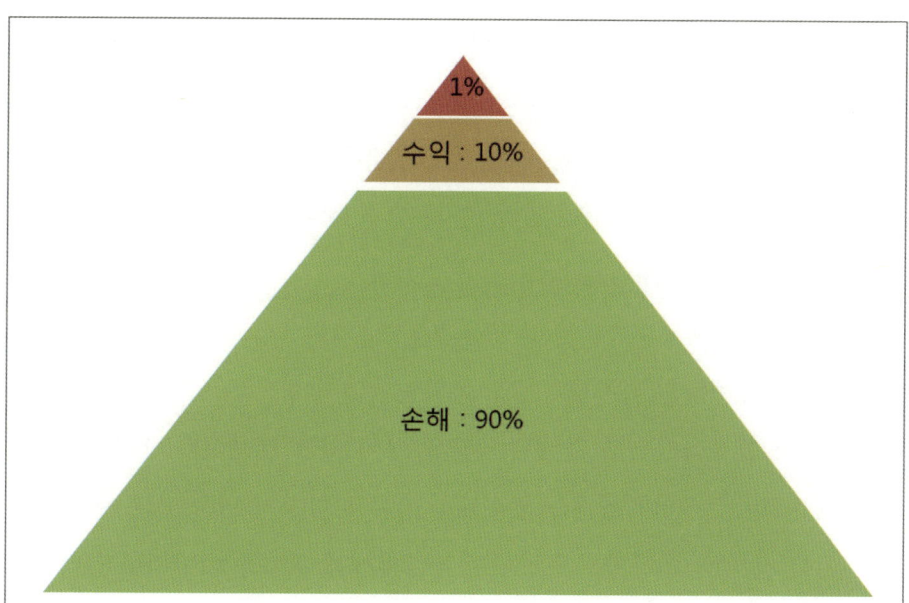

개인투자자들이 이렇게 손실만 보는 이유를 짐작해볼 수 있는 흥미로운 자료가 있다. 씽크풀(www.thinkpool.com)이 회원을 대상으로 '투자자들이 선호하는 고수들의 성공하는 투자습관'이라는 주제로 설문조사한 결과를 보게 되면, 투자자가 생각하는 실제 매매행태와 이상적으로 생각하는 매매방식에 큰 괴리가 있다는 것을 확인할 수 있다.

'가장 경계해야 할 투자습관'이라는 질문에 대부분의 응답자인 73.75%가 미수, 신용 등을 과도하게 사용하여 투자와 소문에 따라 매매하는 '부화뇌동형 투자'를 손꼽았다. 우리 한국의 개인투자자 거의 대부분이 실제 매매에서 행하게 되는 것이 '부화뇌동 투자'이고, 그 결과 심각한 손실을 겪었다는 것을 반증하는 자료이다.

그런데 설문 항목 중에 흥미로웠던 점 중 하나는, 투자자들이 이상적으로 생각하는 투자방식이 바로 '가치투자'였다는 점이다.

'가장 이상적으로 생각하는 매매방식'에 대한 질문에 응답자의 절반이 넘는 51.84%가 '가치투자'라고 답한 것이다. 대다수 개인투자자들은 머리와 행동이 따로 노는 투자를 하고 있는 셈이다.

왜 개인투자자들은 가치투자를 이상적인 투자방식으로 선택했을까? 가치투자자들이 안정적이고 꾸준한 수익률을 보여 왔기 때문이다. 우리가 '슈퍼개미'라고 부르는 거액 자산을 운용하는 큰손 투자자의 경우, 작은 종잣돈에서 큰손이 될 때까지 가치투자를 기반으로 매매해 왔다는 이야기를 인터넷상에서 쉽게 접할 수 있다.

필자의 경험에 비추어 볼 때, 가치투자를 선택한 투자자 중 50% 이상은 꾸준한 수익을 내고 있는 것으로 알고 있다. 그리고 전체 가치투자자 중 상위 10%는 매우 높은 수익률로 인생과 삶이 몇 단계 레벨 업 되었다. 즉 상위 10% 가치투자자의 경우 돈 걱정 없이 살 수 있는 '재무적 독립' 상태까지 자산을 레벨 업 시킨 것이다.

앞서서 일반적인 투자방법과 뇌동매매로 투자하는 대다수 개인투자자의 경우, 상위 10%만이 간신히 수익을 내고, 상위 1%만 수익률이 매우 큰 수준이라 설명하였다. 직관적으로 보더라도 '가치투자'를 투자원칙으로 세운다면 매우 마음 편하게, 그리고 안정적으로 높은 수익을 낼 수 있음을 알 수 있다.

하지만 필자는 강연회와 투자모임을 통해 거의 대부분의 개인투자자들이 '가치투자'에 대해 거부감을 가지고 있음을 느낄 수 있었다. 그들의 공통적인 얘기를 들어 보자.

"너무 고리타분하고 재미가 없다."

"숫자가 너무 많아서 어렵기만 하다."

"결국 손해 보는 건 똑같지 않나?"

"너무 길게 가지고 가는 거 아닌가?"

가치투자에 대한 개인투자자들의 생각은 "너무 어렵고 재미없다."라는 말로 정리할 수 있었다. 갑자기 이들이 '처음부터 투자습관을 잘 못 들인 게 아닐까?'란 생각이 머릿속을 스치고 지나갔다. '세 살 버릇 여든 간다.'는 속담도 있고 '운전도 처음에 잘 배워야 한다.'는 말도 있다. 처음에 배운 습관이 오래 가고 나쁜 습관을 없애기 어렵다는 것이다. 하지만 나쁜 습관을 고치게 되면 다양한 긍정적인 결과가 나타나게 된다.

필자는 학창시절에 다리를 떠는 습관이 있었다. 이는 보기에도 매우 나쁘고 학업집중력도 떨어뜨리는 매우 안 좋은 습관이었다. 몇 년간을 가지고 있던 이 습관을 고치기 위해서 필자 자신도 부단히 노력했고, 부친께서는 필자가 다리를 떨 때마다 매를 들기도 하셨다. 결국 몇 년 만에 나쁜 습관을 없앤 적이 있다.

생각해 보면 어떤 습관을 없애는 건 정말 어렵다. 하지만 그 습관을 없앤 뒤로, 필자의 학업 성적이 급신장 했던 기억이 난다. 고등학교 2학년 시절, 학급 순위 하위 50% 정도까지 떨어졌던 성적이 고등학교 3학년에 올라간 뒤 전국 상위 1~2% 대까지 올라가는 놀라운 상승을 이루었다. 습관 하나를 고친 것이 여러 가지 다른 습관과 태도를 긍정적으로 바꾸었던 것이다.

개인투자자 역시 나쁜 투자습관을 버리고 '가치투자'를 습관화해야 한다고 강하게 강조 드리고 싶다. 개인투자자는 우리 대한민국에 증권시장이 생긴 이래로 계속 손해만 보아 왔고 증권시장에서 힘들여 번 돈을 허무하게 허공에 날려 버렸다. 하지만 이제 이 책을 읽는 독자 분들은 '가치투자'를 통해 수익률을 높여 나갈 수 있다.

지금 주식시장에 막 들어온 개인투자자라면 처음부터 '가치투자'로 습관을 잡으시길 바라며, 주식시장에 오랜 기간 있었지만 계속 손해를 보고 있는 투자자라면 이 책을 통해 지금까지의 나쁜 습관을 '가치투자'로 바꾸시길 바란다.

"가치투자는 절대 어렵고 재미없는 투자가 아니다."
"가치투자는 계좌 수익률을 높이고 투자 재미를 주는 투자법이다."

02
영원 불변한
가치투자의 매력

 필자도 처음 주식시장에 들어왔을 때 '가치투자'를 몰랐다. 필자가 처음 구입한 주식 책은 1999년 초에 나온 '캔들 패턴' 관련 서적이었고, 연이어 차트와 관련된 책을 구입했다. 그 후에 서서히 재무제표를 보는 방법, 회계학 등 원론적인 가치투자에 기본이 되는 책들을 접했지만, 실제 가치투자로 활용하지는 못하였다. 무조건 기술적 매매만 하던 필자는 2000년 IT붐이 붕괴될 때, 크나큰 손실을 겪게 된다. 지금 생각해 봐도 그때의 내 자신이 부끄럽다. 그때 나는 기술적 지표(Technical Indicator)를 기술(Describe)하고 있었다.

 즉 지금의 손실을 '기술'하는데, '기술적 지표'를 활용하는 내 모습에 심한 환멸을 느꼈던 것이다.

 2000년을 거치면서 필자는 서서히 기술적 분석을 버리고 가치투자를 정립해 가기 시작한다. 당시 처음에 사용했던 전술은 '배당수익률'을 이용한 종목 선정이었다. 배당을 많이 줄 것으로 예상되는 종목을 매수하는 방법이다. 당시 필자는 종잣돈이 없었으므로 매달 월급을 받을 때마다 당시 배당수익률이 15%가 넘어가던 '현대미포조선'을 매수하였다. 당시에는 '적립식펀드'라는 개념이 없었던 시절이었는데, 필자는 나름 매달 주식을 매수하는 이 방식에 '장기 저축성 주식투자'라는 명칭을 붙이고 종잣돈을 불려갔다.

2000년 8월부터 시작한 이 방법으로, 2001년 6월 경 50% 수익률이라는 좋은 결과를 낼 수 있었다. 그림3-2를 보면 한눈에 확인된다. 여기에 높은 배당까지 일거양득이었지만, 당시는 가치투자에 대한 지식이 적었던지 '대박주'였던 현대미포조선을 매도한 이후에는 지켜보지 않았다. 그 당시 필자의 모습에 조금은 아쉬움이 남기도 한다. 현대미포조선은 매년 고배당을 주는 알짜 종목이었는데도 말이다. 결국 현대미포조선은 2007년 40만 원까지 100배나 상승하며, 필자의 가슴 속에 아쉬움이 남는 종목으로 남게 된다. 하지만 그 후에도 많은 종목들이 필자에게 기회를 안겨 주었다.

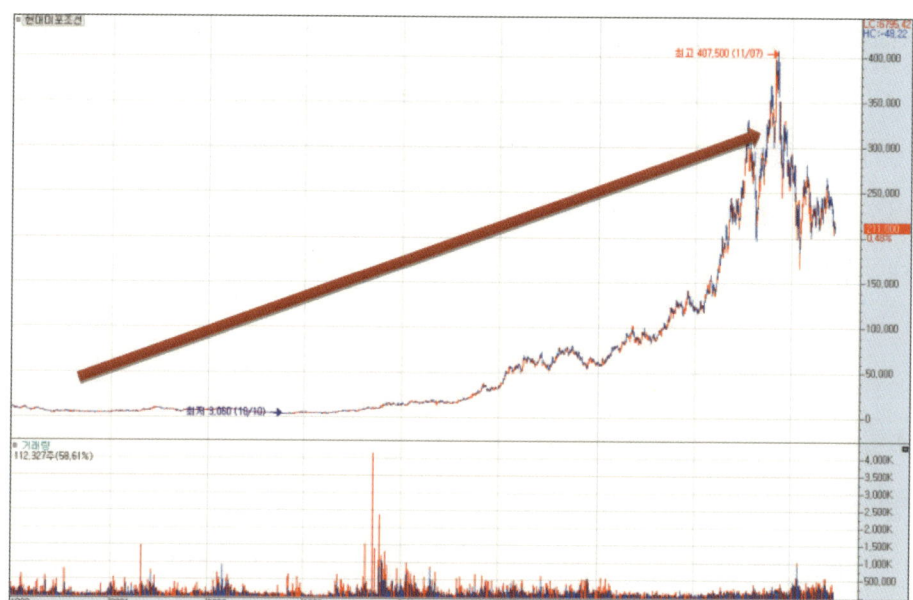

[그림 3-2] 2000년 평균단가 4,000원에 매수하고 6,000원에 매도한 현대미포조선, 그 후 100배 상승

지금 생각해 보면 2000년 말~2003년 사이, 수많은 가치주들이 정말 헐값에 거래되던 시절이었다. 마치 넓은 사막에 금덩어리들이 널려 있는 상황이었다. 하지만 그 당시는 이상하게도 투자자들에게 인내를 요구하던 시기이기도 했다.

2001년에 911테러, 2002년에 한일월드컵 이후에 주가급락, 2003년 초반에 미국의 2차 이라크전은 시장을 요동치게 했고, 그 과정에서 수많은 개인투자자들이 방향을 잡지 못하고 주저앉아 가던 정말 어렵고 힘든 기간이었다. 다행히 그 기간 동안 필자는 가치투자를 확립했고, 여타 다른 매매기법에 대한 다양한 연구가 이어졌다. 마치 1500년대 유럽의 르네상스 시기처럼 필자의 머릿속에는 투자기술과 투자가치관이 정립되었다.

지금 뒤돌아보면, "그 때 가치투자 했으면 수익률 많이 나는 건 당연하지." 라고 말할 수도 있겠지만, 그 당시 개인투자자들은 계속 손해만 보는 상황이 반복되었다. 그 즈음에 '상한가 따라잡기'라는 매매기법이 서서히 붐을 일으키기 시작했다. 개인투자자들 사이에서는 상한가만 잡으면 된다는 분위기로 너도 나도 편승하는 기법이었지만, 결국 수익을 본 투자자는 일부였고 거의 대부분의 투자자는 손해만 보았다.

▶ 가치투자로 갈아타고 성공한 사람들

필자는 주변 지인들에게 가치 있는 종목들이 수익률이 많이 날 것이라고 이야기하면서 가치투자를 설파하고 다녔다. 필자의 말을 무시했던 사람은 지금도 계속 잃고 있고, 필자의 말대로 투자 전략을 전환한 사람들은 성공적인 수익률을 내며 안정적 투자를 이어가고 있다.

그 중 가장 기억에 남는 사례가 필자 친구의 아버님이셨다.

지금은 고인이 되신 분이지만, 살아생전 그 분은 필자를 진심으로 믿어 주셨던 고마우신 분이다. 이하, 어르신이라 하겠다. 어르신께서는 오래 전부터 직접 투자를 해오셨다. 가끔씩 수익을 내기는 하지만, 다른 개인투자자들처럼 재미를 못 보는 경우가 많았다. 어르신께서는 필자의 투자관에 많은 신뢰를 가지고 계셨다. 2001년 911테러가 터지고 한 달쯤 뒤에 친구 집에 놀러갔을 때, 어르신께서는 필자에게 "지금 어떻게 하는 것이 좋겠는가?"라고 자문을 구하셨다.

필자는 어르신께 "지금이 기회의 시기이니 저평가된 종목들로 꾸려 보시죠." 하고 포트폴리오를 꾸려 드렸다. 그 이후 2002년까지 시장이 꾸준히 상승하면서 수익이 크게 났다. 특히 저평가 된 종목들로 꾸려 드렸기에 수익금은 더욱 컸다. 친구 누이의 결혼자금을 떼어 놓을 정도가 된 것이다. 그 만큼 가치 있는 종목은 수익이 확실히 나게 되어 있다.

다음 사례는 필자와 2002년 여름까지 같이 회사를 다녔던 조모 과장님이다. 조모 과장님은 프로그램 개발팀 소속으로 사람 좋고, 넉살도 좋고, 무엇보다 필자와 말이 잘 통하는 캐릭터였다. 그 분과 이런저런 이야기를 하던 중, 주식 종목 이야기까지 나온 것이다. 필자는 그분께 '경동제약'을 가치주 관점에서 장기보유 해 보시라고 했다. 제약업종은 당시 소외되어있는 업종이었다. 주가수준도 낮고 회사의 실적이나 자산가치 대비 현격히 낮은 주가 수준에 있었다.

그림3-3을 보면 당시 경동제약 주가는 7,000원 정도로 여러모로 저평가되어 있었다. 그리고 그 당시 주가 수준으로 배당수익률도 5% 이상 기대할 수 있는, 한마디로 그냥 가지고만 있어도 은행이자 수준을 기대할 수 있는 종목이었다. 특이한 점 중에 하나는 '바우포스트'라는 외국계 펀드에서 경동제약을 꾸준히 사들이고 있었다는 것이다. 바우포스트는 가치투자를 표방하는 장기투자회사였다.

2002년 여름, 필자가 다니던 회사를 떠난 뒤에도 계속 그분과 연락하면서 지냈다. 그분은 열심히 일만했다. 저평가되어 있던 경동제약은 2003년과 2004년 이상하리만치 7,000원에서 주가가 움직이지 않았다. 오히려 회사 실적은 좋아지는 가운데 더 극저평가 상태가 되었고, 바우포스트는 계속 주식을 사들이면서 경동제약 유동주식의 씨를 말렸다.

[그림 3-3] 경동제약의 2002년~2005년까지의 주가

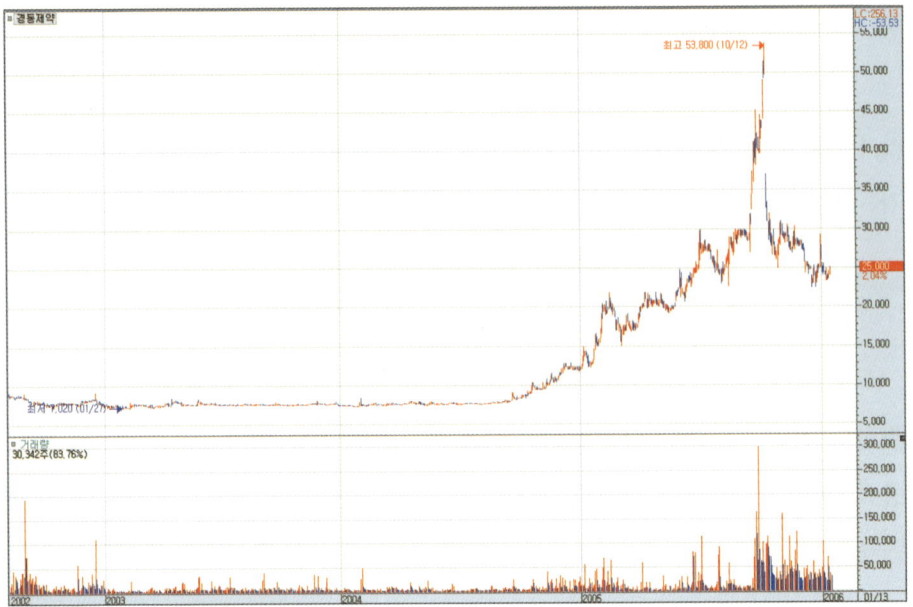

보유 3년이 되는 2005년, 경동제약의 주가는 2만 5천 원을 넘었다. 조과장님이 매수한 가격의 3배가 넘는 금액이었다. 제법 큰돈을 투자했던 그 분은 수천만 원의 돈으로 억대의 자산가로 변모하게 되었다. 주식을 매도하던 날, 우리는 구로역에서 꼼장어와 소주로 기쁨을 같이 했다. 그 분은 개인적으로 투자했던 곳에서는 손해를 봤는데, 경동제약에서 톡톡히 수익을 내서 집에서 어깨를 펼 수 있다고 기뻐했다.

그런데 한두 달 뒤 그분에게서 전화가 다시 왔다. 팔고 났더니 주가가 두 배 더 올랐다는 것이다.

필자는 조과장님께 이야기했다. 이제 그 주식은 쳐다보지 말아야 할 가격에 올라온 것이니 관심종목에서 지우시고 마음 편하게 일만 하시라고 조언

드렸다. 아니나 다를까. 경동제약은 2005년 10월, 5만 원 대를 찍고 화려한 상투를 만들고 말았다.

▶ 가난한 20대 청년을 부자로 만들어준 가치투자

앞서 필자의 '한강 다리' 에피소드를 들려 드렸다.

필자는 청년 시절 맛본 좌절을 토대로 열심히 연구한 결과 독창적인 가치투자 전략을 완성했고, 이를 통해 2001년 이후 매년 꾸준한 수익을 올리고 있다. 지속적으로 주식시장 수익률을 앞서온 것이다.

필자가 2004년부터 집중적으로 관심을 가지게 된 가치투자 대상으로는 제약 및 의약 업종이 있었다. 경동제약이 계기가 되어 많은 의약 종목들을 연구하기 시작하였다. 2004년 가을 어느 날, 필자는 트레이더 친구와 함께 술 한 잔 하면서 이런 이야기를 나누었다.

"2005년에 제약주 랠리가 올 듯하다. 너무 저평가되어 있다."

그 후 필자는 시험 삼아 몇몇 제약주를 타겟으로 '정찰대 매매'를 시작하였다. 정찰대 매매는 해당 종목에 관심을 가져보기 위해, 정찰대 수준의 금액을 투자해 보거나 큰 금액이더라도 짧게 치고 나오는 것이다. 여러 제약주를 연구하던 중, 필자는 2005년 봄에 '일성신약'으로 종목을 선택하게 되었다.

당시 제약 종목들은 2004년 겨울부터 급등해서 2005년 봄까지 100% 수준의 상승을 보인 종목들이 허다했다. 일성신약 또한 2004년 여름 대비 2005년 봄 주가는 80% 가까이 상승하여 기술적으로 가격 부담이 있었던 상황이었다. 하지만 주가 차트로서의 가격 부담을 배재하고 '회사의 가치와 주가 수준'을 감안한 분석을 진행하면서 일성신약의 여러 가지 숨겨진 비밀들을 파악하게 된다.

일단 수익가치 기준의 주가 밸류에이션, 즉 이익가치 측면을 평가해 보았다. 2004년 연간 결산 기준 일성신약은 143억 원의 순이익을 달성한다. 당시 일성신약의 시가총액이 600억 원 수준이었으니, 이 회사 지분을 100% 인수한다고 가정하면 4~5년이면 순이익으로 투자금을 회수할 수 있는 수준이 된다. 이는 놀라운 수준의 저평가다. 당시 매년 100억 원 대의 순이익을 꾸준히 달성하고 있는 사업안정성을 감안한다면 투자해 볼 만한 가치가 있었던 것이다. 성장 모멘텀이 무엇인지는 모르지만, 어쨌든 매년 5~7%씩 꾸준한 성장을 이어가고 있었다.

그런데 그 당시 일성신약은 재미있는 자산구조를 가지고 있었다. 일성신약은 투자 자산이 제법 있었는데 삼성물산, 한국전력, SBS, KT, SK 같은 우량주식들이 전체 자산의 절반 정도를 차지했다.

'최소한 유동성 위기는 겪지 않겠구나.'라는 생각은 확실히 들었다. 그리고 당시 상승 초입에 들어서고 있는 삼성물산의 주가상황을 보았을 때, 차후 삼성물산의 평가액이 늘어 자산가치 상승도 기대할 수 있겠다는 생각이 들어 대량으로 매집하였다.

2005년 봄에 일성신약 주식을 2만 5천 원 대에서 매집하였는데 몇 달 안 있어 2만 원 대 초반까지 10% 이상 밀렸다. 당시 주변 지인들은 필자에게 '일단 사면 내리고 시작하는 징크스'라 농담을 하기도 했다.

하지만 가치투자 입장에서는 내려갈수록 더 저평가된 구간에 들어서게 된다. 손절매를 할 이유는 없었던 상황! 믿고 지켜보는데, 더 이상한 현상이 이어졌다. 삼성물산의 주식을 계속 매수하더니, 회사가 빚을 내서, 즉 부채를 늘려서 주식투자를 하고 있는 것이었다. 마치 본업인 제약업은 '캐쉬카우'니까 그대로 잘 운영하고, 여윳돈으로 주식투자를 하는 모양새였다. 필자는 회사가 보유한 우량주들의 주식 수와 주가 현황을 계산하고, 일성신약의 적정 주가를 계산하여 목표치를 설정하였다.

　1차 목표치는 7만 원, 2차 목표치는 14만 원이 나왔다. 당시 꾸준히 상승하던 보유 주식들의 가치를 반영하였을 때 '그 정도도 노려볼 수 있지 않겠는가'라고 판단했다. 또 여기에 2005년 '황우석박사 붐'에 따른 제약, 의약, 바이오 열풍이 불면서 주가는 천정부지로 올라갔다. 결국 2005년 봄 2만 5천 원에 매수한 일성신약을 2006년 초 7만 원 부근에서 매각하였다. 단기간에 150%가 넘는 수익률을 보게 된 것이다. 아쉬운 건, 그 당시 부득이한 사정으로 현금을 확보해 놓아야 했던 것이다. 그래도 일성신약의 성공으로 필자는 재정적으로 레벨 업 된다.
　그 후 필자에게 또 다른 징크스 하나가 붙게 된다. '두 배 수익내고 매도하니 두 배 오르더라.'는 것이다. 일성신약은 필자가 7만 원에 매도한 이후 잠시 주춤하더니, 2007년 14만 원까지 급등하게 된다.

[그림 3-4] 2005년부터 2007년까지 6배 상승한 일성신약 주가

또 다른 사례는 2008년 금융위기 직후에 있었다.

2008년 금융위기를 겪으면서 필자는 '포트폴리오'에서 종목 수의 확대가 절실하다는 것을 뼈저리게 느꼈다. 2008년 손실이 있기는 하였으나, 시장 대비 매우 양호하게 마감되었다는 점은 필자에게 참으로 다행인 상황이었다.

필자는 뒤에서 말씀드릴 '가치스타일 전략'을 완성하고 2009년 2월에 포트폴리오를 새롭게 꾸린다. 그 당시 증시는 '패배적인 비관론'이 대세였다. 마치 2001년~2003년 초의 분위기와 흡사했다. 지구가 곧 멸망한다고 해도 과언이 아닐 정도로 비관론이 팽배했다. 그런 상황에서 필자는 2008년에 일정 부분 높여놓았던 현금 비중을 낮추고 주식 비중을 높였다.

필자가 꾸렸던 포트폴리오 중에 재미있는 종목이 있었다. 바로 '피에스텍'

이다.

　피에스텍은 2009년 초반 '천원만'으로 불리던 주식이었다. 그림3-5에서 확인할 수 있듯 주가가 천원에 고정되어 있었기 때문이다. 당시 포트폴리오에 편입한 이유는 금융위기에도 불구하고 '한국전력'이라는 단단한 거래처가 유지되고 있다는 점, 회사의 부채를 뺀 순수한 자산가치 대비 시가총액이 25%에 불과하다는 점이었다. 적어도 자산가치 수준까지는 올라가지 않겠는가라는 판단을 한 것이다. 매년 벌어들이는 순이익을 5년만 모으면 시가총액 수준이 되는 정도였으니, 정말 저평가되었다고 해도 과언이 아니었다.

　'한국전력의 디지털 계량기 교체'에 관한 이야기를 접하고, 회사의 성장성까지 감안하여 포트폴리오에 편입한 것이다. 그 후, 주가는 계속 상승하기 시작했다. 그 속도는 다른 종목들과 비교할 수 없을 정도로 가팔랐다.
　마치 홀로 질주하는 경주마 같다고나 할까? 피에스텍 주가의 힘은 엄청나게 강했다. 늦봄 즈음에 피에스텍은 '스마트그리드' 테마에 엮이면서 주가에 더욱 가속도가 붙기 시작하였다. 당시 정부가 추진 중인 스마트그리드 사업을 위해서는 '디지털 전기계량기'가 필수였고, 피에스텍이 수혜를 볼 것이 확실했기 때문이다.

[그림 3-5] 피에스텍의 2009년 주가

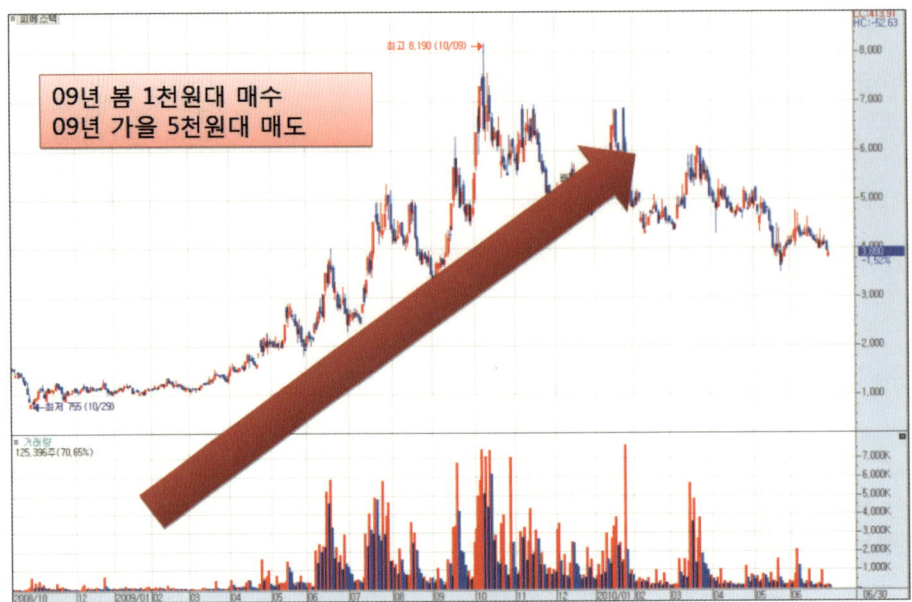

　개인적으로 보유 종목이 테마에 엮이는 것을 그렇게 좋아하지는 않는다. 주가의 변동성이 너무 높아져 목표치를 설정하기 어렵고 회사의 가치를 무시하고 달려 나가기 때문이다. 즉 언제 매도할지 모르는 상황이 되는 것이다. 필자는 목표치를 순자산가치 정도의 주가 수준인 5천원으로 잡고, 주가가 더 급등하기도 하고 급락하기도 하다가 5천원이 되었을 때 미련 없이 정리하고 다른 종목으로 포트폴리오를 꾸렸다.

　피에스텍 한 종목에서 500%가 넘는 수익률이 발생하였고, 포트폴리오 전체에 좋은 성과를 안겨주었다. 즉 잘 선택한 효자가 전체 수익률에 크게 기여한 것이다.

03
가치투자는 왜 좋은 성과를 보여주는가?

가치투자의 놀라운 결과를 필자의 경험과 다양한 사례를 통하여 알아보았다. 지금까지의 투자방법을 후회하시는 분들도 계실 것이고, 진짜 가치투자가 수익을 낼 것인지 고민하는 분들도 계실 것이다.

여기서 한 가지 생각해 볼 것이 있다.

왜 가치투자, 즉 회사의 가치 대비 저평가된 주식을 매매한 것이 다른 일반적인 방법보다 수익률 측면에서 앞서는 것일까? 투자론에 대한 강의나 재무학 관련 책을 읽어보면 증권시장은 효율적이어서 회사의 실적이나 중요한 정보는 주가에 바로 반영된다고 한다. 그 정보가 미리 반영되는 정도에 따라서 강형, 준강형, 약형 효율적 시장이라고 부른다. 투자 이론들은 모든 정보가 주가에 녹아있다는 논리로 결론을 맺는다.

뒤 페이지의 그림3-6에서, 2013년 1월 삼성전자의 실적이 긍정적으로 발표되었던 시기의 주가를 보자. 꾸준히 상승하다가 갑자기 급락하는 현상을 목격하게 된다. 이러한 사례가 대표적인 효율적 시장의 모습이라 할 수 있다.

[그림 3-6] 실적 발표 이후 하락전환한 삼성전자 주가

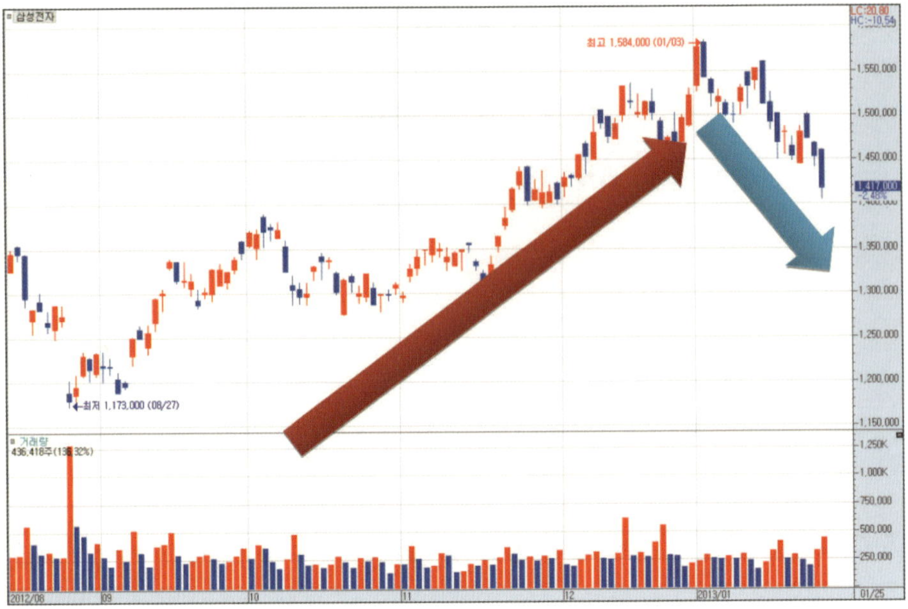

▶ 주식시장은 이성이나 효율로 움직이지 않는다

그런데 주식시장은 이렇게 항상 효율적일까? 항상 모든 정보가 주가에 반영되는 것일까? 이 부분에 대하여 가치투자로 세계적인 거부가 된 워런 버핏이 한 말씀 하셨다.

"효율적 시장 가설이 옳았다면 나는 단돈 1달러도 없는 빈털터리가 됐을 것이다."

필자 또한 같은 생각을 가지고 있다. 한마디로 이야기해서 주식시장은 비이성적이고 비효율적이다. 그리고 주가 역시 비이성적이고 비효율적이기

에 기회가 존재한다.

필자가 과거에 매매했던 '현대미포조선'을 보자. 2000년 당시 한 해의 배당수익률이 15% 수준에 이르렀고, 자산가치 대비한 주가수준도 극저평가, 수익가치 대비한 주가수준도 극저평가 구간이었다. 시장이 비이성적이고 비효율적이기 때문에 가능했던 일이다. 당시 이러한 저평가 기조는 2000년~2003년 초까지 거의 4년 가까이 이어지게 된다. 그리고 긴 기간만큼 주가는 100배 상승하였다.

이렇게 시장이 움직이는 이유는 뭘까?

바로 지금 위치에서 주가수준을 판단하는 경향 때문이다. 즉 주가가 저평가되었다 할지라도 시장에 어떤 공포 분위기가 있다면 매물이 쏟아지면서 하락하게 된다. 일단 주가가 하락 추세로 돌아서면, 투자자들은 패닉 상태에 빠져서 합리적인 사고를 무시한 채 '투매'에 동참하는 상황이 발생한다. 그러는 사이 주가는 더욱 저평가된 구간에서 움직이면서 투자자들에게 소외된다. 하지만 주가가 재평가를 받기 시작하면 주가는 급격하게 상승하면서 그 회사의 적정한 주가수준까지 올라가고 경우에 따라서는 오버슈팅 되면서 과도한 상승을 만들기도 한다.

반대의 경우도 중요하다. 주가가 적정한 주가 이상에 있더라도, 여러 가지 테마, 작전, 이슈에 의해서 과열권을 넘어 버블을 형성하기도 한다. 매 대선 때마다 있었던 '대선 관련 테마주'들 역시 말도 안 되는 주가 수준까지 올라가기도 하였고, 매년 특정 테마주들이 거품 논란에 휩싸였다가 주가가 폭락하게 되기도 한다. 특히 비이성적으로 급등한 주가는 버블을 형성한 후에 주가가 빠질 때에는 단 몇 거래일 만에 주가가 반토막이 나는 급한 하락을 보이기도 한다.

이 글을 읽는 독자 중에는 그렇게 저평가된 주식이 항상 있겠냐는 의심을 가질 수 있다. 그러나 명심하자. 주식시장에는 항상 비이성적인 매매가 존재하기 때문에 저평가된 종목들이 늘 존재하게 된다. 특히 대형주보다는 중형주, 중형주보다는 소형주에서 적절한 평가를 못 받는 종목들이 많이 발견된다. 여러 가지 이유가 있지만, 대형주의 경우에는 종목을 분석하는 증권사 애널리스트의 리포트가 거의 매일 나온다. 그러다 보니 자연스럽게 모든 정보가 반영되면서 적정한 주가수준에 근접하게 된다. 하지만 중소형주의 경우는 분석 리포트가 없는 경우가 많기 때문에 주가가 움직이지 못하고 저평가된 구간에 있는 경우가 많다. 보통 상장기업 2000여 개 중에서 증권사 전체 분석 리포트가 커버하는 종목 수가 500개가 안 된다고 한다. 그 만큼 빛을 보지 못하는 종목들이 많이 있다.

▶ **거래량이 적은 중소형주를 주목하라**

여기에다 중소형주는 거래량이 부족한 경우가 많다 보니, 외국인 및 기관에서의 매매도 부족하고 개인도 선호하지 않는 상황이 된다. 그 결과 주가수준이 저평가된 상태로 있는 경우가 허다하다. 그런데 흥미로운 점이 있다.

이렇게 거래량도 부족하여 외국인과 기관투자자 그리고 증권사 애널리스트들의 관심을 받지 못하던 가치주의 주가가 큰 폭으로 상승하여 일정 시가총액 또는 거래대금 이상을 넘어서게 되면 갑자기 기관투자자와 애널리스트들의 관심을 받으면서 관련기사 및 종목 리포트가 대량으로 쏟아지면서 주가를 불태우게 된다.

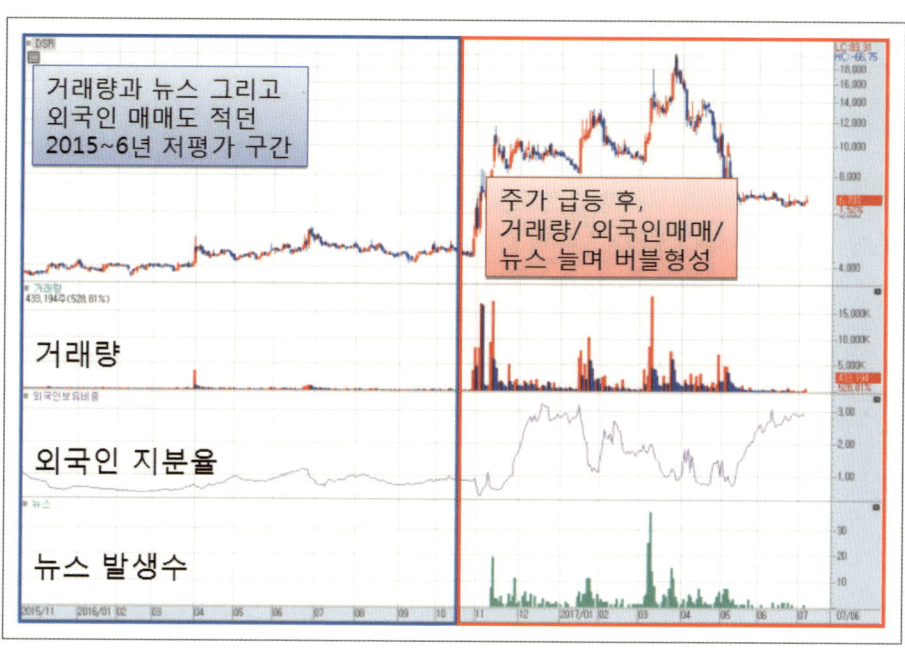

[그림 3-7] 대선 테마주에 엮였던 DSR. 2015년 거래 가뭄, 2016년 주가 급등하며 이슈화

그림3-7이 대표적인 사례가 되지 않을까 생각한다. 19대 대선 테마주로 이름을 날렸던 DSR의 경우다. 대선이 가시화 된 2016년 가을부터 2017년 봄까지, 대선후보 A씨와 관련된 뉴스가 나올 때마다 주가는 요동쳤다. 그런데 DSR의 주가를 살펴보면, 2015년에서 2016년 초반까지 주식 거래가 거의 없

었음을 알 수 있다.

하루에 1억 원이 채 안 되는 거래 가뭄 종목이었으나 2016년 중반 이후 대선 테마주에 얽히면서 주가가 급상승했다. 따라서 거래량도 늘어나고 뉴스 건수도 급증하게 되었다. 여기에 2016년 초까지는 관심을 가지지 않던 외국인도 지분을 높이는 현상이 나타나면서 주가는 예상 외의 급등세를 만들었다.

이런 모든 상황을 보게 되면, 저평가된 가치주를 매수하는 전략을 구사한다면 처음에는 거래량이 부족하다 할지라도, 주가가 올라가면서 제값을 찾아가는 과정에서 이슈화되고 증권사 리포트들이 쏟아지면서 주가를 끌어올리게 된다. 차후에 목표 도달 시에는 거래량도 매수할 때와는 달리 충분하게 증가된 상황이 되어 유유히 수익을 실현할 수 있을 것이다.

즉, 가치투자가 일반인들이 하는 투자방법을 넘어서고, 주가지수 대비 높은 수익률을 내는 것은 당연하다. 바로 이 점이 가치투자의 매력이라 할 수 있을 것이다.

04 가치투자 대가들의 투자 대박 비법

▶ 가치투자의 아버지 : 벤자민 그레이엄(1894~1976)

가치투자의 본격적인 역사는 20세기 초반으로 올라가게 된다.

우리가 지금 익히 알고 있는 투자의 대가 '워런 버핏'의 스승인 '벤자민 그레이엄'이 가치투자 이론의 효시라 할 수 있다. 벤자민 그레이엄에 대한 워런 버핏의 존경심은 대단해서, 그의 둘째 아들 이름을 '하워드 그레이엄 버핏'으로 지을 정도였다.

벤자민 그레이엄은 1927년~1957년까지 컬럼비아 대학교 경영대학원에서 투자론을 강의하면서 '워런 버핏, 월터 슐로스, 톰 냅, 빌 루엔' 등의 제자를 키워낸 학자로서 명망이 뛰어난 인물이었다. 그리고 중요한 것은 이론보다 실전이었다. 벤자민 그레이엄이 운영한 '그레이엄-뉴먼 코포레이션'은 1936년~1956년 기간 중 연평균 20%의 놀라운 수익률을 기록하였다. 그 시기 미국의 대표 지수인 S&P500 지수가 12.2% 상승하였다는 점을 감안해 본다면, '벤자민 그레이엄'의 수익률은 어마어마하다 할 수 있겠다. 연평균 20%가 뭐가 크냐고 반문하는 독자 분들도 계실 것이다. "내가 아는 전문가는 1년에 100%씩 수익 낸다더라."라는 이야기를 할 수도 있다. 하지만 그 전문가가 과연 연평균 100% 수익률을 내고 있을까?

필자가 오랜 기간 주식시장에 있었지만, 1년에 100% 수익은 낼 수 있을지언정 장기적으로 연평균 100% 수익을 내는 전문가는 보지 못했다. 벤자민 그레이엄의 연평균 20% 수익률은 경제 공황 이후 암울했던 시기에 거둔 대단한 기록이라 하겠다.

벤자민 그레이엄의 유명한 저서로는 '현명한 투자자'와 '증권분석'이 있는데, 이 책들은 지금 2010년대에도 가치투자자라면 반드시 읽어야 하는 필독서로 정해져 있을 만큼 가치투자의 고전으로 꼽히고 있다. 그런데 높은 수익률에도 불구하고 그의 투자 스타일은 보수적이었다고 한다. 그는 수익률을 극대화하기보다는 손실을 줄이는 것을 중요하게 생각한 보수적 가치투자자이다. 그의 종목 선정 기준에서 그러한 경향을 찾아볼 수 있다.

'벤자민 그레이엄'의 종목 선정 기준

1. 유동자산이 풍부해 재무적으로 건전할 것
2. 꾸준하게 이익을 내고 있을 것
3. 적절한 밸류에이션 수준을 나타낼 것
4. PBR와 PER의 곱이 22를 넘지 않을 것
5. 유동비율은 200% 이상 될 것

특히 벤자민은 주식시장에 참여한 기업들의 주식을 '종이'로 보지 않고 동업자로서의 개념을 적용하였다. 즉, 기업을 통째로 매입한다는 개념으로 투자해야 한다는 것이다. 그 과정에서 투자자는 자연스럽게 해당 기업에 대한 면밀한 분석을 하게 되는 것이다.

만약 친구와 동업을 한다면, 그 사업이 잘 될지 친구의 재정 여력은 괜찮은지 면밀한 분석을 할 것이다. 하지만 주식 투자를 할 때는 이러한 부분이 현실적으로 많이 부족한 것이 사실이다. 벤자민은 자신이 투자하는 기업을 동업자로 봄으로써 가치투자의 기틀을 마련했다고 볼 수 있다.

▶ 경제학자이며 투자의 대가 : 존 메이너드 케인즈(1883~1946)

케인즈는 1929년 대공황을 극복하는 과정에서 유명해진 경제학자였다. 그 당시 공급 중심의 '고전학파' 경제학자와는 달리 정부의 개입을 통한 고용창출과 수요증가를 중요하게 보았다. 결국 케인즈 학파의 영향으로 대공황이 극복되면서 그는 경제학자로서 명성을 날리게 되고, 교과서에 실리게 되는 영예를 얻게 된다.

그런데 마치 상아탑에 갇혀서 연구만 했을 것 같은 케인즈는 투자에도 큰 획을 그었다.

그가 운용한 '케임브리지 킹스 칼리지'의 '체스트펀드'가 이를 이야기하고 있다. 1920년 이전까지만 하더라도 킹스 칼리지 인베스트먼트는 채권에만 투자했다고 한다. 그러던 중 1919년 말 케인즈가 대학의 2등 회계담낭관으로 선임되고 난 뒤, 주식과 통화 그리고 선물에만 투자하는 '체스트펀드'가 만

들어졌다. 1927년 선임 회계 담당관이 되어 1945년 사망할 때까지, 케인즈는 체스트펀드를 운영하였는데 그림3-8에서 볼 수 있듯 수익률은 괄목할 만한 수준이었다.

[그림 3-8] 케인즈가 운영한 체스트펀드의 누적수익률과 영국 증시

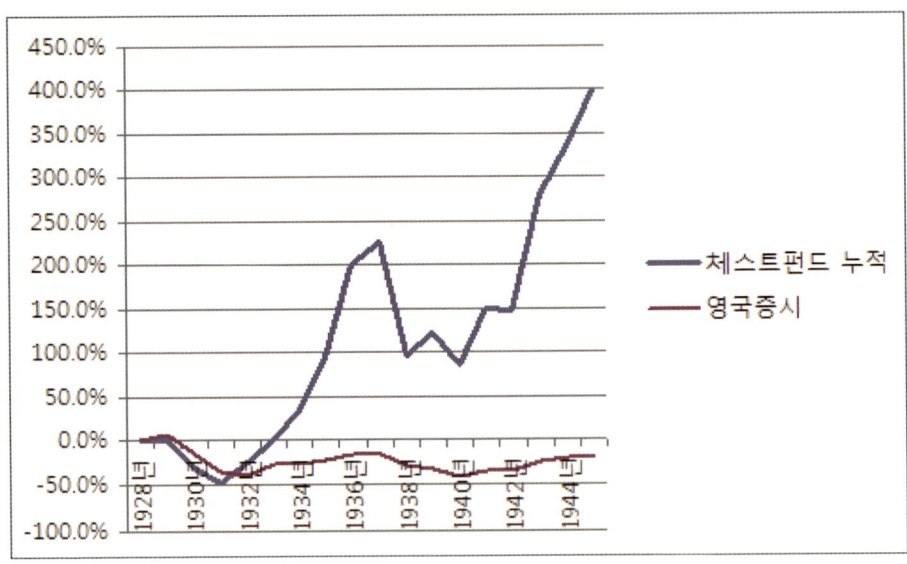

당시는 세계대공황과 2차세계대전이라는 사회적, 경제적 고난의 시기였음을 상기해 보자. 체스트펀드는 기간 중, 단순평균 13.2%의 높은 수익률을 기록한다. 당시 영국의 주가지수가 평균 -0.5% 하락하였다는 점을 감안한다면, 중간에 부침은 있었지만 원리원칙을 지킨 케인즈의 수익률은 우상향 하는 놀라운 실적을 보여주고 있다.

그가 세운 '체스트펀드'의 운용지침을 보면 그의 투자 철학을 읽을 수 있다.

1. 소수의 저평가된 투자 종목을 주의 깊게 선택한다. 그들 종목이 지난 수년간 보여준 실적과 잠재적 내재가치, 가능한 투자 대안들을 고려하여 선택한다.
2. 투자한 종목은 장기간 흔들림 없이 보유한다. 투자한 종목들이 목표치에 도달하거나, 잘못된 투자였음이 판정될 때까지 수년이 걸리더라도 보유하라.
3. 균형 잡힌 포지션을 유지할 것. 다양한 위험 속에서 개별 종목의 위험이 높더라도 전체적으로 균형을 유지하고 위험을 회피하라.

중요한 건 "원리와 원칙"이란 점을 케인즈의 투자에서 확인할 수 있다. 아무리 좋은 가치투자 기준과 기법이 있다고 하더라도, 수년간 기다릴 줄 아는 인내와 끈기가 없다면 투자방식은 수시로 바뀌면서 마치 방향타를 잃은 배처럼 바다를 헤매다가 침몰할 것이다.

문득, 현재 우리 한국의 '국민연금'이 떠오른다.

정치적인 이해관계와 여론에 의하여 원리원칙을 수시로 바꾸게 될 경우, 자칫 국민연금의 수익률은 바다 깊은 곳으로 추락 할 수 있다. 원리원칙이 지켜지지 않는 운용시스템에서는 성공적인 수익성이 보장될 수 없다.

케인즈가 한국의 이런 분위기에서 기금을 운용했다면, 특정 년도에는 강제로 해고되는 사태가 벌어졌을 것이다.

▶ 거부가 된 가치투자 신봉자 : 워런 버핏(1930~)

워런 버핏은 전 세계 가치투자자들의 존경을 받는 인물이다.

매년 세계 부자 순위 Top 10 안에 들어가며, 미국 내에서는 빌게이츠와 함께 부자 순위 1, 2등을 다투고 있다. 최근 평가에 의하면 워런 버핏의 자산은 750억 $에 이른다니, 정말 대단하다 아니 할 수 없다. 여기에 최근에는 한화로 3조 원이 넘는 기부를 한 통 큰 인물이기도 하고, 미국 정부에다 '부자증세'를 제안하면서 '부의 사회화'를 주장해 존경을 받고 있다.

11살 때부터 주식투자를 시작한 워런 버핏은 벤자민 그레이엄의 제자이면서 '그레이엄-뉴먼 코퍼레이션'에서 근무하기도 하였다. 벤자민을 존경한 워런 버핏은 1957년 오마하로 와서 105,100$의 투자합자회사를 만든다. 그리고 그는 1969년까지 놀라운 성과를 달성한다. 그 기간 그의 합자회사는 한 해도 거르지 않고 놀라운 수익률을 달성한다. 매년 두 자리 수의 수익률이 13년간 이어졌다는 점은 경이로울 정도이다.

[그림 3-9] 워런 버핏 합자회사 당시 누적수익률

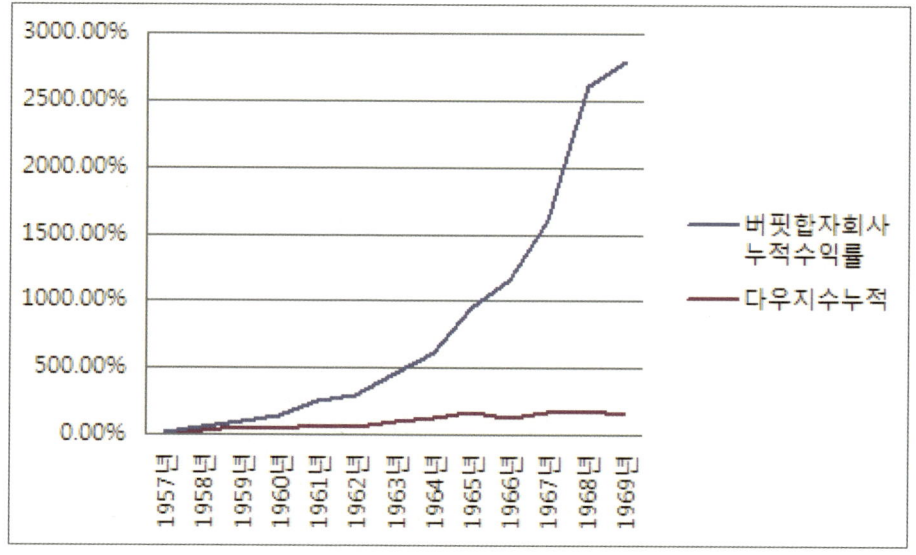

그림3-9를 보면, 그 기간 중 그는 연평균 30%에 가까운 수익률을 보여주게 된다. 당시 다우지수가 13년간 연평균 8% 수준의 상승을 보였다는 것과 비교해 본다면 수익률이 22%p 이상 앞서는 것이었으며, 그 결과 버핏의 합자회사는 1969년 청산할 때까지 투자자들에게 큰 부를 안겨주었다.

그 후 그는 승승장구하면서, 1965년 버크셔 해서웨이를 인수한 뒤, 지주회사로서의 투자를 활발히 하게 된다. 그는 이후에도 놀라운 수익률을 내며, 버크셔 해서웨이의 자산가치를 매년 25% 가까이 증가시켰다. 버크셔 해서웨이의 수익률은 S&P500지수보다 두 배 가까운, 연간 25% 수준의 수익률을 보여주었고, 워런 버핏은 미국의 최고 부자 대열에 들어서는 기염을 토하게 된다.

워런 버핏의 투자 방식은 벤자민 그레이엄의 투자 철학인 가치투자를 근간으로 하여 공격적인 '집중투자'를 병행한 것이다. 많은 포트폴리오보다는 믿을 만한 소수 종목에 집중하여 높은 수익률과 리스크를 줄이는 전략을 구사했다. 특히 시장이 패닉 상태에 빠졌을 때, 매우 공격적으로 주식을 주워 담는 용기를 보여주며 투자자들을 이끌어 가는 선지자적 역할을 하고 있다. 그는 고령의 나이에도 불구하고 계속 가치투자 원칙을 고수해 투자자들의 귀감이 되고 있다.

그가 지키는 가장 큰 원칙이 있다.

"내가 모르는 종목에는 절대 투자하지 않는다."

투자자들이 자주 망각하는 투자의 기본 중에서도 기본이다.

▶ 일본 샐러리맨들의 우상 : 사와카미 아쓰토

한국사회의 고령화 속도가 심각하며, 향후 자본시장이 1990년 이후 일본처럼 저성장, 저금리 상태로 돌입하게 되어 경제환경이 어려워질 것이라는 전망이 이어지고 있다. 몇몇 증권사는 일본경제를 분석해서 향후 금융시장에 대한 연구를 하는 TF팀을 구성하기도 했다.

이러한 저성장 국면의 일본에서 1999년 설립된 '사와카미투신'은 가치투자로 유명세를 탔다. 1999년 투자자 487명과 수탁고 163억 원의 소형펀드로 시작해 운용 5년 만에 투자자 4만 5천 명, 수탁고는 1조 4천억 원을 넘어서게 된다. 그 당시 운용수익은 30% 수준! 물론 앞서 언급되었던 워런 버핏이나, 케인즈, 벤자민 그레이엄에 비해서는 초라한 성적표일 수 있다. 하지만 일본 경제가 장기 불황의 저성장 국면이란 점을 감안해야 한다.

그 시기 도쿄 증시는 5년여 동안 25% 하락하였고, 일본의 금리는 실질적으로 Zero라는 것을 생각해 본다면, 5년간 30%란 일본인들 입장에서는 환상적 수익률이라 할 수 있을 것이다.

사와카미투신은 고객의 70%가 30~40대 직장인이며, '샐러리맨의 자산 형성'이라는 운용원칙을 철저하게 지키고 있다. 그러다 보니, 황당한 에피소드도 생겨났다. 1천억 엔(1조 원 수준)을 맡기겠다는 연기금의 제안을 거절한 것이다. '큰손 고객'이 있게 되면 투자원칙이 크게 흔들리게 된다는 것이다. 이 일이 있은 후, 사와카미투신은 '업계의 이단아'로 불리기까지 했다. 원칙을 지키기 위해 1조 원의 운용자산을 거부했다는 사실은 놀라움을 넘어 존경심을 불러일으킨다.

사와카미투신에는 '2. 3. 5 법칙'이 있는데, 기업분석에 20%, 기업의 사업 환경 조사에 30%, 앞으로의 사업전망 예측에 50%의 노력을 투여한다는 것이다. 또한 투자는 단기간이 아닌 장기 가치투자를 표방했다. 투자원칙을 철저하게 지킨 결과, 특별히 영업활동을 하지 않아도 고객의 입소문을 타고 고객이 펀드를 찾아오는 긍정적인 효과가 나타나게 되었다.

▶ 가치투자 대가들의 공통점

위에서 언급한 가치투자 대가들의 공통점을 다시 한 번 생각해 보면, 그들은 가치투자라는 철학을 기반으로 자기들만의 다양한 투자전략을 가지고 있었다. 워런 버핏처럼 공격적으로 가치투자를 하는 이도 있지만, 그레이엄처럼 약간은 방어적인 가치투자를 하기도 한다. 필자는 여기서 공통점 2가지를 찾을 수 있었다.

첫 번째, 단기수익률에 일희일비 하지 않는다.

전 세계의 투자자들이 다 그렇겠지만 특히 한국 투자자들은 단기간에 수익률을 크게 내고 싶어 한다. 1년에 10,000%라는 말도 안 되는 수익률에 혹하기도 하고, 보수적인 투자자를 자청하면서도 연간 수익률 100%를 목표로 한다고도 한다. 한 해 정도는 어떻게 이룰 수 있을지 모르지만, 궁극적인 장기수익률로는 불가능하다. 우리에게 필요한 것은 장기적인 관점에서의 수익률이다.

장기라는 의미는 투자종목을 장기보유한다는 의미도 될 수 있지만, 한편으로는 자산 전체에 대한 투자관점에서도 장기라는 표현을 적용할 수 있다.

안정적으로 꾸준히 자산 증가가 우상향할 수 있는 전략을 사용해야 하며, 자산을 평가할 때도 장기적인 관점에서 해야 한다. 그래야만 진정한 가치투자로서의 수익률을 극대화할 수 있다.

두 번째, 원리원칙을 고수한다.

본인은 가치투자 원칙을 지키려 해도, 주변 투자자들이나 지인들이 심리적으로 훼방을 놓는 경우가 많다. "가치투자는 재미없어.", "수익률이 별로야." "오래 기다려야 해." 등 본인의 원칙을 흔드는 이야기들을 자주 듣게 된다. 필자 또한 그러한 경험이 많이 있다. 가끔 어떤 이들은 필자에게 강하게 어필하곤 한다.

"lovefund 당신은 왜 사람들의 관심이 뜨거운 테마주에 대해 긍정적으로 이야기하지 않는가?"

"이번에 A기업에 작전이 붙었대. 관심종목에 넣어 보라니까."
"lovefund 당신의 투자 방법은 갑갑해, 어떤 전문가는 한 달에 100%씩 수익을 내더라고."

이런 이야기에 필자가 흔들릴까? 오히려 그런 사람들을 설득하기도 하고, 상황에 따라서는 강한 어조로 담판을 짓기도 한다. 만일 필자가 그런 사람들의 조언 아닌 조언에 귀를 기울였다면, 어느 순간 원리원칙이 흔들려 나쁜 투자를 하고 결국 파산했을 것이다.

하지만 필자는 가치투자의 대가들이 그랬듯이 원칙을 지키려 노력하였다. 원칙을 지키는 가치투자가 성공으로 가는 황금 열쇠이기 때문이다.

05
진정한 성공투자 비법은 가치투자에 있다

오늘도 수많은 투자자들이 주식시장에서의 승자가 되기 위해서 다양한 기법을 연구하고 있다. 그 방법들 중에는 너무 어려워 슈퍼컴퓨터가 동원되어야 하는 기법도 있을 것이고, 단순히 HTS 상의 차트만 보고 매매시점을 찾는 단순 투자법도 있을 것이다.

혹은, 자신만의 매매방법에 대한 연구가 전혀 없이 무작정 투자하는 사람도 있을 것이다. 한국증시의 역사에는 증권사 지점장이 '점집'에 들러 대박종목을 점지해 달라고 했다는 웃지 못할 흑역사도 있었다. 1980~1990년대에 실제로 있었던 일이다.

많은 투자방법들이 있겠지만, 필자는 '마음 편하게' 투자하는 방법이 가장 좋은 투자 결실을 만든다는 신념이 있다. 그러다 보니 시황 글을 쓸 때나, 방송 중 멘트를 할 때 무의식중에 "마음 편하게 투자하라."는 말을 종종 하게 된다. 필자는 그 '마음 편하게 투자하는 방법'에 대한 연구를 계속 해오고 있다. 증시가 크게 폭락하더라도 의연하게 보유한 증권계좌를 볼 수 있는 마음의 여유, 시장이 요동치더라도 심리적으로 불안감이 일지 않게 하기 위해서는 투자원칙이 정립되어야 하는데, 그 가장 좋은 방법이 '가치투자'이다.

만일 이 글을 읽는 오늘부터 내가 보유한 종목들의 주가가 급격하게 빠진다고 가정해 보자. 단순히 세력들이 매집하였다든가 기술적으로 중요 지지라인을 돌파했기에 그 종목을 매수했다고 한다면, 아마도 그 종목이 아무리 좋은 주식이더라도 손절매 하게 될 것이다. 이에 반하여 가치투자자들은 회사의 가치와 주가수준이 '저평가' 되었다고 판단되는 종목들을 매수하기 때문에 회사의 내용이 문제가 없다면 오히려 '이제 더 저평가된 것 아닌가?'라며 오히려 심리적 안정을 찾을 수 있게 된다.

2008년 9월~10월에 리먼브러더스 파산이 진행되면서 모든 투자자들이 시장에서 탈출하려고 아우성을 칠 그 당시, 워런 버핏이 한 이야기는 아직도 필자의 기억에 생생하다.

"남들이 탐욕스러울 때 두려워하고, 남들이 두려워할 때 탐욕스러워져라."
"나는 지금 주식을 사들이고 있다."

주가하락은 주식시장의 바겐세일과 같다는 이야기다. 그리고 그 해 그 시점, 증시는 최고의 바닥을 만들고 급반등을 하게 된다.

가치투자자에게 그 시기는 헐값에 던져진 종목들, 즉 더 저평가된 종목들로 포트폴리오를 교체할 수 있는 절호의 기회가 되는 것이다. 마치 유명 브랜드를 헐값에 파는 의류업체들의 패밀리세일 때처럼 염가로 밀려나온 종목들을 주워 담을 수 있다. 필자도 2008년 연말부터 2009년 초 사이에 그렇게 헐값으로 던져진 종목들로 포트폴리오를 새롭게 꾸려 2009년 만족스러운 수익률을 거두었다. 하지만 대부분의 투자자들은 2008년 연말, 주식시장에 염증을 느끼면서 시장을 떠났다. 오히려 자리를 지켜야할 시점에서 시장을 떠난 것이다. 만일 그들이 '가치투자'를 투자원칙으로 지켰다면 조금 더 인내하면서 기다렸을 것이다.

가치투자의 가장 큰 장점은 바로 '심리적 안정'이다.

그 심리적 안정 속에서 투자의 기준을 더욱 굳건하게 지켜 나갈 수 있게 된다. 하지만 한국의 투자문화는 가치투자를 마치 '고리타분한 말씀'처럼 치부한다. 필자가 앞에서 말한 이야기들과 자료를 다시 한 번 생각해 보자. 그렇게 '고리타분한 가치투자'를 외면하고, 보통의 개인투자자들이 사용하는 매우 직관적이고 검증되지 않은 주식투자 방법으로 수익을 내었던가?

개인투자자 중 단 10%만이 수익을 내고, 나머지 90%의 개인투자자는 손해를 보거나 파산하게 되었다. 주식투자로 큰 수익을 올릴 확률은 1%에 불과하다는 점을 기억하자. 앞의 자료에서 보았듯이 가치투자를 하는 투자자의 경우는 적어도 절반 이상의 투자자가 수익을 내고 있다.

이제 개인도 주식시장에서 수익을 내고 성공해야 한다.

그 가장 확실한 길인 가치투자! 이제 본격적으로 가치투자의 전략, 전술을 공부해 보도록 하자. 그러기 위해서는 가치투자를 위한 '기초훈련'이 필요하다. 기본적으로 알아야 할 용어들과 공식을 설명해줄 것이다. 미리 걱정할 필요는 없다. 초등학교 고학년만 되어도 다 알아들을 수 있을 정도니까. 그리고 가치투자를 위한 최적의 종목을 고르는 방법, 즉 공격 기술을 알려줄 것이다. 이것 역시 아주 쉬운 적정주가 공식에 대입만 하면 되니 초보자도 쉽게 활용할 수 있다. 그 후엔 공격만 하면 자칫 낭패를 볼 수 있기에 '방어 기법', 즉 건드리지 말아야 할 종목의 기준을 자세히 설명해줄 것이다.

여기까지가 군대로 치자면, 훈련소를 거쳐 각개전투까지 배운 상황으로 볼 수 있겠다.

하지만 이것만으로는 실전투자에 임할 수 없다. '전략'이 있어야만 투자의 성공 깃발을 꽂을 수 있기 때문이다. 근본적이고 장기적인 성과를 낼 수 있는 투자전략까지 차근차근 진도를 나가 보도록 하겠다.

여러분은 이미, 장기적으로 안정적 수익을 내는 투자 대가의 길로 들어섰다.

4장

우물쭈물 말고
지금 당장
시작해라

01 한손에 재무제표를 꽉 쥐어라!

어쩐지 '정의의 여신상'이 생각나는 문구다. 우리나라 대법원에 있는 정의의 여신상은 1995년에 제작된 것으로 한 손에는 저울을, 한 손에는 법전을 들고 있다. 저울처럼 공정함을 지키겠다는 의미다.

이와 비슷한 투자격언이 있다 "한 손에는 재무제표를, 한 손에는 차트를!"

회사의 재무제표, 즉 회계장부를 분석한 기본적 분석과 주가 흐름을 분석한 차트 분석을 모두 이용하자는 말이다. 그러나 필자가 볼 때 우리의 투자문화에서는 '재무제표'는 내팽개쳐져 있고, 차트 분석만이 판을 치고 있는 것은 아닌지 우려스럽다.

재무제표에 대한 분석 없이 투자세계에 들어온 수많은 개인투자자들은 차트와 소문 그리고 직감에 따른 투자를 하다가 결국 큰 손실을 남기고 주식시장에서 떠나게 된다. 재무제표를 깊이 알지는 못 하더라도, 아주 기본적인 몇 가지만 확인한다면 투자가 몇 단계 레벨 업 될 것이다. 하지만 이 재무제표라는 단어의 어감에서 오는 거부감이 만만치 않다.

경영학과의 회계원리 책만 펼쳐보더라도 책 내용이 제대로 눈에 들어오지 않는다. 워낙에 숫자들로만 가득하니 말이다. 그에 반하여 차트는 뭔가 깊은 의미를 담고 있는 듯, 현란한 보조지표와 가격지표들로 설명이 되니 이해가 쏙쏙 되는 것 같다.

[그림 4-1] 재무제표와 차트 : 재무제표는 고리타분해 보이지만, 차트는 뭔가 멋져 보인다.

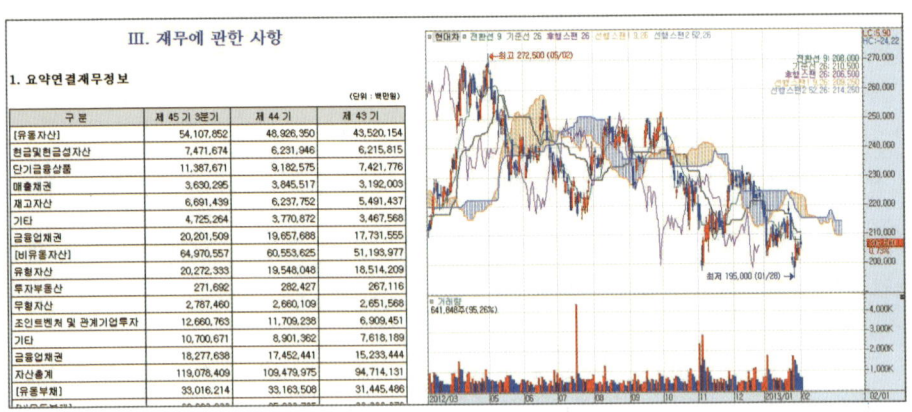

하지만 정말 중요한 것들은 모두 재무제표에 녹아 있다는 것을 강조하고 싶다. 왜 내가 투자한 회사의 주가가 하락세를 이어가는지, 왜 이 회사의 주가는 상승할 가능성이 높은지, 이 종목에 어떤 문제가 잠재되어 있는지 등 기본적 분석은 재무제표를 뜯어보는 데서 시작된다. 단지 어렵다는 것이 문제다. 필자가 주식교육 강사로 활동하면서 보았던 대부분의 개인투자자들은 재무제표를 열어보지도 않고, 아예 공부와 연구를 안 하는 경향이 많았다. 주식투자에 대한 다양한 강의를 하다가, '기본적 분석' 부분에만 들어가면 강의 시작 전부터 이런 소리들이 나온다.

"기본적 분석은 재미도 없고 머리만 아프니, 기법 중심으로 갑시다."
"재무제표 봐봤자 수익 안 난다고들 하던데요."

필자는 강의장에서 이런 말들을 듣게 되면, 매우 강하게 반론을 해 왔다.
"여러분들, 주식투자로 수익내고 싶은 것 아니었습니까? 전자오락 하러 오신 거 아니잖아요? 전자오락처럼 주식투자 하려면 차트 분석만 하십시오. 확실히 투자가 게임처럼 느껴질 것입니다. 하지만 주식으로 자산을 불리고 싶으시다면 힘들어도 꼭 기본적 분석을 익히십시오."

재무제표를 통한 기본적 분석은 너무나도 중요하다. 그리고 많은 사람들이 생각하는 것처럼 어렵지도 않다. 우리는 주식투자를 하나의 '사업'으로 생각할 필요가 있다. 자신의 사업이라고 생각한다면 훨씬 더 심사숙고 할 것이다. 주식투자는 회사를 다니면서 하는 '부업'일수도 있고, 회사를 부업으로 하는 주업일 수도 있고, 전업투자자처럼 유일한 업이 될 수도 있다.

어떤 케이스든, 사업을 할 때에는 회계에 대한 지식을 알아야 한다. 개인사업자의 회계 및 경리 관련한 책들을 보면 필자도 머리가 아플 정도이다. 세금, 매출, 부가세, 비용처리 등등 복잡한 것이 많다. 하지만 한국의 수많은 개인사업자, 법인 경영자들은 기본적으로 그런 내용쯤은 척척 이해해 버린다. 본인이 필요하면 금방 배우는 것이다.

'공과대학'을 나오고 '화학공장'에 오랫동안 근무하셨던 분이 계셨다. 이분은 회사에서 나와서 사업체를 만들 때까지 단 한 번도 회계나 경리에 관해

들어본 적이 없었다. 하지만 그 분은 사업체를 세우고 단 몇 개월 만에 경리 없이 회계장부를 작성할 수준까지 올라섰다. 물론 그 분의 노력도 있었겠지만, 그만큼 우리 한국인들의 브레인이 뛰어나기 때문일 것이다.

여러분도 대한민국의 그 어려운 입시경쟁을 거쳐 대학에 가고 직장에 취직한 분들일 것이다. 재무제표쯤은 사실 아무것도 아니다. 주식투자를 본인의 자긍심이 담긴 '사업'으로 보면, 더 쉽게 이해될 것이다. 지금부터 필자의 설명만 잘 따라오면 이 장이 끝날 때쯤 "별 거 아니네."라는 소리가 저절로 나올 것이다.

▶ 기업정보 화면에 모든 답이 있다

예전에는 때만 되면 증권사 지점들이 상장기업분석이라는 두꺼운 책을 고객들에게 뿌렸었다. 이 책을 보면, 상장기업 한 종목당 많으면 한 페이지, 보통의 경우는 반 페이지 정도에 상장기업의 핵심적인 내용이 모두 들어있다. 현재 현황이 어떤지 그리고 앞으로의 전망은 어떤지에 대한 분석이 들어있기도 하며 재무제표를 요약한 내용만 표시함으로써 이해하기 쉽게 되어 있다.

과거 2000년대 중반까지만 하더라도, 가치투자를 하는 투자자들은 이러한 자료를 가지고 종목을 분석했다. 투자한 회사가 부채비율은 어떤지 이익은 늘어나고 있는지, 매출액 추이는 어떤지, 대주주는 누구인지, 심지어는 회사의 주식담당자 전화번호는 어떻게 되는지에 대한 자세한 내용이 적혀있다.

단점이라면 이 서적이 무겁다는 것이다. 아무리 압축했다고 해도, 1000페이지에 가까운 책이다 보니 꽤 두껍다. 증권사들도 점차 홍보용으로 만들던 부수를 줄이고 있다. 고객들도 이 책을 받게 되면 부담을 느낀다고 한다. 최근엔 증권사 지점에서 홍보용으로 비치하는 양도 줄여 구하기 어렵다. 대신 기업정보를 수집하는 회사들이 연간 단위나 반기, 또는 분기 단위로 출판을 하고 있으니 그것을 활용하면 되겠다.

그런데 이 책보다 더 좋은 자료를 쉽게 그리고 무료로 볼 수 있다. 그것은 바로 모든 포털사이트의 증권메뉴와 증권사 HTS에 있는 '기업정보'라는 화면이다. 이 메뉴는 포털사이트와 각 증권사 HTS마다 명칭이 틀린데 '기업분석', '상장기업분석', '기업개요', '재무 및 사업', '기업정보' 등으로 메뉴명이 분류되어 있다. 그렇다면, 이들 화면에서 재무제표가 어떻게 나타나는지 보도록 하자. 정말 기업의 다양한 정보를 보기 쉽게 구성해 놓았다.

과거에는 재무제표 하면 딱딱한 '숫자'들로만 가득 찬 화면을 떠올리게 되었지만, 최근 기업정보를 제공하는 업체들이 비주얼을 강화하면서 첫 화면부터 재무제표를 도표로 이해하기 쉽게 보여주고 있다.

[그림 4-2] 포털사이트 다음에 있는 기업정보 화면 중 일부

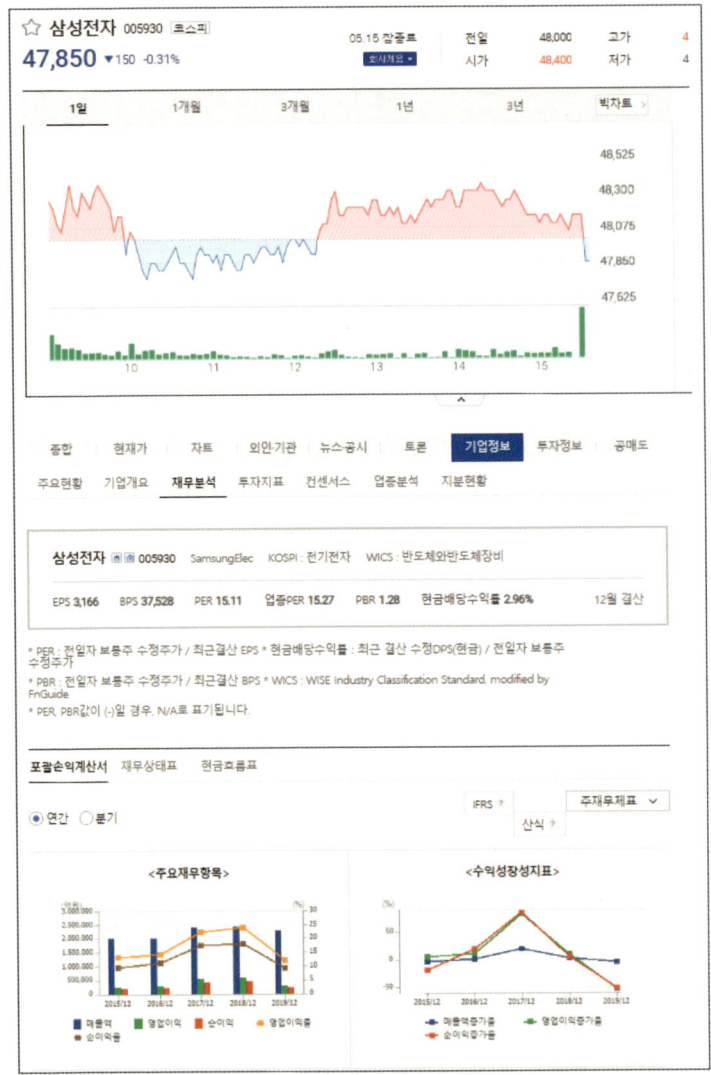

이 기업정보 화면에는 정말 다양한 정보가 담겨 있다.

증권사들의 투자 의견은 어떤지, 기업의 최근 현황은 어떠한지, 매출 구성

은 어떻게 되어 있는지, 대주주의 지분구조는 어떠한지 등 세세한 자료가 한눈에 보기 쉽게 정리되어 있다. 다음 장에서 다룰 재무비율 분석도 다 계산이 되어 있어서, 사용자는 그저 조회만 하면 된다.

이 '기업정보' 화면을 보면 예전에 영화배우 황정민 씨가 했던 청룡영화제 수상 소감이 떠오른다. 황정민 씨는 "스탭들이 차려놓은 밥상을 그저 맛있게 먹기만 하면 되었다."라는 수상 소감을 밝혔다. 기업정보를 수집한 회사들이 정리해 놓은 '알찬 정보'를 우리는 원하는 메뉴에서 클릭만 하면 된다. 이런 정보들이 생기면서 과거 1970~1980년대처럼 재무제표를 찾아 헤매지 않아도 되고, 1990년대처럼 상장기업분석 서적의 좁쌀만한 글씨 때문에 눈이 어지럽지 않아도 된다. 우리는 이 화면만 잘 활용하면 된다.

필자도 몇 해 전에 모 업체와 함께 재무제표를 수집하고 가공하는 사업을 준비하였기에 이 화면을 만든 업체들의 노고를 잘 알고 있다.

당시 필자는 상장기업들 전체의 재무제표를 수집, 정리하는 프로젝트를 맡았다. 단순히 상장기업들의 1년 재무제표가 아니라 1999년부터의 재무제표를 분기 단위로 수집하여 주요 항목별로 정리하는 작업이었다. 이 데이터들을 '로 데이터(Raw Data)'라고 하는데 상장기업 1,800여 개 종목의 재무제표를 분기 단위까지 모두 수집하고 검증하는데 대략 2개월이 걸렸다. 지금도 필자 혼자 이 방대한 작업을 했다는 사실을 떠올려 보면 대단하다는 생각을 하게 된다.

[그림 4-3] 금감원 전자공시 메인화면(상장기업과 일부 비상장법인의 자료를 볼 수 있다)

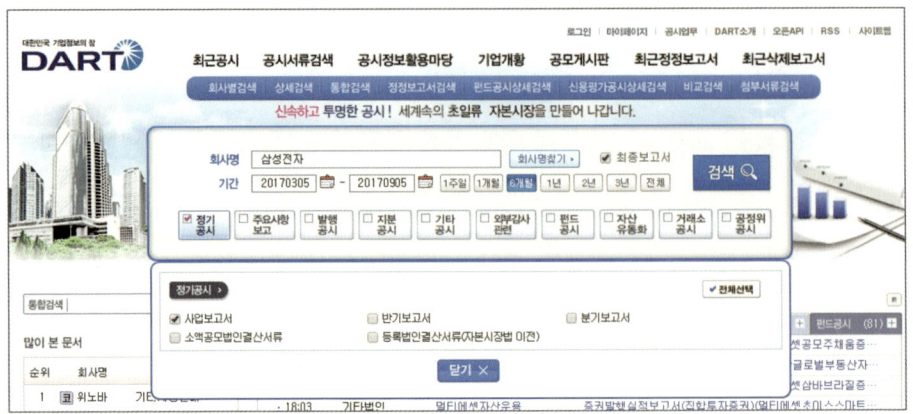

우리나라의 재무제표는 금감원 전자공시시스템(dart.fss.or.kr)을 통하여 올라오게 된다.

전자공시 화면은 상장기업 전체 및 일부 비상장법인은 필수적으로 공시자료를 올리게 되어 있는 곳이다. 이 전자공시를 통하여 우리는 더 빨리 기업의 신속한 뉴스와 공시 내용을 접할 수 있고, 기업이 올린 재무제표를 조회할 수 있게 되었다. 특정 조건을 입력하면 원하는 종목의 원하는 보고서만 걸러서 볼 수 있는 장점도 있어 전자공시는 투자자와 기타 이해관계자(외국인, 협력업체, 노조, 특수관계인 등)에게 중요한 자료 제공처가 된다.

하지만 기업들이 표준화된 방식으로 사업보고서나 분기 및 반기 보고서를 올리지는 않는다. 어느 정도 틀은 갖추어져 있지만, 각 기업들이 쓰는 용어대로 재무제표가 작성되기도 하고, 어떤 기업은 한자로 작성되어 있기도 하다. 심지어 어떤 회사는 중국어로 되어 있는 황당한 경우도 있다. 금액 단위도 어떤 회사는 '원', 어떤 회사는 '천 원', 어떤 회사는 '억 원'으로 되어 있고, 우리나라에 상장된 해외 기업의 경우 홍콩 달러로 표시된 것도 있다.

[그림 4-4] 필자가 과거에 수행했던 재무제표 수집 프로젝트 중 일부

년도	2008	2008	2007	2007	2007	2007	2006
월	6	3	12	9	6	3	12
분기	2	1	4	3	2	1	4
[유동자산]	1.80E+13	1.69E+13	1.66E+13	1.47E+13	1.26E+13	1.16E+13	1.46E+13
당좌자산	1.42E+13	1.33E+13	1.33E+13	1.14E+13	9.44E+12	8.42E+12	1.14E+13
재고자산	3.86E+12	3.57E+12	3.34E+12	3.38E+12	3.17E+12	3.21E+12	3.22E+12
[비유동자산]	5.29E+13	5.06E+13	4.86E+13	4.72E+13	4.66E+13	4.49E+13	4.29E+13
투자자산	1.98E+13	1.83E+13	1.71E+13	1.57E+13	1.51E+13	1.34E+13	1.36E+13
유형자산	3.15E+13	3.07E+13	2.98E+13	2.97E+13	2.98E+13	2.98E+13	2.88E+13
무형자산	6.07E+11	5.76E+11	5.68E+11	5.56E+11	5.43E+11	5.44E+11	5.22E+11
기타비유동	1.04E+12	1.08E+12	1.14E+12	1.19E+12	1.16E+12	1.07E+12	0
[자산총계]	7.10E+13	6.75E+13	6.52E+13	6.19E+13	5.93E+13	5.65E+13	5.78E+13
유동부채	1.16E+13	1.16E+13	1.08E+13	9.35E+12	9.33E+12	9.00E+12	9.64E+12
비유동부채	3.21E+12	2.78E+12	2.86E+12	3.22E+12	3.11E+12	3.07E+12	2.91E+12
[부채총계]	1.48E+13	1.44E+13	1.37E+13	1.26E+13	1.24E+13	1.21E+13	1.25E+13

재무제표를 수집하고 기업을 분석한 내용을 일목요연하게 정리한다는 것은 그만큼 어렵고 잔손이 많이 가는 작업이다. 마치 영화 제작 현장의 '스탭'과 비슷하다. 투자자들은 이렇게 만들어진 기업정보 화면을 사용만 하면 된다. 영화배우 황정민 씨의 수상 소감대로 '스탭들이 준비한 밥상에 숟가락만 들면' 되는 것이다. 1999년만 하더라도 큰돈을 주고 사야 했을 자료를 무료로 사용할 수 있다.

그런데 이런 자료를 만드는 회사가 하나가 아니다. 필자가 파악해 본 바로는 FNGuide가 가장 많은 곳에 서비스를 제공하고 있고 그 외 군소 기업정보 수집/분석하는 기업들이 정보를 제공하고 있다. 업체들마다 포맷이 조금씩 다르기는 하지만, 큰 틀에서는 유사하므로 별 문제가 없다. 주로 사용하는 증권사,

또는 포털 및 증권 포털사이트의 '기업정보' 관련 화면을 이용한다면 '재무제표'와 '재무분석'을 쉽게 이해할 수 있다.

자, 그렇다면 지금부터 본격적으로 재무제표에서 우리가 꼭 알아야할 부분을 공부해 보도록 하겠다.

▶ 재무제표는 Made in Italy

현대식의 재무제표는 14~15세기 상업이 발달한 베니스, 피렌체 등의 이탈리아에서 복식부기가 발전하면서 시작된다. 그러다 16~17세기 서유럽의 대항해 시대로 번영의 시대를 맞이하면서 주식회사 개념이 확대되고 20세기 미국과 유럽을 중심으로 재무제표는 중요한 이해관계자들에게 보고하는 수단이 되었다.

재무제표는 일정 기간 동안의 회사 실적 및 상태를 알려주는 중요한 지표로 이해관계자들은 각자의 상황에 맞게 다양하게 활용하게 된다. 회사의 경영자는 재무제표를 통하여 기업의 실적과 재무상태를 파악하여 경영계획을 세울 것이고, 주주들은 기업을 분석하고 이 회사의 주식을 사야할지 팔아야 할지 결정을 내릴 것이고, 금융기관과 같은 채권자들은 이 회사에 대출을 해주어야 할지, 금리를 더 올려야 할지 등을 고민할 것이며, 노동조합은 회사의 실적에 따라 성과급 및 여러 가지 처우에 대한 요구 수준을 결정하게 된다.

이러한 재무제표는 '포괄손익계산서', '재무상태표(대차대조표)', '현금흐름표'로 크게 나누어져 있다. 과거 20세기 이전에는 재무상태표(대차대조표)를 주로 활용했었지만 20세기를 지나면서 투자자들은 손익계산서를 중요하게 보기 시작하였고, 현금흐름표에 대한 분석도 추가되었다. 조금 더 깊이 들어가면 재무제표는 재무상태표, 포괄손익계산서, 자본변동표, 이익잉여금처분계산서, 현금흐름표, 주석 등으로 구성되어 있어 투자자들에게 다양하고 구체적인 정보를 제공하게 된다.

▶ 재무제표를 보는 첫 번째 기준, 투명성!

이러한 재무제표를 이해관계자에게 공시하는 것을 재무보고라고 한다.

미국의 경우 1933년~1934년에 제정된 증권거래법으로 재무보고가 강제화되는데, 사실 그 이전인 1800년대에도 기업들은 자발적으로 재무보고를 하고 있었고 1920년대의 반기 재무제표를 공시하고 있었다. 한국의 경우 1990년대 후반에 들어 와서야 분기보고서와 반기보고서 등, 보고의 틀이 갖추어지게 된다. 우리나라에서 분기보고서까지의 공시가 강제되기 시작한 후, 월간 단위의 실적을 굳이 밝힐 필요도 없는 상황에서 몇몇 기업들은 회사의 게시판을 통하여 월간 단위의 실적을 주주들에게 알리기도 하였다.

필자가 과거 2000년 후반 보유했던 웅진코웨이(현재 코웨이)가 그러했다. 몇 해 전에는 회사의 상황이 많이 안 좋아지기도 했지만, 그때 당시만 하여도 회사 홈페이지 게시판에 월간 단위의 실적을 올려놓는 것을 보고 깜짝 놀랐던 경험이 있다. 그 데이터는 외부감사가 검토한 분기보고서와 큰 차이가 없는 거의 정확한 값이어서 더욱 놀랐다. 보통 월간 단위의 실적공시는 실무 차원에서 매달 회사 내부 보고용으로 작성되는 것을 이해관계자 및 외부사람들에게 공개한다는 점에서 '경영투명성'에 대한 좋은 이미지를 심어주었다.

[그림 4-5] 웅진코웨이의 주가 급등 사례

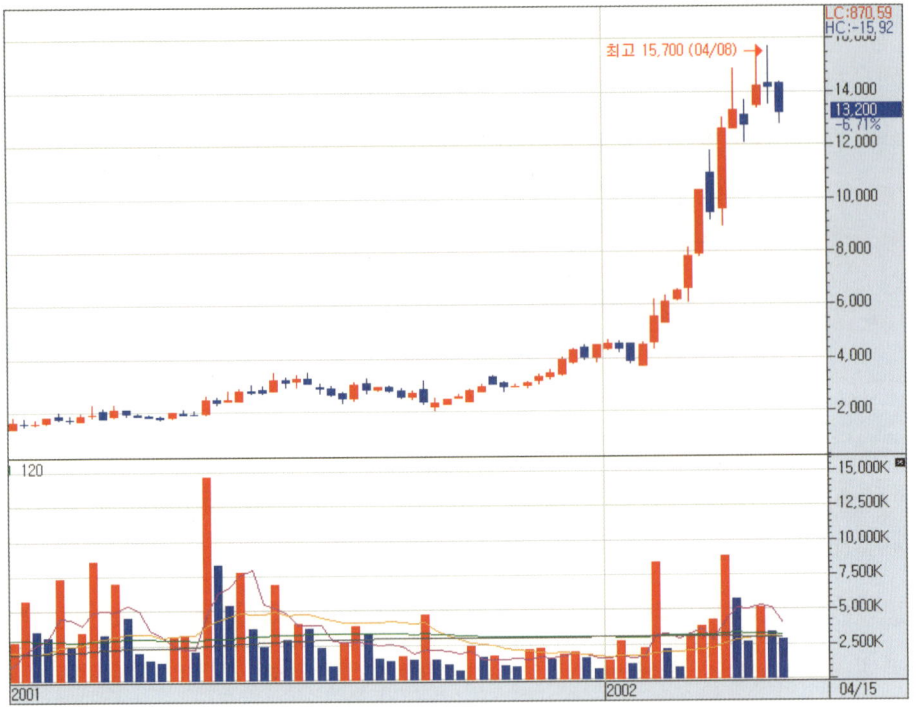

그림4-5를 보자. 2000년 후반 1300원 부근에서 움직이던 웅진코웨이(현재 코웨이)의 주가는 2002년 초 15,000원 대까지 급상승하는 결과를 가져 왔다. 이렇게 주가가 급등했던 이유는 회계의 투명성을 주주들에게 알림으로써, 건전한 장기투자 자금이 유입된 결과였다.

회사의 실적이 좋지 않더라도 주주들에게 투명하게 공시하게 되면, 주주들은 그 회사에 대해 높은 신뢰를 보이게 되고 급하게 투매하지 않아 주가가 안정되는 효과가 있다.

만일 여러분들이 관심 가지는 회사 중에 매달 실적을 홈페이지나 뉴스 등으로 공시하는 회사가 있다면, 한 단계 긍정적으로 분석을 해 봐도 좋다는 것이다. 그만큼 주주를 배려한다고 볼 수 있기 때문이다.

반대로 몇몇 악덕한 기업들은 금융당국이 법적으로 규정한 보고 기한을 넘겨서도 보고를 하지 않는 경우가 있다. 보고 기한은 사업보고서의 경우 90일 이내이다. 거의 대부분 상장기업은 결산시기가 12월이므로 사업보고서는 12월 말일 이후 90일 이내 즉, 3월 말까지 나와야 한다.

그런데 이 시기를 넘기는 상장기업들이 있다. 외부감사를 맡은 회계법인이 '부정적' 또는 '의견거절'이라는 감사의견을 내어, 회사 측과 실랑이를 하다가 시기를 넘기는 경우도 있다.

여기서 중요한 건 외부감사가 '부정적'이나 '의견거절' 의견을 재무제표에 표시했다면, 그 회사의 재무제표는 쓰레기라고 봐야 한다. 여기저기 분식회계, 거짓말, 사기에 가까운 수치들이 가득하다는 이야기이다. 그리고 최종적으로 '부정적', '의견거절'을 받은 상장기업은 상장폐지 대상이 되어 투자자들에게 큰 피해를 주게 된다.

이 책을 읽는 독자들이 관심을 집중해야 할 시기가 매년 3월이다. 국내 상장기업 중 80% 이상인 12월 결산법인은 3월 말까지 사업보고서가 나와야 하는데 '부정적', '의견거절'을 받을 가능성이 높은 회사들, 즉 상장폐지 가능성이 높은 회사들의 살생부가 인터넷상이나 증권메신저를 통해 회자되는 시기가 바로 그 때이기 때문이다. 따라서 단기급등을 노리고 우연히 투자한 회사가 소위 이야기하는 '잡주'라면 매년 3월에는 우량종목으로 갈아타는 전략도 감안해야 한다.

4장 우물쭈물 말고 지금 당장 시작해라

그만큼 재무보고 투명성은 주주들의 수익성에 큰 영향을 주게 된다. 투명한 회사는 대박을 안겨줄 수 있지만, 투명성이 결여된 회사는 주가 급락이나 극단적인 경우 '상장폐지'의 충격을 받게 되기 때문이다.

▶바뀐 이름을 기억하자 : 재무상태표(대차대조표), 포괄손익계산서(손익계산서)

K-IFRS 국제회계 기준은 2009년 시범도입되고 2011년부터 거의 모든 상장법인에 적용되고 있다.

그 과정에서 '대차대조표'와 '손익계산서'의 명칭이 각각 '재무상태표'와 '포괄손익계산서'로 바뀌게 되었다. 아직도 필자는 예전 습관이 남아있어 재무상태표를 종종 대차대조표라 부르기도 한다. 아직까지도 회계실무 차원에서도 혼돈하기도 하고 어려워하는 것이 새로운 K-IFRS 회계기준이다.

그렇게 어렵다면 일반 개인투자자들에게는 '가까이하기엔 너무 먼 당신'이 아닐까 두려워하실 수도 있다 하지만 미리 걱정할 필요는 없다. 필자가 이 중에서 가장 중요한 재무상태표와 포괄손익계산서의 중요한 핵심 사항을 콕콕 집어 설명해 드릴 것이다.

가치투자 및 기본적 분석을 하는데 있어서 빼먹으면 안 되는 중요 사항의 80% 이상은 재무상태표와 포괄손익계산서에 들어있다. 이 중 '재무상태표'의 8개 항목, '포괄손익계산서'의 3개 항목만 알면 어려움 없이 기본적 분석을 시작할 수 있다. 그렇다면 중요한 핵심 포인트는 무엇일까?

재무상태표에서는 '유비부자'만 알면 된다

▶ 일단 '부자'를 이해하자

앞으로 재무상태표는 볼 때는 반드시 '유비부자'를 기억해야 한다. '삼국지의 유비는 촉나라의 왕이니 당연히 부자(富者)다.'라고 외워도 좋다. 필자가 재무상태표에 '유비부자'란 말을 붙인 이유는 자본상태표에 나오는 중요 용어의 앞머리가 '유비부자'로 모두 설명이 되기 때문이다.

큰 그림부터 하나씩 그려 나가 보자.

회사 전체의 '자산'은 '부채'와 '자본'의 합이라는 기본 개념을 그려야 한다 (그림4-6 참조).

[그림 4-6] 자산은 부채와 자본의 합계금액이다.

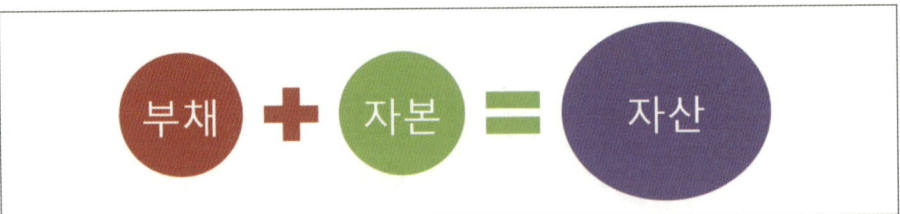

큰 그림의 재무상태표에서 벌써 '부'와 '자'라는 글자가 설명되었다. 이는 우리 일상에서도 쉽게 볼 수 있는 용어이고 개념이다.

예를 들어 최 씨가 빵집을 새로 오픈하기 위해 자신이 직장생활에서 모은 자본 1억 원과 은행에서 창업대출자금 2억 원을 빌렸다고 하자. 그렇다면 이 빵집은 최 씨의 자본 1억 원과 부채 2억 원, 총 3억 원의 자산으로 구성된 개인사업체가 되는 것이다(그림4-7 참조).

[그림 4-7] 최 씨 빵집의 자본상태표 (자산 = 부채 + 자본)

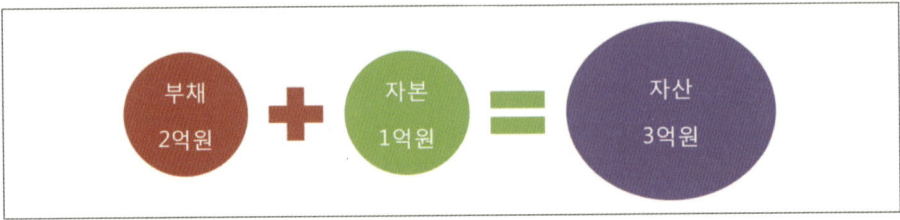

바로 이해되었을 것이다. 우리가 일상에서 접하고 사용했던 용어들이라 이해가 어렵지 않을 것이다.

간혹 TV에서 '성공한 모 사업가의 자산이 100억 원에 이른다.'는 것과 같은 이야기를 접했을 것이다. 이제 여러분들은 이러한 이야기를 들으면 그 자산의 구성이 어떻게 되는가에 대한 의심을 가지시길 바란다. 약간은 삐딱한 시선으로 그 성공한 사업가의 재무상태를 뜯어보는 것도 재무상태표를 이해하는데 도움이 될 것이다.

다른 예를 들어보자.

가끔 부동산으로 성공하신 분들 중에는 "아파트가 10채여서 자산이 50억 원에 이른다."라고 자랑하는 경우가 왕왕 있다. 그런데 그런 분들의 공통점은 빚에 쫓기고 있다는 것이다. 그분들의 재무상태표를 뜯어보았더니 자본은 10억 원 정도에 은행권 부채는 40억 원에 이른다고 한다면, 재무상태표 공식에 의해 다음과 같이 설명되어질 수 있다.

자산(50억 원) = 부채(40억 원) + 자본(10억 원)

그러고 보니, 거의 빚쟁이에 쫓기는 상황이 아닐까 싶다. 필자가 인터넷상에서 봤던 실화 중에서 '재무상태표'에 대한 잘못된 개념 때문에 결혼을 약속한 연인이 파경에 이르는 사례도 있었다.

A군과 B양은 서로 사랑하고 있었고 결혼을 약속하였다.

A군은 부모님 모두 좋은 직업을 가지고 계셨고 집안에 재산이 상당하다는 이야기가 있었다. 그에 반하여 B양은 중산층 집안에서 자란 일반적인 여성이었다. 그러던 어느 날, B양의 아버지가 A군의 부모가 거래한다는 은행에서 우연히 그 회사의 부채 규모가 50억 원에 이른다는 이야기를 듣고 집에 와서 B양에게 심각하게 A군과 헤어지라고 했다. 50억 원의 빚이 장난인가. B양은 그런 집에 시집갈 수는 없다며 A군에게 이별을 고했다. 그러자 A군이 이런 말을 남기고 매몰차게 돌아섰다고 한다.

"네 아버지가 어떻게 우리 집의 빚이 50억 원인지 아시게 되었는지 모르지만, 우리 집이 그 빚의 이자를 못 갚고 있던 상황이라던?"

뭔가 이상함을 느낀 B양이 조금 더 알아본 결과 A군의 집안은 금융권에 부채 50억 원이 있는 것이 사실이지만 이자는 꼬박꼬박 내고 있었다. 500억 원대에 이르는 자산에서 이자 및 임대료 등 다양한 수입이 들어왔기 때문이다.

보통 일반인들은 부채의 숫자가 본인들이 경험한 숫자보다 클 경우에는 경계를 하는 경우가 많다. 만약 B양이 재무상태표에 대한 재무제표 개념이 있었다면 부채만 보고 사람을 판단하지 않았을 것이다. A군의 집안 케이스를 재무상태표로 분석해 보면 다음과 같다.

자산(500억 원) = 부채(50억 원) + 자본(450억 원)

와우! 부채를 털어내더라도 자본이 450억 원이 남는 집안이었던 것이다. 뒷장에 부채비율을 설명드릴 때 자세하게 얘기하겠지만, A군은 부채비율이 11% 정도밖에 안 되는 초우량 집안의 후계자였던 것이다. 재무상태표의 큰 그림을 이해한 여러분은 B양과 같은 실수를 하지 않을 것이다.

A군의 집안은 '부자(부채는 적고, 자본이 많아, 자산이 많은 부자)'였던 것이다

▶ '유비'는 무엇인가?

유비는 자산과 부채에서 매우 간단한 방법으로 사용되는 개념이다. 유비는

'유동'과 '비유동'으로 나눌 수 있다. 유비의 '유'는 '유동'이고 '비'는 '비유동'을 말한다. 유동성의 정도에 따라서 유동과 비유동으로 구분하고 뒤에 '자산'과 '부채'만 붙이면 된다. 그렇다면 자산은 '유동자산'과 '비유동자산' 그리고 부채는 '유동부채'와 '비유동부채'로 나뉘게 된다(그림4-8 참조).

너무 쉽지 않은가?

앞서서 우리가 일상생활에서 사용하고 있던 자산, 자본, 부채의 개념을 그냥 쉽게 이해했는데, '자산'과 '부채'에 유동과 비유동만 붙이면 세부항목이 만들어진다니 재무상태표, 생각보다 매우 쉽다.

[그림 4-8] 자산과 부채의 항목에 그저 '유동'만 붙여주면 된다.

그런데 왜 자산과 부채를 '유동'과 '비유동'으로 나누어 구분하였을까?

자산이 모두 다 똑같은 자산이 아니고, 부채가 모두 다 똑같은 부채가 아니기 때문이다. 다시 말해 자산의 성격이 다르기 때문이다. 1년 안에 유동화 될 수 있는 자산, 즉 신속하게 현금화 할 수 있는 자산엔 '유동자산'이라는 명칭을 붙이고, 1년 이상의 기간 후에 현금화될 수 있는 자산엔 '비유동자산'이란 이름을 붙인다.

　보통 유동자산이란 현금, 주식, 매출채권, 1년 이내 채권처럼 현금으로의 유동화가 빨리 진행될 수 있는 자산을 말한다. 그에 반하여 비유동자산은 '토지, 건물'과 같은 뭔가 현금화 하는데 시간이 오래 걸리는 자산을 말한다. 그러고 보니 예전에는 비유동자산을 '고정자산'이라 불렀다. 마찬가지로 유동부채는 1년 이내에 현금을 마련해야 하는 부채, 비유동부채는 1년 이상 여유가 있는 부채라고 이해하면 되겠다.

　예를 들어 어떤 회사의 자산이 100억 원인데 90억 원은 유동자산, 10억 원은 비유동자산이라 가정해 보자. 이 회사는 또한 10억 원의 유동부채를 갖고 있다. 그렇다면 이 회사는 1년 뒤에 유동부채 만기가 다가오더라도 유동자산에서 쉽게 대출을 상환할 수 있다. 그렇기 때문에 '유동'과 '비유동'에 따른 자산 및 부채의 구분은 차후 재무비율을 구할 때 아주 중요한 재무상태표의 항목이 된다.

　물론 가장 중요한 것은 자본이다.

　자산에서 부채를 뺀 순수한 회사의 자본을 의미한다. 그러다 보니 '자본'이라는 이름 외에 '자기자본'으로 불리는 경우도 있고, '순자본'으로 부르는 사람들도 있다. 실질적으로 본인의 것이 '자본'이다. 이 자본은 투자자들에게 매우 중요한 자산가치 측정의 대상이 된다.

　그런데 앞서 '자본'에는 몇 가지 항목이 있다고 말씀드렸다. 자산과 부채는 '유동과 비유동'을 붙여서 쉽게 이해할 수 있었지만, '자본'은 이렇게 쉽게 구분하지는 못하고 구체적인 항목이 들어가게 된다.

자본총계 = 자본금 + 자본잉여금 + 이익잉여금 + 그 외 다수 항목

자본금 : 회사의 근본적인 자금 = 주식액면가 × 총주식수
자본잉여금 : 주식발행 후 자본금을 초과한 잉여금
이익잉여금 : 회사가 경영하면서 쌓아온 이익금의 합

이렇게 세 가지가 있다는 사실을 이해만 하시고, 자본금에 대해서는 꼭 기억을 해두어야 한다. 피해야 할 종목에 대한 설명을 드릴 때 꼭 필요하기 때문이다.

[그림 4-9] 기업정보 화면으로 본 2017년 중 삼성전자의 재무상태표(단위 : 억 원)

	2014년	2015년	2016년	2017년 6월
비유동자산	1,152,769	1,173,648	1,207,446	1,454,168
유동자산	1,151,460	1,248,147	1,414,297	1,321,727
자산총계	2,304,229	2,421,795	2,621,743	2,775,895
비유동부채	103,209	126,168	145,072	184,153
유동부채	520,139	505,029	547,041	584,684
부채총계	623,348	631,197	692,113	768,837
자본총계	1,680,881	1,790,598	1,929,630	2,007,058

앞에서 배운 모든 것을 한눈에 볼 수 있는 그림4-9 삼성전자의 재무상태표를 보자.

2017년(6월 말 기준) 삼성전자의 자산총계는 약 277조 원이고 이를 구성하는 부채총계는 77조 원, 자본총계는 200조 원이다. 따라서 자산이란 부채와 자본을 합한 금액과 같다. 그 외에도 비유동자산, 유동자산의 합은 자산총계가

되고 비유동부채와 유동부채의 합은 부채총계가 된다. 구성되어있는 수치들을 보니, 삼성전자는 매우 안정적인 재무구조를 갖고 있으며, 비유동자산과 유동자산이 고르게 분포되어 있음을 확인할 수 있다.

지금 이 재무상태표의 항목들만 이해해도 여러분들은 재무상태표를 이해하는데 큰 어려움이 없을 것이다. 그 중요한 키는 '유비부자'라는 사실을 다시 한 번 기억하자.

포괄손익계산서, 기업의 역동적 숨소리를 들어라

포괄손익계산서는 과거에 '손익계산서'로 지칭되었으나 재무제표에 국제회계기준(IFRS)이 도입되면서 '포괄'이라는 단어가 붙었다. 그때부터 자회사의 실적도 실질적으로 손익계산서에 모두 녹여야 하기 때문에 그런 수식어가 더 붙은 것이다.

앞서 설명 드린 '재무상태표'는 특정 시점 기업의 생태를 표시한 '사진'과 같은 것이라면, '손익계산서'는 기업이 특정 기간에 얼마나 역동적으로 움직였나를 보여주는 '동영상'과 같은 존재이다.

재무상태표는 이 회사가 예전에 비해 자산구성이 어떻게 변했고, 자기자본은 늘었는지 줄었는지, 부채는 어떻게 변했는지 같은 정적인 부분을 보여주지만, 포괄손익계산서는 회사의 역동적인 모습을 확인시켜 준다.

매출액을 보게 되면 이 회사의 직원들이 얼마나 노력을 하고 있는지, 또는 외부 영향을 얼마나 많이 받고 있는지 등을 가늠할 수 있으며, 영업이익을 통해서 어떤 사업을 통해서 회사가 수익성을 제대로 내어주고 있는지를 확인할 수 있고, 당기순이익을 통해서 여러 가지 부가적인 수익들이 최종적인 수익에 어떤 영향을 주었는지 확인할 수 있다.

포괄손익계산서에서는 매출액, 영업이익, 순이익, 이렇게 3가지 항목만 기억하면 된다.

대부분의 애널리스트들이 기업에 대한 실적 전망을 내놓을 때 결론적으로 내놓는 것이 바로 매출액 추정치, 영업이익 추정치, 순이익 추정치이다(그림4-10 참조).

[그림 4-10] 포괄손익계산서에서는 매출액, 영업이익, 순이익으로 큰 그림을 그린다.

매출액을 알면 회사의 성장성이 어떤지 추정할 수 있다. 매년 매출액이 30% 늘어나는 성장세에 있는 회사라면 주식시장에서 높은 주가수준을 보여줄 것이다. 반대로 매출이 계속 감소하는 회사라면 투자자들은 그러한 회사의 주가수준을 낮추게 된다.

예를 들어 2010년대 들어와 모바일게임 주들이 적정한 주가수준을 넘어 고평가된 주가 수준에서 움직이는 경향이 있는데 그 큰 이유가 바로 '매출액 성장성' 때문이다. 매출 성장이 이어지는 회사는 그 이하 항목인 영업이익과 순이익도 늘어날 것이라는 기대를 할 수 있기 때문이다.

이 매출액을 근거로 원가를 빼고 인건비와 접대비 같은 판매관리비를 빼고 나면 나오게 되는 수치가 바로 '영업이익'이다. 영업이익은 이 회사가 제대로 사업을 했는가를 알 수 있는 대목이다. 그러다 보니 증권사 애널리스트 중에는 '순이익'보다 '영업이익'을 더 중요하게 보는 경우도 있다. 자기사업을 잘 해야 기업이 성장할 수 있는 것이기 때문이다.

이 영업이익에 이자수입이라든가, 이자 비용, 외환 차익 등과 같은 본 사업과 관련 없는 곳에서 발생하는 수익을 가감하고 법인세를 차감하게 되면 '순이익'이 결정된다.

순이익은 최종적으로 회사의 실적을 나타내는 값으로 나중에 '주당 순이익'을 계산하는 아주 중요한 근거가 되며, 이를 토대로 회사의 이익가치를 통한 주가수준을 측정할 때 매우 중요한 지표로 사용된다. 순이익은 '당기순이익'이라 부르는데, 이는 회계년도 1년 전체의 순이익이기 때문이다.

그런데 '포괄손익계산서'를 사용할 때, 초보투자자들이 많이 범하는 실수 중에 하나가, 분기 단위 실적을 연간 실적으로 잘못 보는 경우이다. 그러다보니, 분기 실적을 이 회사 올해 전체의 실적으로 착각하고, "아, 올해 실적이 급감했구나!"라고 걱정하는 개인투자자도 가끔씩 목격할 수 있다. 하지만 정작 중요한 것은 전체의 실적이며, 분기 단위 반기 단위 실적은 전년동기와 비교하여 얼마나 매출이 성장했는지, 영업이익이 전년대비 얼마나 늘었는지, 순이익은 얼마나 늘었는지 비교하여야 한다.

[그림 4-11] 삼성전자의 '기업정보'를 통해서 본 2017년 중 포괄손익계산서(단위 : 억 원)

항목	2014년	2015년	2016년	2017년 6월	전년동기대비
매출액	2,062,060	2,006,535	2,018,667	1,115,481	10.80%
매출원가	1,282,788	1,234,821	1,202,777	605,554	1%
매출총이익	779,272	771,714	815,890	509,927	25.20%
판매비와 관리비	529,021	507,579	523,484	270,277	4.30%
영업이익	250,251	264,135	292,406	239,650	61.70%
당기순이익(순손실)	230,825	186,946	224,157	182,885	64.90%

그림4-11, 삼성전자의 2017년 당시 포괄손익계산서를 보자. 삼성전자의 포괄손익계산서에서 '매출액', '영업이익', '당기순이익'과 같이 중요한 부분을 빨간색 박스로 표시했다.

우측의 2017년 6월까지의 자료에서 매출액은 약 111조 5천 억 원으로, 전년 동기 대비 10.8% 증가하였음을 확인할 수 있다. 영업이익은 23조 9,650억 원으로 전년 동기 대비 61.7% 증가하였다. 그리고 가장 중요한 당기순이익은 18조 2,885억 원으로 전년 동기 대비 64.9% 급증하였다.

이 자료를 기반으로 전년동기비를 보게 되면 해당 기업의 실적이 얼마나 좋게 나왔는지 확인할 수 있다. 그러고 보니 삼성전자는 그 무거운 덩치에도 불구하고 매출액이 전년비 10.8% 증가하였는데, 2014년 이후 수년간의 매출 정체 국면을 벗어난 의미 있는 성장세였다고 평가할 수 있겠다.

그런데 이보다도 더 놀라운 것은 영업이익과 순이익의 성장세다. 매출액이 10% 증가하였다면 영업이익과 순이익도 그 정도 비율, 즉 10% 대 증가하지 않았을까 추측할 수 있지만 삼성전자의 영업이익과 순이익은 전년동기비 각각 61.7%와 64.9%라는 놀라운 상승률을 기록했다.

[그림 4-12] 2017년 당시 급격한 실적 호전으로 큰 폭의 주가 상승을 기록한 삼성전자

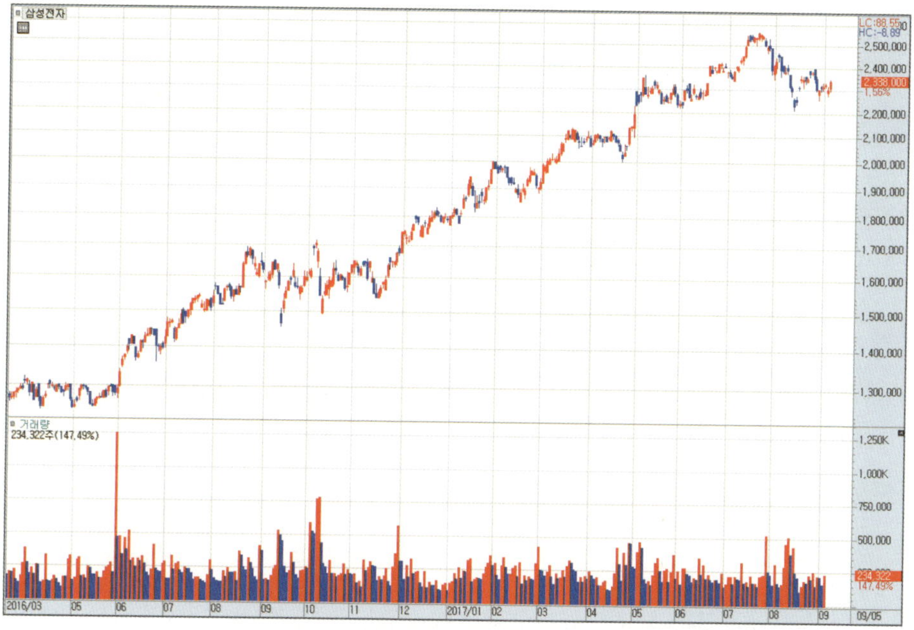

그 결과 그림4-12에서 확인되듯 삼성전자는 매우 놀라운 주가 상승률을 보여준다. 매출액과 영업이익 그리고 순이익의 드라마틱한 성장은 주가를 끌어올리는 원동력이 된다.

이러한 삼성전자의 성장 배경에는 '갤럭시 시리즈의 성공'이 있다. 강력한 경쟁사인 애플의 아성을 넘어섰던 삼성전자는 결국 매출액에서 그 진가를 발휘하였다. 매출액이 증가하게 되니 자연스럽게 영업이익의 선순환이 이어지면서 마진율이 높아지게 된다. 마진율의 증가는 결국 영업이익의 급증이라는 결과를 가져왔고, 삼성전자의 주가는 치솟았다. 비록 수급의 이상현상과 일시적인 이벤트로 인하여 단기적으로 밀려 내려오기도 했지만, 결국 주가는 실적을 따라 움직였다.

"칭찬이 고래를 춤추게 한다."라는 말이 있는데 삼성전자의 사례를 보면 이렇게 바꿔도 무방할 것이다. "실적은 주가를 춤추게 한다."

그렇다면 같은 시기 삼성전자의 경쟁사인 LG전자의 실적과 주가 흐름은 어땠을까? LG전자는 삼성전자와 달리 스마트폰 시장에서 어려움을 겪었다. 야심차게 신제품을 출시하였지만 브랜드 파워가 어중간하다 보니, 오히려 LG전자 전체 실적에 부담이 되었고 이익률도 높지 않았다.

게다가 2015년과 2016년에는 매출까지 감소하였으니 영업이익과 당기순이익이 감소하는 현상까지 나타났다.

[그림 4-13] LG전자의 매출액과 순이익 변동이 주가에 미친 영향

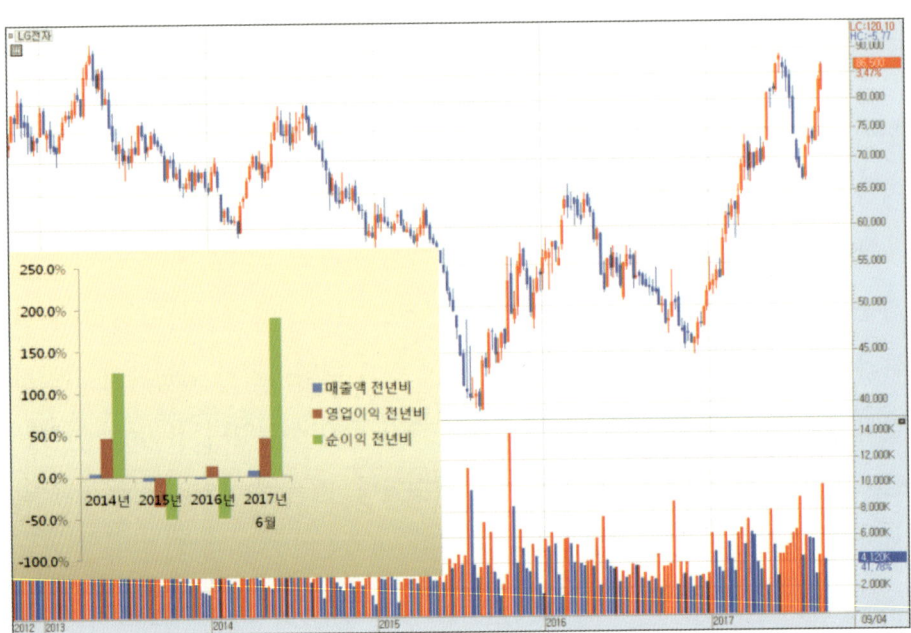

LG전자의 주가는 2013년 초에 8만 원 대였으나, 2015년 중반에는 4만 원 대까지 2년 만에 50% 이상 하락하기도 했다. 하지만 2017년 상반기 디스플레이와 백색가전에서의 수익률 개선에 힘입어 LG전자의 매출과 실적은 크게 회복되었다. 전년비 매출액은 6.7% 증가, 영업이익은 45.5% 증가, 순이익은 180% 이상 증가하는 쾌거를 기록한 것이다.

이 과정에서 LG전자의 주가는 상승세로 접어들었고 다시 8만 원 대에 진입하였다. 그림4-13에서 볼 수 있듯, 이 사례는 기업의 매출액과 영업이익 그리고 순이익이 주가에 직접적으로 영향을 미쳤음을 복기할 수 있는 중요한 자료라 할 수 있겠다.

단기적으로 주가는 개별적인 이슈와 수급에 의하여 반등이 나오거나 급락하기도 하지만, 궁극적으로는 회사의 실적이 모멘텀이 되어 움직인다는 중요한 자료이다.

따라서 가치투자를 할 때, 매출액과 순이익의 추세가 공고히 상승하는 종목이고 향후 성장성이 계속 기대된다면 장기수익률을 기대할 수 있는 근거가 될 수 있다는 것이다.

지금까지 재무제표에서 중요한 '재무상태표'와 '포괄손익계산서'를 설명해드렸다. 재무상태표에서는 '유비부자'만 기억하면 되고, 포괄손익계산서에서는 세 가지 항목 '매출액, 영업이익, 순이익'의 전년동기 대비 추이를 확인하면 된다.

이 모든 재무제표의 내용을 일일이 '전자공시'에서 수집하려면 시간과 노력이 많이 들 것이다. 그래서 증권사 HTS와 포털사이트의 증권관련 카테고리에서 제공하는 '기업정보' 화면을 활용하시라고 강조 드렸다. 이 화면을 사용하면 아주 쉽게 기업에 대한 재무정보를 파악할 수 있으며, 다음 장에 이어질 중요한 투자 기준인 '재무비율'과 '투자지표'도 어렵지 않게 바로 파악할 수 있다.

이것으로 여러분들은 재무제표를 손에 꽉 잡았다. 이제 이를 활용하여 투자종목을 분석하는 여러 가지 가치투자의 중요 기술을 본격적으로 같이 공부해 보도록 하자.

5장

계산기만
있으면 되는
핵심 투자기술

앞장에서 재무제표의 중요한 포인트를 설명했다. 재무상태표에서는 '유비부자', 포괄손익계산서에서는 '매출액, 영업이익, 순이익' 3가지만 알면 큰 이해는 마무리 되는 것이다. 그런데 재무제표의 기본은 알았는데 이를 어떻게 활용할 것인가가 관건이다. 단순히 재무제표만 본다고 가치투자를 할 수 있을까? 물론 매출액 성장성이라든가, 순이익 성장성으로 회사의 성장에 대한 기준은 잡아 볼 수 있을 것이다. 하지만 여러 가지 중요한 부분들이 제외되어 있다.

현재 회사의 주가가 어느 정도 수준인지, 즉 밸류에이션이 어떤지에 대한 판단이 필요하기도 하고 회사의 재무구조가 어떤지에 대한 분석도 필요한데 재무제표에 나와 있는 숫자만 봐서는 뭔가 막막하다.

그래서 필요한 것이 바로 '투자지표'와 '재무비율'이다.

투자지표와 재무비율을 이해하게 되면 이제 본격적으로 가치투자 실전에

돌입할 수 있게 된다. 군대 훈련소에 비유해 보자. 재무제표에 대한 공부가 훈련소에서 초반에 배우는 제식훈련과 총기분해방법처럼 약간은 재미없거나 쉬운 부분이었다면, 투자지표와 재무비율에 대한 공부는 실제로 사격장에서 총을 쏘고 수류탄을 투척하는 실전훈련과 각개전투 같은 역동적인 훈련이라 할 수 있다.

'투자지표'와 '재무비율', 역시 겁먹을 필요 없다.

모두 재무제표를 기반으로 간단하게 몇 가지 항목을 나누고 곱하고, 때에 따라서는 더하고 빼는 등 사칙연산만 하면 된다. 특히 나누는 계산은 투자지표와 재무비율을 계산하는 과정의 거의 90%를 차지한다. 그러다 보니 한손에 계산기 하나 정도는 들고 있어야 한다.

필자가 가치투자에 대한 연구에 집중하던 투자 초창기 시절, 한참 전자계산기에 푹 빠진 적이 있었다. 필자는 이공계 대학을 다녔으므로 집에는 공학용 계산기가 여러 개 있었지만 슈퍼나 회사 경리부, 은행 창구 직원, 혹은 가계부를 쓰는 주부들이 가장 많이 쓰는 단순 계산기를 주로 사용하였다. 특정 회사의 재무제표를 출력해 노트에 주요사항을 옮겨 적은 뒤, 계산기를 두드려 중요한 재무비율과 투자지표를 뽑아내고 노트에 기록했다. 계산기가 손에 익숙해지니 두 손으로 타이핑하듯 빨리 계산할 수 있었다. 그만큼 쉽게 계산할 수 있었다는 의미이다.

그렇다면 재무비율과 투자지표 중 어떤 것을 더 중요하게 보아야 할까? 재무비율과 투자지표 항목은 수십 개에 이른다. 필자는 다년간의 연구와 경험에 의해 재무비율에서 5가지, 투자지표에서 4가지, 이렇게 총 9가지를 정리했다. 이 9가지만 알면 가치투자의 큰 그림을 그리는데 문제가 없을 것이다. 그러면 재무비율에서의 중요한 5가지부터 알아보기로 하자.

01
기업을 해부하는 핵심기술, 재무비율 5형제

회사의 안정성, 성장성, 수익성 등 다양한 관점에서 회사의 상태를 평가하는 중요한 기준이 바로 '재무비율'이다. '안정성'은 어떤 회사가 재무적으로 문제가 생기지 않을 정도로 튼튼한 재무구조를 가지고 있느냐는 지표이고, '성장성'은 회사의 매출이나 이익성장성이 어떤지를 판단할 수 있는 중요한 기준이 된다. '수익성'은 매출액이나 자본 대비 이익률을 판단하여 회사가 제대로 장사를 하고 있는지 판단할 수 있는 근거이다.

재무비율이라는 주제 하나만 가지고 책 한 권이 나올 정도로 방대한 양이지만, 필자는 그 중에서 가장 핵심적인 5가지를 콕 집어서 설명 드리도록 하겠다.

▶ 부채비율 : 안정성 재무비율의 가장 중요한 지표

부채비율은 필자가 가장 중요하게 보는 재무비율이다. 누가 종목에 대하여 물어보든, 증권경제TV에 나가 종목 분석을 하든 다른 어떤 재무비율보다 부채비율을 가장 먼저 본다. 부채비율만 확인하여도 회사가 재무적인 리스크로 낭패를 보는 일을 막을 수 있기 때문이다. 재무적인 리스크, 즉 회사가 갑자기 은행에서 빚 독촉으로 부도가 날 가능성, 회사채를 상환하지 못할 가능성 등 빚에 의해 발생할 수 있는 회사 경영상의 모든 재무 리스크를 파악할 수 있다.

그런데 대부분의 개인투자자들은 이 재무리스크를 간과하는 경향이 있다. 재무 리스크를 크게 걱정하지 않아도 '대박'을 낼 수 있다는 환상에 사로잡혀 있기 때문이다. 하지만 '부채비율'을 점검하지 않고 투자할 경우 큰 낭패를 볼 수 있다.

자, 일단 부채비율의 공식을 보자. 앞서 배운 부채와 자본 금액만 있으면 계산이 된다.

부채비율(단위 %) = (부채총계 ÷ 자본총계) X 100

공식 자체도 매우 쉽다. 그렇다면 이 공식을 가지고 간단하게 계산을 해 보자. 앞서 예로 들었던 삼성전자의 경우를 가지고 계산을 해 보겠다. 2017년 상반기 기준으로 삼성전자의 부채 총계는 76조 8,837억 원이고, 자본총계는 200조 7,058억 원이다. 이 데이터를 가지고 앞의 부채비율 공식에 대입해 보자.

삼성전자 2017년 상반기 부채비율= (76조 8,837억 원 ÷ 200조 7,058억 원) × 100 = 38.3%

간단한 계산으로 삼성전자의 2017년 상반기 기준 부채비율은 38.3%라는 결과가 나온다. 그런데 이 부채비율을 어떻게 해석해야 할까? 큰 값이 나올수록 나쁜 수치인 것 같기는 한데, 어느 정도 선을 넘어가면 나쁜 수치인지 해석하기가 어려울 것이다.

필자의 경우, 부채비율이 100%가 넘어가는 회사는 관심종목에 넣지 않고 있다. 튼실한 대기업 중에 성장성이 있는 기업의 경우 부채비율이 100%를 넘겨도 어느 정도 용인하는 경우가 있기는 하지만, 포트폴리오 편입 여부 결정시 부채비율 100%를 중요한 기준으로 삼고 있다.

그렇다면 부채비율 100%는 어떤 의미일까?

우리가 아파트를 사거나 전세를 구한다고 가정해 보자. 전세 또는 매입 가격이 4억 원인데, 내 돈은 2억밖에 없다. 은행에서 2억 원을 빌려야 한다. 이럴 경우, 부채비율 공식에 따르면 다음과 같다.

은행대출금(2억 원) ÷ 내 자본(2억 원) × 100 = 부채비율 100%

즉 내 자본과 빚의 금액이 같다면 부채비율 100%가 되는데, 이럴 경우 갑자기 빚 상환 압력이 들어오더라도 어느 정도 빚을 갚을 수 있는 능력이 있다고 보는 것이다. 다시 강조하지만 필자는 부채비율 100%를 상장기업 분석시 참고자료로 활용한다.

하지만 간혹 부채비율이 수백 %가 넘어가는 종목들의 경우 회사의 부실이 심화 될 수가 있다. 몇 해 전 대우조선해양의 재무상태에 대한 우려가 제기되는 등, 30대 그룹 계열사 4곳 중 1곳이 재무부실 상태에 놓여 있다는 뉴스를 종종 접하게 된다. 경우에 따라서는 주식의 거래중지 혹은 상장폐지 가능성이 있어 투자자들로서는 큰 부담이 아닐 수 없다.

대우조선해양의 경우, 2016년 당시 부채비율이 2,184%에 이르렀고 재무구조 개선 노력을 진행하였지만 2017년 상반기 기준으로도 248%란 부채비율을 보이고 있다. 금호그룹 역시(계열사별로 차이는 있지만) 2017년 상반기 기준 300% 대에 준하는 부채비율을 보이고 있다. 이럴 경우 주가는 외부 변수에 매우 민감하게 반응할 수밖에 없다.

결론적으로 리스크를 낮추고 마음 편하게 투자하기 위해서라도 부채비율 100% 이내의 종목에 접근하는 것이 좋을 것이다.

▶ 유동비율 : 부채비율의 1급 보좌역

부채비율의 중요성에 대하여 이야기 드렸다. 하지만 부채비율이 재무리스크에 대한 여부를 판단하는데 좋은 기준이 되지만 몇 가지 맹점이 있다. 부채비율은 낮더라도 자산의 대부분이 비유동자산에 집중되어 있을 때는 문제가 발생한다는 것이다.

즉 유동부채가 유동자산보다 높은 수준에서 유지될 경우, 부채비율이 낮더라도 부도의 가능성은 잠재되게 된다. 자산의 많은 부분이 유동성이 떨어지는 토지, 부동산 등에 집중되어 있으면 앞으로 닥치게 될 1년 미만의 채무를 상환하기 어려운 사태가 벌어질 수 있다. 그러기에 부채비율의 1급 보좌관 역할로 '유동비율'은 매우 중요하다.

유동비율의 공식은 매우 쉽다(유동이라는 수식어만 세 번 나온다).

유동비율(단위 %) = (유동자산 ÷ 유동부채) × 100

주식투자 특강이나 세미나에서 이 부분을 강의할 때, 공식이 이해가 안 되시면 '유동골뱅이'를 떠올리라고 농담 삼아 이야기한다. 좀 썰렁한 농담이기는 하지만 그만큼 중요하다는 의미이다. 유동비율 공식을 보면, 유동자산을 유동부채로 나눈 값임을 알 수 있다.

즉, 유동부채 대비하여 유동자산이 얼마만큼 준비되어 있는가에 대한 지표인 것이다. 그런 의미에서 기업의 지급능력 또는 신용분석적 관점에서 많이 사용되고 있다. 당연히 유동비율은 클수록 좋다. 유동부채에 대비한 자금 여력이 충분하다는 뜻이기 때문이다. 보통 200% 이상 유지하는 것을 이상적인 수준으로 본다. 이를 2대1의 원칙(Two to one Rule)이라 부르기도 하고, 다른 말로는 은행에서 기업에 대한 대출평가 시 매우 중요하기 때문에 은행가비율(Bankers Ratio)이라고 부르기도 한다.

그런데 이 유동비율이 100% 미만으로 내려간 경우에는 재무 리스크가 심각한 수준인 것이다. 주가에 결정적인 요인은 아니지만 유동비율이 100% 미만인 종목은 투자 시에 리스크가 커질 수 있다는 점, 그리고 유동비율은 최소한 200%는 넘어야 안전하다는 것을 명심해야 할 것이다.

[그림 5-1] 두산의 재무비율(안정성 비율인 유동비율과 부채비율은 외줄 타기 분위기)

단위 : %

항목	2013년	2014년	2015년	2016년	2017년 6월
유동비율	104.2%	97.1%	86.3%	80.1%	82.3%
부채비율	244.1%	252.4%	276.0%	262.8%	267.7%

두산의 재무구조는 부채비율과 유동비율 모든 측면에서 부담스러운 수준을 유지해 왔다. 부채비율은 2013년 이후 2017년 상반기까지 200% 대 중반을 이어가고 있다. 유동비율이라도 안정적이라면 다행이겠지만, 유동비율 역시 2014년 이후에는 아예 100% 미만으로 내려와 있는 형국이다.

2017년 들어서 실적 호전과 함께 재무구조 개선의 여지가 나타나고는 있지만 계열사 유동성이 변수로 작용하면서 잠재적인 부담은 상존하고 있다. 물론 긍정적인 요소도 있다. 2017년 초부터 글로벌 경기가 회복되면서 실적 턴어라운드가 두산의 주가를 끌어올리고 잠시 재무 리스크를 수면 아래로 끌어내렸다는 사실이다.

하지만 경기 불안 등 외풍이 다시 불게 되면 현재의 재무구조로는 버티기가 어렵다. 바로 재무 리스크가 두산의 중요한 이슈로 부상될 가능성이 크고, 이로 인해 주가 변동성이 커질 수밖에 없다. 오랜 기간 주가가 고점을 낮추며 힘든 주가 흐름을 만든 것은 이러한 상황이 간간히 발생했기 때문이다.

만약 코스닥에 있는 작은 기업이 두산과 같은 재무구조를 가졌다면, 그 생존력은 장담할 수 없을 것이다.

2017년 7월, 갑질 논란으로 뜨거웠던 MP그룹의 창업주 사태는 결국 회장 구속으로 이어졌다. 그리고 7월 말, 횡령 및 배임 혐의가 발생하면서 MP그룹 주가는 거래정지 상황에 들어가게 되었다. 얼핏 보면 MP그룹의 불행한 사태는 창업자인 정 회장의 갑질에서 시작된 것으로 보이지만, 재무구조만 살펴 봐도 잠재적인 문제가 산적되어 있다는 사실을 확인할 수 있다.

[그림 5-2] MP그룹의 재무비율(아슬아슬했던 재무구조)

항목	2013년	2014년	2015년	2016년	2017년 6월
유동비율	39.1%	77.4%	54.7%	62.4%	75.6%
부채비율	184.2%	88.2%	142.6%	169.5%	147.1%

그림5-2의 재무자료를 살펴보면, 부채비율은 그렇다 치더라도 유동비율이 계속 불안한 상태였다. 2013년의 유동비율은 겨우 39.1%였다. 여기에 2015년부터 2017년 상반기까지 적자가 연속되면서 재무구조에 있어서 계속 불안한 상황이 이어지고 있다.

결국 MP그룹 사태는 회장의 횡령 및 배임 사건으로 촉발된 우발적 사건이 아니라, 유동비율이 낮고 적자가 지속된 기업들이 밟는 자연스러운 수순이었다고 보는 것이 옳다. MP그룹의 주가는 2015년 5,000원 대에서 2017년 7월 1,315원까지 하락했고 결국 거래정지에 들어갔다(그림5-3 참조).

투자할 종목을 선정할 때, 최소한 '유동비율'을 한 번 더 체크했더라면, MP그룹 같은 종목에는 투자하지 않았을 것이다. 하지만 많은 개인투자자들이 이렇게 재무구조가 취약한 종목에 불나방처럼 달려드는 것이 현실이다. 너무나 안타까운 것은 이런 불행한 사례가 매년 반복되고 있다는 사실이다.

이 책을 읽는 독자들에게 간곡히 부탁드린다. 지금부터라도 종목 선정 시 '유동비율과 부채비율'을 중요한 기준으로 삼는다면 적어도 눈물 흘리는 투자는 하지 않을 수 있다.

[그림 5-3] MP그룹의 주가 하락(5천 원 대에서 1천 원 대까지 1/5 수준으로 폭락)

▶ 유보율 : 큰손들이 사랑한 공식, 회사에 돈이 얼마나 쌓였나?

필자가 '유보율'이라는 단어에 깊이 관심을 가지기 시작한 것은 2000년대 초반 우연히 가치투자를 하는 슈퍼개미(큰손)를 만나고 나서다. "나는 유보율 높은 회사에 투자한 후에 느긋하게 기다린다."라는 그 분의 글을 읽은 직후였다. 그분의 투자비법은 보통 유보율이 1000%가 넘어가는 종목을 선별해서 투자한다는 것이다.

그런데 이 유보율은 도대체 무엇이고 정말 유용성이 있는 것일까? 일단 유보율이라는 개념을 먼저 정의하고 넘어가도록 하자. 유보율이란 기업이 성장하면서 자본금 대비하여 회사가 사업으로 쌓은 이익잉여금, 그리고 유상증자 등을 함으로써 쌓인 자본잉여금의 합계 금액이 어느 정도 비율이냐는 것이다. 유보율의 공식은 아주 조금 복잡하다.

유보율(단위 %) = (이익잉여금 + 자본잉여금) ÷ 납입자본금 X 100

이 유보율이 높다고 하는 것은 회사가 본업인 사업을 잘 영위해서 지금까지 회사의 이익이 꾸준히 누적되었다는 의미이다. 즉, 회사에 쌓인 재산이 많은 튼튼한 회사라는 반증이다. 통계를 봐도 유보율이 높은 회사에 투자한 경우 좋은 성과를 보였다는 것을 알 수 있다.

필자가 유보율에 관하여 연구한 자료가 있다. 이에 따르면 1990년 말부터 2016년 연말까지 고 유보율 기준으로 뽑은 100종목 포트폴리오는 총 952.1%(CAGR 9.5%)로, 같은 기간 종합주가지수 총 191.1%(CAGR 4.2%)보다 연평균 +5.3%p 높은 성과를 만들었다. 왜 유보율이 높은 기업들이 좋은 성과를 내고, 과거의 그 큰손은 왜 유보율에 관심을 가졌을까 생각해 보면 몇 가지로 압축이 된다.

첫째, 유보된 자산이 많기에 과감한 투자가 가능하다.

보통 유보율이 높은 기업의 경우, 쌓인 자금으로 새로운 사업에 투자할 가능성이 높다. 보통 한 사업을 오랫동안 진행해 온 경우 유보율이 높은 경향을 보이게 되는데, 새로운 사업에 진출함으로써 성장성에 대한 기대감을 가지게 한다.

둘째, 예상치 못한 유상증자 가능성이 낮다.

회사의 돈이 부족해서 새로운 사업을 진행하지 못하는 유보율이 낮은 기업들의 경우, 기존 주주들의 이해를 무시한 돌발적인 유상증자를 단행하기도 한다. 그 결과 투자자들은 재산상의 실질적인 손해를 보게 되는데, 유보율이 높은 기업들은 이런 돌발 유상증자를 잘 안하게 된다.

자기 돈으로도 충분히 새로운 사업을 진행할 수 있는데, 굳이 대주주의 지분율을 떨어뜨려가며 유상증자를 진행할 필요는 없는 것이다. 반대로 유보율이 낮은 회사는 돌발 유상증자로 투자자들에게 큰 손해를 끼칠 가능성이 있다.

셋째, 자사주 매입에 따른 주주가치를 높일 가능성이 높다.

유보된 자산이 많다 보니, 주가 부양 차원에서 자사주 매입이 활발하게 진행된다.

유보된 자산이 증가되면 자연스럽게 주주들의 압박이 커지게 되는데, 이런 때 자사주 매입이 발생되면서 주가를 부양할 가능성이 높아진다. 2013년 미국 애플사의 자사주 규모가 100억$에서 600억$로 늘어났는데, 높은 유보율을 이용해 주주 가치를 부양하겠다는 의지로 볼 수 있겠다.

이러한 모든 정황을 보았을 때, 유보율이 높은 기업들은 여러 가지 측면에서 주가 상승가능성이 높다는 점을 확인할 수 있다. 그런데 주가상승 가능성보다 더 중요한 것은 유보된 자산이 많다는 점에서 회사의 안정성이 높아진다는 것이다. 다시 말해 투자 리스크가 낮다는 것이다.

▶ 매출액성장률 : 주가에 병 주고 약 주는 중요 요소

종목에 관한 리포트를 보다 보면 종종 이런 문구가 등장한다. '향후 성장성이 기대되는 종목', '성장성이 계속 이어져온 종목', '성장성에 대한 의구심' 등 기업을 분석하는 과정에서 '성장성'이란 단어가 빈번히 등장한다.

이러한 성장성 분석에서 가장 중요한 것은 '매출액성장률'이다. 다른 말로는 '외형 성장률'이라는 표현을 쓰기도 한다. 그 이유는 과거부터 이어져온 매출액에 따른 외형의 규모가 회사의 자존심을 상징해 왔기 때문이다. 그러다 보니, 같은 업종에서의 시장점유율은 '매출액'으로 판단되고, 이 매출액성장성이 떨어지는 회사는 경쟁구도에서 도태될 수 있다는 부담감이 생기게 된다. 그러다 보니 매출액성장률의 경우 경쟁회사 또는 산업 전체의 평균 매출액성장률과 자주 비교된다.

매출액성장률을 구하는 공식은 간단하다.

매출액성장률(단위 %) = (당기매출액 − 전기매출액) ÷ 전기매출액 × 100

앞서서 우리는 LG전자의 2014년에서 2017년 상반기까지의 사례를 보았다. 2015년~2016년 사이 LG전자의 매출액 성장률이 각각 −4.3%와 −2.0%로 감소할 때에 주가는 하락세였다. 반면 2017년 상반기 매출액이 6.7% 상승세로 접어들자 주가는 상승세로 전환했다. 즉 매출액 성장률의 변화는 결과적으로 주가 상승 또는 하락의 원인이 된다.

그런데 재미있는 점은 매출액성장률이 꾸준히 이어지는 기업의 경우 주가가 꾸준히 상승세를 보이는데, 그 과정에서 시장이 기대하는 이상으로 주가가 오버슈팅(과열) 양상을 보이기도 한다는 것이다. 앞으로 나오는 실적이 시장기대치에 조금이라도 미흡하거나 시장의 기대가 조금이라도 낮아지면 바로 주가가 밀려 내려가는 특성이 있는 것이다.

[그림 5-4] 에스엠의 매출 성장기 주가 추이(좌측 주가, 우측 매출액 성장률)

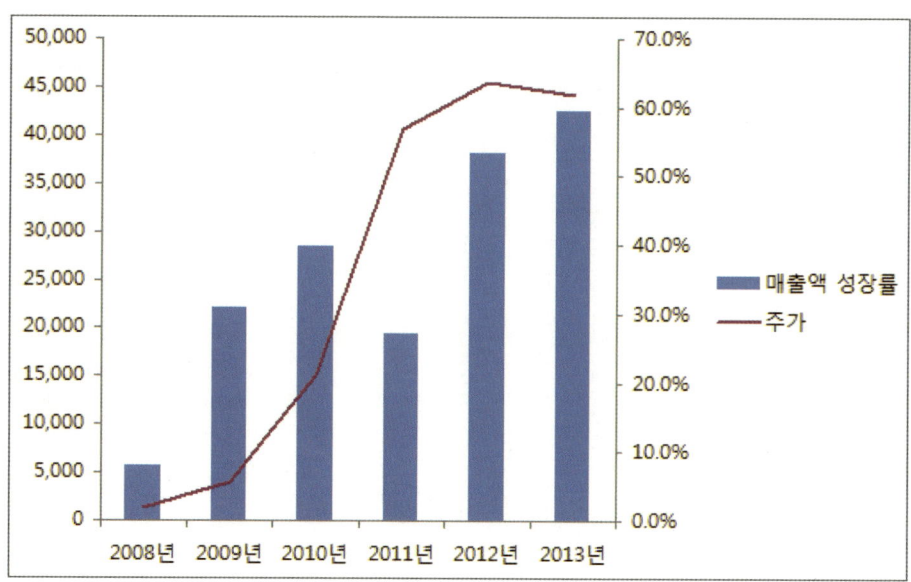

대표적인 사례가 엔터테인먼트의 대장주였던 에스엠이다. 2008년 금융위기 이후 에스엠은 소녀시대 효과와 함께 매년 두 자리 수의 매출 성장률을 달성했다. 2009년 이후 2013년까지 20% 이상, 최대 59%라는 놀라운 외형 성장을 이룬 것이다. 이 과정에서 주가는 2008년 말 1,400원 대에서 2013년에는 4만 원 대 중반에 도달하게 된다.

그러나 이런 외형 성장은 한계에 부딪혔고, 2014년엔 매출 성장률이 6.8%

로 격감했다. 결국 2017년 상반기 매출이 전년비 18.9% 감소하는 아쉬운 성과를 나타냈다. 당연한 이치로 매출액 성장률이 꺾인 이후의 주가는 그림5-5에서 보는 바와 같이 하락세를 유지하게 된다.

[그림 5-5] 2014년 이후 하락세로 접어든 에스엠의 주가 흐름

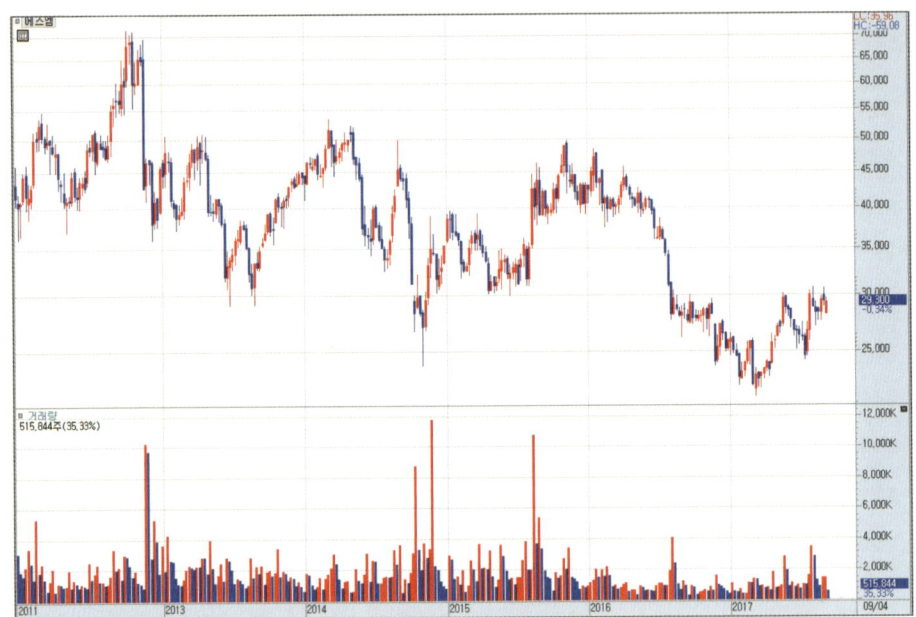

▶ ROE(자기자본순이익률) : 가치투자자의 황금률

자기자본순이익률(ROE: Return On Equity)은 가치투자자들에게 있어서 중요한 투자 잣대가 된다.
투자한 회사가 자기자본 대비하여 얼마나 이익을 내고 있는지 판단하는 기

준이 되기 때문이다. 앞서서 재무제표에서 자기자본은 자본의 다른 일반적인 호칭이라고 이야기 드렸다. 즉, 자산에서 부채를 뺀 자기자본 대비하여 매년 꾸준한 순이익이 발생한다면 그 회사의 사업은 잘 진행되고 있다고 볼 수 있을 것이다.

그 비교 대상은 은행이나 국채 같은 안전자산의 금리이다. 즉, 회사를 정리해서 자기자본만큼 현금을 만들었을 때 발생되는 이자율 대비해서 수익성이 얼마나 좋은가를 평가하는 것이다.

예를 들어서 매년 10%대의 ROE를 보여주는 기업이 있다고 해보자. 회사를 모두 청산해서 남은 자기자본을 현금으로 은행에 맡겨서 받는 쥐꼬리 같은 이자율보다 몇 배 높다는 점에서 회사에 대한 투자를 해도 좋다는 결론을 내릴 수 있다.

ROE는 1, 2년의 성과만으로 평가내릴 수는 없지만, 주가는 단기간에 반영되기도 한다. 순간적으로 사업성과가 좋아지면서 ROE가 크게 상승할 수도 있지만, 투자 기준으로 삼는다면 수년간에 걸쳐 안정적인 ROE가 유지되는 종목이 좋은 종목이다. 그만큼 회사경영진이 안정적으로 회사를 꾸려왔기에 장기성장에 대한 기대감을 가질 수 있기 때문이다.

특히 꾸준한 ROE를 보이는 회사라면 순이익이 꾸준히 이어지면서 순자산 가치가 늘어나는 의미도 가지고 있다. 또한 매출성장률, 자기자본성장률, 순이익 성장률 등도 증가하고 있을 것이라는 다양한 가능성을 압축해 놓은 지표라 할 수 있다. 그래서 몇몇 가치투자자 중에는 ROE가 실질적인 가치투자의 중요한 성장성지표로 봐야한다는 투자지도 있다

그런데 ROE가 높다고 무조건 좋은 것은 아니란 사실도 알아둘 필요가 있다. 보통 우리나라 상장기업의 평균 ROE는 5% 수준이다. 그런데 어떤 기업의 ROE가 30%가 넘어간 상태로 계속 이어진다면 성장 산업일 것이라는 추정을 해 볼 수 있겠지만, 삐딱한 눈으로 볼 때는 그 회사가 부채를 늘려서 회사의 이익을 늘렸다고도 볼 수 있을 것이다.

즉, ROE는 분모 값인 자본에 대비한 이익률이기 때문에 부채를 많이 사용해서 이익을 높인다면 ROE는 급격하게 증가한다. 과거 IMF 이전, 한국이 고도성장을 달리던 시기 기업들의 ROE가 모두 높은 수준에 있었는데, 그 이유가 바로 당시 대부분의 기업들이 높은 부채를 끌어들여서 사업을 진행했기 때문이다. 최근에도 몇몇 대기업들이 ROE를 높이기 위하여 부채를 차입해 이른바 레버리지 경영을 하는 경우가 있다. 그러므로 부채비율이 높으면서 ROE가 높다면 약간은 의심의 눈초리로 봐야 할 것이다.

ROE를 볼 때는 꼭 부채비율도 같이 봐야 한다는 것이다. 만약 ROE가 30% 넘어가는 우량기업인데, 부채비율이 300%가 넘는다면 그 회사는 외풍이 불기 시작하면 자칫 부도가 날 가능성이 크다는 점을 경계해야 할 것이다.

▶ 5가지 재무비율을 통합 비교하라

지금까지 재무비율에서 중요한 5가지 공식을 알려 드렸다. 회사의 안정성 파악을 위해 쓰이는 부채비율, 유동비율, 유보율, 그리고 회사의 성장성을 알려주는 매출액성장률, 마지막으로 회사의 수익성을 살펴보는 자기자본순이익률(ROE)에 대하여 알아보았다. 중요한 것은 한 가지 재무비율로만 투자결정을 내리지 말라는 점이다. 5가지를 모두 감안해야 한다.

예를 들어 유보율이 높다고 무조건 투자종목으로 편입할 수는 없다. 회사가 최근 매출액성장률이 떨어지고 ROE가 낮아지고 있을 수도 있다. 한편으로는 부채비율이 100%를 살짝 넘는다고 해서 무조건 관심종목에서 제외해서도 안 된다. 부채비율이 100% 넘어가더라도 유동비율이 500%가 넘는다든가, 매출액이 꾸준히 성장한다면 종목 편입을 고려해 봐야 한다.

이러한 종합된 분석으로 종목을 선정하면 되는데, 만일 그 방식에 대하여 고민이라면 아예 기준을 만들고 모든 조건에 충족하는 종목만 투자하는 것도 방법이 될 것이다.

즉 부채비율은 100% 미만일 것, 유동비율은 200% 이상일 것, 유보율은 500% 이상일 것, 매출액성장률은 5% 이상일 것, ROE는 5% 이상일 것!

이런 식으로 약간은 깐깐하게 각각의 기준을 잡는다면, 이런 조건을 모두 만족하는 매우 탄탄한 종목을 찾아낼 수 있다.

그리고 개인투자자 입장에서 이러한 모든 공식을 일일이 손으로 계산하기는 성가시고 귀찮다. 앞에서 언급한 바와 같이 '기업정보' 화면에는 이 모든 자료들이 다 계산되어서 제공되고 있다는 것을 상기해 보자. 재무제표가 금감원 전자공시 시스템(DART.fss.or.kr)에 올라오는 순간, 기업정보를 만드는 업체에서는 모든 정보를 수집하고 가공하는 작업을 한다. 그 과정에서 다양한 재무비율을 모두 계산해 주어 투자자들은 간단하게 조회만 하면 된다(그림5-6 참조).

'그저 차려진 밥상'을 먹어 주기만 하면 된다는 것이다. 그만큼 과거에 비하여 투자환경이 좋아졌다.

[그림 5-6] 기업정보 화면을 통해 본 삼성전자의 5대 재무비율(빨간색 박스 부분)

항목	2015년	2016년	2017년 6월
안정성비율			
유동비율	247.1%	258.5%	226.1%
부채비율	35.3%	35.9%	38.3%
유보율	20,659.5%	21,757.6%	22,216.2%
이자보상배율	34	49.7	77.5
자기자본비율	73.9	73.6	72.3
성장성비율			
매출액성장률	-2.7%	0.6%	10.8%
EPS증가율	-19.0%	24.5%	74.1%
수익성비율			
매출총이익률	38.5%	40.4%	45.7%
ROA	8.1%	9.0%	13.9%
ROE	11.2%	12.5%	19.3%

공격 포인트 포착 기술, 투자지표 2+2

　재무비율 분석을 통해서 이 회사가 쓸 만한 회사인지, 사업이 잘 되고 있는지, 망하지는 않을지에 대한 분석을 해 볼 수 있다. 그런데 앞서 얘기한 5가지의 중요 재무비율로 '우량한' 회사에 투자하였는데도 수익률이 떨어져서 고민하는 투자자들이 많이 있다. 왜 그럴까?

　"초우량기업이라는 SK텔레콤에 투자했는데 주가가 제대로 안 움직인다."

　"코스닥 종목은 불안해 거래소의 대장주 격인 현대차를 매수했는데 그날부터 하락하더라."

　"애널리스트가 우량하다고 추천해서 샀는데, 내가 산 종목보다 못하다."

　이런 이야기들 많이 들어보았을 것이다. 우량한 기업도 맞고 성장성이 있는 기업도 맞는데, 왜 주가가 안 움직이는 것일까? 이유는 간단하다. '투자지표'를 참고하지 않았기 때문이다. 이 투자지표는 다음 장에 이어지는 적정주가의 기초가 되는 중요한 개념으로, 관심종목 또는 투자하려거나 보유중인 종목의 주가 수준을 측정할 수 있게 해준다.

이를 통해 밸류에이션, 즉 회사가치 대비한 주가수준을 검토함으로써 아무리 우량하더라도 팔아야 할 때인지 사야 할 때인지를 판단할 수 있다. 투자지표 또한 다양한 항목이 있어 복잡하지만, 걱정할 필요가 없다. 지금부터 필자가 가장 핵심적이라 판단한 4가지 기준을 알려드릴 것이다.

▶ 투자지표의 기본 베이스, EPS + BPS

한 번에 두 가지씩 설명 드리도록 하겠다. 공식 자체도 분모에 주식수가 사용된다는 점에서 비슷하기 때문이다. 첫 번째는 EPS(Earning Per Share), 즉 주당순이익이다. 주당순이익은 회사의 순이익(1년치) 또는 특정 년도의 추정 순이익을 주식수로 나누어 계산한 값이다. 공식 자체는 매우 쉽다.

주당순이익(EPS) = 순이익 ÷ 주식수

어떤 회사의 한 해 수익이 한 주당 얼마의 가치를 가지느냐에 대한 수치이다. 회사의 전체 이익을 한번 가공함으로써 주식당의 의미를 부여하게 된다.

두 번째로 BPS(Book-value Per Share), 즉 주당순자산이다. 주당순자산도 EPS와 마찬가지로 회사의 자본(순자산, 자기자본)을 분자에 넣고 주식 수로 나누면 계산이 된다.

주당순자산(BPS) = 자기자본(자본, 순자산) ÷ 주식 수

이 또한 어떤 회사의 자산이 한 주당 얼마의 가치를 가지냐는 중요한 의미를 담고 있다. 그렇다면 이 EPS와 BPS도 일일이 계산해야 할 것인가? 초보투자자 때는 손으로 계산하는 것도 공부 차원에서 필요하지만 이를 계산해 놓은 자료가 있다. 계속 언급되는 '기업정보' 화면이 그것이다. 그런데 기업정보 화면에서 EPS와 BPS를 확인할 때, 몇 가지 참고해야 할 사항이 있다.

[그림 5-7] 영풍의 기업가치 지표(EPS와 BPS 모두 계산됨)

항목	2013년	2014년	2015년	2016년	2017년 6월
EPS(주당순이익)	116,820	69,540	69,980	88,130	51,860
주당EBITDA	215,380	116,590	121,070	90,110	42,430
CFPS(주당현금흐름)	246,690	202,040	194,050	180,500	90,330
SPS(주당매출액)	1,777,240	1,518,130	149,830	1,440,830	808,220
BPS(주당순자산)	1,286,350	1,352,690	1,424,200	1,501,660	1,542,970

EPS는 당기순이익을 분모로 하여 간단하게 계산할 수도 있다. 하지만 이는 실제 주주 몫에 해당하는 당기순이익이라고 볼 수 없다. 포괄손익계산서 상의 당기순이익에는 계열사의 소수지분이 포함되어 있기 때문이다.

따라서 EPS를 직접 계산할 때에는 포괄손익계산서에서 당기순이익 바로 밑에 있는 지배주주순이익의 값을 사용해야 실제 주주들 몫의 순이익을 알 수 있다. 또한 BPS와는 달리, EPS는 최신 값에서 혼선이 빚어질 수 있다.

영풍의 기업가치 지표를 보자. 2017년 6월(2Q)까지의 EPS는 연환산 EPS가

아닌, 포괄손익계산서에 나와 있는 6월까지의 실적으로만 계산되어 있다. 그러므로 가장 최근 분기 및 반기까지의 EPS가 필요할 때는, 순이익성장률을 감안하여 전년도 EPS를 증감해서 계산하거나 증권사 분석리포트를 활용하여 추정 EPS를 사용하기도 한다.

자, 여기서 쉬어 가는 의미에서 명목주가가 수십만 원에 이르는 초고액주 얘기를 하고 넘어가자.

주가가 수십만 원 이상인 초고액주는 매수가 부담스러운 종목이다. 그러다 보니 투자자들은 초고액 종목들은 회사가 반드시 우량할 것이라는 고정관념을 갖고 있다. 그래서인지 몇 년 전만 하더라도 흔했던 100만 원 이상 종목을 황제주라 부르기도 하였다.

과거 액면분할 전 삼성전자가 대표적이고 최근에는 LG생활건강의 주가가 100만 원이 넘어가는 황제주의 반열에 있다. 그런데 막 주식시장에 입문하신 분들 중에는 초고액주 또는 황제주들이 거의 대부분 수십만 원 대 이상의 매우 높은 가격에서 움직이니 회사들의 실적이나 자산 규모가 모두 비슷하다고 생각할 수 있다. 그러나 또 하나의 변수를 고려해야 한다.

[그림 5-8] 적은 주식 수로 자연스럽게 황제주 반열에 올랐던 2010년대 영풍

그림5-8을 보자. EPS와 BPS 값을 산정할 때 순이익과 자본 규모가 중요한 변수이긴 하지만, 주식 수에 따라서 크게 변할 수 있음을 간파한 눈치 빠른 독자들도 있을 것이다. 황제주라고 다 똑같은 황제주가 아니란 말이다.

2017년 당시는 액면분할 전이었기에 황제주였던 삼성전자와 영풍을 비교해 보겠다. 삼성전자의 경우 순이익이 20조를 넘어 30조 원을 향해 달려가고 있지만, 영풍은 순이익이 1,000억 원 수준으로, 거의 300배 가까운 차이가 난다. 주식 수에 있어서도 삼성전자가 1억 2,976만여 주, 영풍은 불과 184만여 주로 70배 차이가 있다. 이렇게 외형상 차이가 엄청나지만, 삼성전자와 영풍의 주가는 똑같이 100만 원 대를 넘어섰고 똑같이 황제주라 불리고 있다.

필자가 이렇게 구구절절이 강조 드리는 이유는 주식시장에 10년 넘게 계신

분들도 영풍과 삼성전자처럼 현격한 차이가 나는데도 불구하고 단순히 명목상의 주가만으로 투자 대상을 평가하는 경우가 많기 때문이다. 실적이 우량하고 좋은 회사인데 단지 주식 수가 많아서 주가가 천 원 미만으로 형성될 수밖에 없는 상황인데도 동전주라고 기업을 낮게 평가하고, 단순히 주식 수가 적어서 주가가 높은데도 높게 평가하는 것이다. EPS와 BPS는 꼭 '주식수'라는 변수와 함께 고려되어야 한다.

▶ 단순하지만 결정적 포인트 : PER + PBR

바로 앞에서 주당순이익(EPS)과 주당순자산(BPS) 값을 공부하였다. 하지만 EPS 하나로, BPS 하나로는 결정적인 의미를 가지기 어렵다. EPS로 주가가 고평가되었는지 저평가되었는지 어떻게 알겠는가? BPS 하나만으로도 알 수 없다. 그래서 필요한 것이 바로 'PER'와 'PBR'의 개념이다.

'PER'와 'PBR'를 구하는 공식은 EPS, BPS와 마찬가지로 분자에 현재 주가가 들어가게 된다. 공식을 보면 쉽게 이해할 수 있다.

PER(Price Earning Ratio 주가 이익[수익] 비율) = 주가 ÷ 주당순이익

PBR(Price Book-value Ration 주가순자산비율) = 주가 ÷ 주당순자산

그러면 PER와 PBR를 어떻게 활용해야 할까?

가장 원론적으로 많이 사용하는 방법은 산업평균 또는 시장평균 값과 비교하는 방법이다. 이는 지금 현재 특정 주식이 시장 대비 낮은 PER 또는 PBR를

보여주고 있다면 저평가 되어 있다고 판단하고, 시장 대비 높은 수치를 보인다면 고평가 되었다고 판단하는 것이다. 그런데 시장평균 PER, PBR 값은 어디에서 구할 것인가? 한국거래소 사이트(www.krx.co.kr)에 들어가면 된다. 현재 KRX 메뉴에서는 시장정보 메뉴 중 통계 트리 하단에 위치하고 있다. 조금 자세히 설명드리자면 '시장정보→통계→지수→주가지수→ PER추이(PBR추이)'에서 확인할 수 있다.

[그림 5-9] KRX 사이트의 주가이익비율(PER) 메뉴

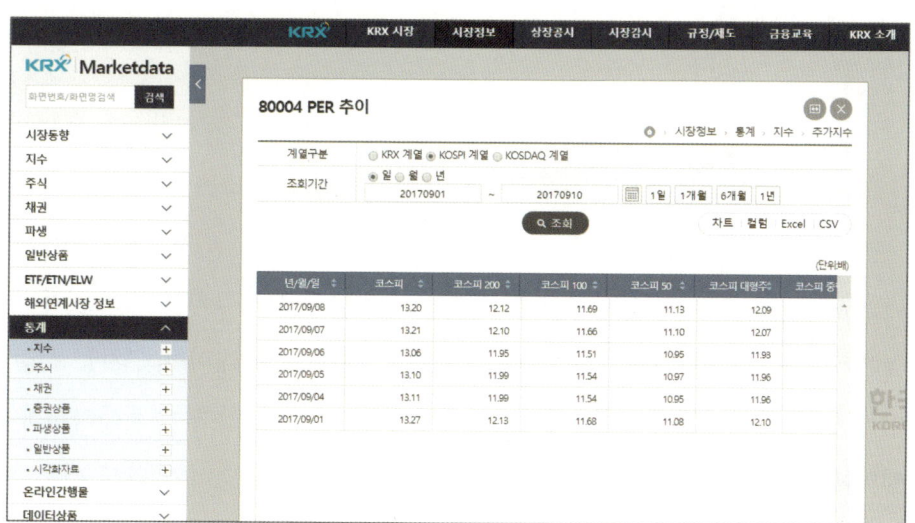

그림5-9를 보면 2017년 9월 5일 기준 종합주가지수 평균 PER가 13.10배란 사실을 알 수 있다. 이 수치를 사용해 현재 보고 있는 종목의 PER가 시장 대비 낮은 값인지 높은 값인지 판단하면 된다. 자료의 KRX 통계 화면을 보면 PBR 평균값이 바로 밑의 메뉴로 있어 한눈에 확인이 된다.

[그림 5-10] KRX 사이트의 주가순자산비율(PBR) 메뉴

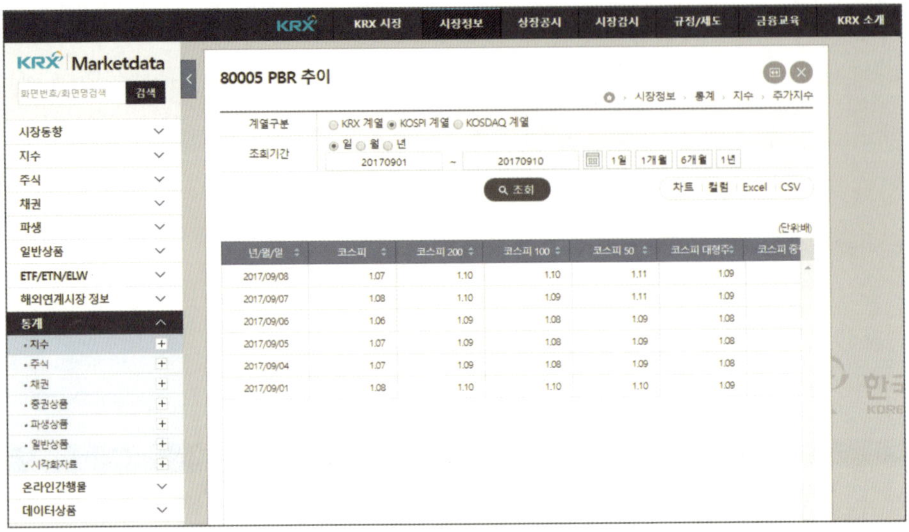

그림5-10을 보자. 2017년 9월 5일 기준 코스피 평균 PBR는 1.07배이다.

이 화면에서 기간 및 시장을 선택해 다양하게 조회할 수 있고, 엑셀 문서로 다운받아 다양하게 연구할 수 있다. PBR도 마찬가지로 시장평균 대비 낮은가 높은가로 단순하게 비교할 수 있다. 그런데 이렇게 시장 대비한 수치는 시장이 급등장이거나 급락장일 경우 모든 주식이 '절대고평가' 또는 '절대저평가' 영역에 있으므로 잘못된 결과를 초래할 수 있다. 이를 보전하기 위해 사용되는 몇 가지 기준을 참고삼아 설명해 드리겠다.

PER의 경우 PER의 역수와 시중금리와 비교하는 방법이 있다.

일단 PER의 수치를 역수로 바꿔보자. 만약 PER가 10배라면, PER의 역수는 1/10 = 10%가 될 것이다. PER의 역수를 '투자수익률'이라고 부르기도 한다. 대략 연간 10%의 투자금액 대비 수익률을 기대할 수 있다는 이야기이다. 그

렇다면 KRX 통계에 나와 있는 PER 13.1배의 역수를 취하게 되면, 7.63%란 숫자가 나온다. 최근 시장 금리가 2%에 못 미치는 상황을 감안해 본다면 '투자의 여지가 있다'라는 판단을 할 수 있다. 그런데 보통은 PER의 역수와 금리를 비교할 때, 시중금리에 대략 2~3% 정도의 가산금리를 붙여서 비교하기도 한다. 이는 주식시장의 리스크 부분을 감안한 것이다.

PBR의 경우는 ROE를 위험가중 시장금리로 나누어서 적정 PBR를 추정하기도 한다.

예를 들어서 삼성전자의 경우 2017년 당시 ROE가 대략 20%이므로, 이를 시중금리에 리스크를 가중한 위험가중 시장금리 6%로 나누어 주면 대략 3.3배 정도의 PBR 수치가 나온다. 이렇게 구해지는 적정 PBR는 주가가 오버슈팅 되었을 때의 값으로 추정한다. 그런데 이런 계산 절차가 복잡해 적정 주가 수준을 계산하기 어려울 수 있다. 이 부분은 6장에서 공부할 '초간단 적정주가 공식'을 활용하면 주가의 고평가 또는 저평가 여부를 확실히 잡을 수 있다. 지금까지 배운 투자지표 EPS, BPS, PER, PBR가 그 기초가 될 것이다.

재무비율, 투자지표 분석 **실습편**

[그림 5-11] POSCO 주봉 주가 차트

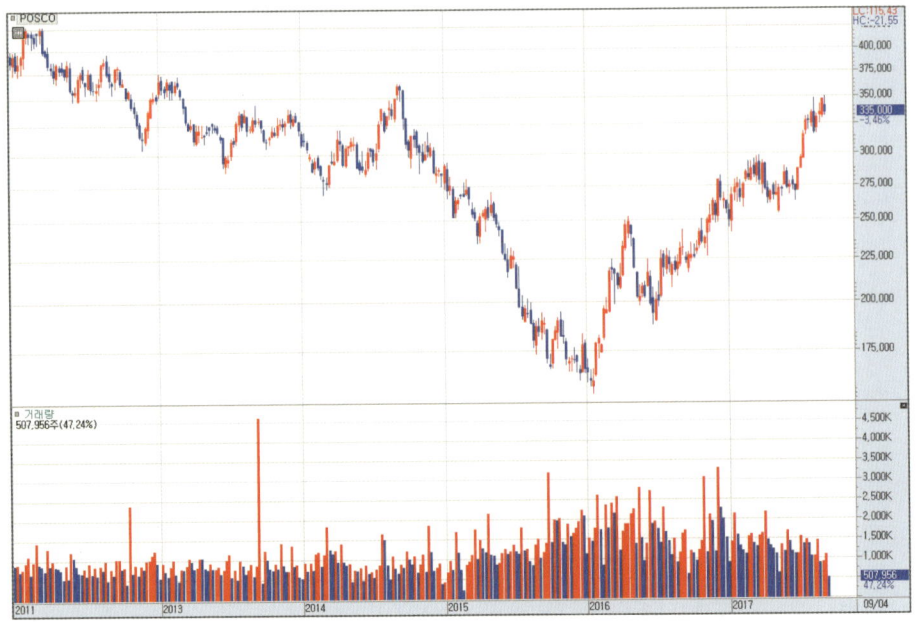

2017년 당시 POSCO(005490) 사례를 이용해 실제로 재무비율 및 투자지표 분석을 같이 해보겠다(그림5-11 및 5-12 참조).

POSCO 자체가 우리나라 철강 역사라 해도 과언이 아니다. 국내 1위는 물론이고, 단일 사업장으로는 세계 최대 규모인 포항제철소를 보유하고 있다. 2014년 이후 POSCO의 주가는 글로벌 경기 침체와 수익성 악화로 하락이 이어졌고, 심지어 2015년에는 적자(지배주주 순이익으로는 1,806억 원으로 3년 내 최저치)를 기록하기도 했다. 하지만 2014년 권오준 회장 취임 후, 2015년 실적 부담을 덜어냈고 2016년에는 다시 대규모 흑자를 실현하기 시작했다.

[그림 5-12] POSCO의 안정성 비율 변화

단위: %

항목	2014년	2015년	2016년	2017년 6월
유동비율	149.1%	145.0%	154.9%	157.6%
부채비율	88.2%	78.4%	74.0%	69.6%
유보율	8,839.0%	8,765.9%	9,001.7%	9,156.5%

그림5-12에서 이런 모든 과정을 한눈에 확인할 수 있다.

부채비율은 2014년 이후 지속적으로 감소세를 보이다가, 2017년 상반기에는 70% 미만으로 내려와 있다. 유동비율은 2014년 149%에서 꾸준히 증가하면서 2017년 상반기 157.6%까지 올라섰다. 비록 유동비율의 기준치인 200%에는 미치지 못하지만, 부채비율이 양호하고 대기업이란 점에서 어느 정도 인정할 수 있는 수준이라 하겠다. 무엇보다 업력이 쌓인 만큼 유보율도 매우 높아 9,156%를 기록하고 있는데 매년 꾸준한 증가세를 이어오고 있다.

조금 아쉬운 점이라면 성장주가 아니다 보니, ROE가 낮다는 것이다. 오랜 기간 수익성 악화로 1% 수준까지 ROE가 추락하였지만, 최근에는 6%대 진입을 앞두고 있다.

그렇다면 2017년 9월 현재, POSCO의 주가 수준인 33만 원 대는 어떤 의미일까? BPS가 51만 원 대이므로 PBR 레벨은 0.64배 수준, 2017년 EPS(추정치)는 3만 원 정도라고 시장의 컨센서스가 이루어져 있으니, 대략적인 PER 레벨은 11배 수준이다.

여기서 적절한 PBR 레벨을 추정해 보자. ROE(예상 6%)를 위험 가중 시장금리 6%로 나누어 보면 1배 수준(PBR 1배)이므로 자산가치 대비해서는 살짝 저평가된 주가영역대가 된다. 예상 PER 레벨 11배 수준은 시장 평균 이하이므로, 수치상으로만 보자면 크게 부담 없는 수준이라 하기 어렵다.

문제는 앞으로의 수익성이 '2017년 상반기처럼 유지되느냐'일 것이다. 안타깝게도 이후 POSCO는 2016년 이래로 커진 중국과 한국 간의 사드 문제 그리고 트럼프 대통령의 미중 무역전쟁 등 복잡하고 다양한 문제로 인해 실적이 주춤하기 시작하였고 결국 주가는 내리막길을 걷게 된다. 다행히 이 과정에서 재무구조가 악화되지는 않고 오히려 꾸준한 실적을 내어주었다. 기대와 실망이 공존하는 상황이기에 낮아진 밸류에이션 수준 속에 향후 실적이 어떻게 받쳐주느냐가 주가 결정의 중요한 변수가 될 것이다.

6장

오를 종목만 골라내는 마법의 공식

이제까지 기본적인 재무제표에 대한 지식 그리고 이를 이용한 투자지표와 재무비율의 활용방법에 대하여 공부하였다. 이런 지표들을 분석하고 연구하는 근본 목적은 오를 종목에 투자하기 위해서라고 할 수 있다.

오를 종목을 골라내려면 그 종목이 고평가 되었는지 저평가 되었는지를 파악해야 한다. 이 고평가, 저평가를 판단하려면 '적정한 주가'가 얼마인지 알아야 한다. 지금부터 설명하려는 것이 바로 이 '적정주가' 개념이다.

기업의 주가가 적정주가보다 위에 있다면 고평가, 아래에 있다면 저평가 되었다고 판단할 수 있을 것이다. 그런데 이 적정주가를 구하는 공식은 다양하게 존재한다. 회사의 성장성을 감안하여 복잡하게 계산하는 방식도 있고, 미래의 수익이 어떨지를 추정하여 현재가치로 판단하는 현금할인모형처럼 어려운 공식도 있다. 하지만 적정주가가 너무 복잡해지면 투자 여부를 판단하기가 어렵다. 필자는 이러운 한 개의 공식보다 쉬운 공식으로 적정주가를 여러 개 구하는 방식이 주가수준을 가장 정확하게 판단할 수 있다고 확신한다.

01 종목 선택의 칼자루, 초간단 적정주가 공식

필자가 지금부터 설명하려는 것이 바로 3가지의 적정주가 공식이다.

이를 통해 현재 기업의 적정주가가 계산되어 나온다. 활용방법 또한 매우 쉽다. 계산된 적정주가 3개를 가장 작은 값부터 가장 높은 값까지 순서대로 배열한 후, 현재 그 종목의 주가차트에 그려 보면 된다. 그러면 현재 주가차트에 3개의 적정주가 직선이 그려지게 된다. 3개의 직선이 차지하고 있는 면적이 적정주가 영역대라고 이해하면 된다.

만일 현재의 주가가 적정주가 영역대 위에 위치한다면 주가는 고평가 되었으므로 매수를 피해야 한다. 반면 적정주가 영역대 아래 위치한다면 저평가 영역이므로 저가 매수를 노려볼만 하다. 말로 설명하니 어려운 것 같지만 도표를 보면 한 눈에 이해된다.

[그림 6-1] 적정주가는 영역의 개념이다.

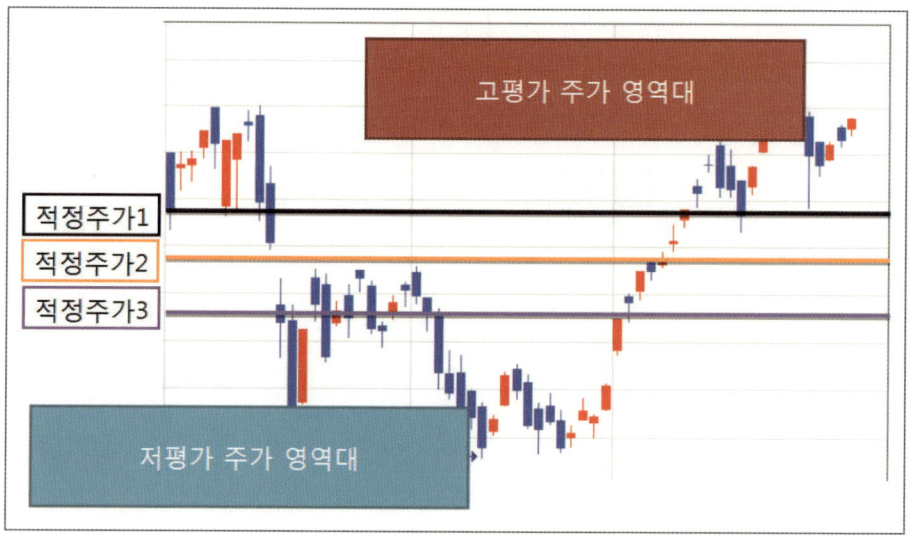

그림6-1을 보자. 적정주가 공식으로 계산된 주가 3개를 차트상에 그려보았다. 현재 주가가 고평가 되었는지 저평가 되었는지 한방에 알 수 있다. 이제 투자는 식은 죽 먹기가 된다. 주가가 적정주가 영역 아래쪽에 있으면 매수, 위쪽에 있으면 매수 포기 혹은 매도해야 한다.

아마도 이렇게 적정주가를 차트에 그려보는 투자기법은 어느 곳에서도 들어보지 않았을 것이다. 이 기법은 이번 책을 계기로 최초 공개하는 필자만의 종목 공략 비법이라 할 수 있다.

몇 해 전 필자는 모 증권사의 HTS 차트에 이 기법을 적용해 보자고 제안을 하였으나, 그 증권사의 기술적인 문제로 구현되지 못했던 아쉬움이 있다. 이 책을 읽는 독자들은 적정주가 공식 3개가 무엇인지 빨리 알고 싶을 것이다. 이제 3개 공식을 배운 후 실전에서 적용해 보기로 하겠다.

02
PER를 이용한 적정주가 제1공식

필자의 강의 경험에 따르면, 투자를 부동산에 비유해서 설명드리면 대부분의 분들이 쉽게 이해한다.

자, 빠른 이해를 위해 상장기업 A가 빌딩 한 채만 있는 회사라고 가정해 보자. 다른 부채도 없고 딱 빌딩 한 채만 있다. 그 빌딩에서는 아무런 지출 및 세금이 없고 주식 수는 1이다. 마지막으로 매년 10억 원의 임대수익을 거두고 있다고 가정해 보겠다.

A사는 빌딩을 통해서 매년 10억 원의 수익을 올리고 있다. 주식 수는 1주이니, EPS는 10억 원이라 할 수 있을 것이다. 그런데 여기에서 A사의 주식이 10억 원에 거래된다고 가정해 보자. 즉, PER 값은 1배인 상황이다(10억 원을 10억 원으로 나눈 값).

그렇다면 이 상장기업 A는 저평가일까 고평가일까? 만약 필자가 10억 원을 구해 와서 이 회사를 인수했다고 가정해 보자. 그렇다면 필자는 1년이 된 시점에서 10억 원의 수익을 거둘 수 있다. 즉 투자한 금액을 1년 만에 회수할 수 있다는 것이다. 즉 이러한 상황은 PER가 1배라는 것이다.

이번엔 A사의 주식이 1,000억 원에 거래되고 있다고 가정해 보자.

1년에 10억 원의 임대수익이 있는 회사를 1,000억 원에 산다는 게 말이 될까? 매년 10억 원씩 100년을 기다려야 매입한 금액만큼을 커버할 수 있다. 즉 PER가 100배라는 뜻이다.

그렇다면 PER의 개념은 단순히 주가를 주당순이익으로 나눈 값이 아니라, 이 회사에 투자하면 몇 년 뒤에 원금만큼의 이익을 뽑을 수 있을까에 대한 값임을 확인할 수 있다. 그런데 바로 앞의 경우처럼 PER가 100배인 회사, 즉 매년 10억 원을 버는데 주가는 1,000억 원이라는 말도 안 되는 회사가 주식시장에 존재할까?

안 믿어지겠지만 매년 존재한다. 기대와 희망만으로 주가가 올라가는 작전주, 테마주, 부실주에서 나타난다. 하지만 수많은 개인투자자들은 PER가 100배가 넘어가는 그 주식에 불나방이 불에 뛰어들듯이 무모한 투자를 감행한다. 슬픈 일이다.

자, 그렇다면 본격적으로 PER 값을 구해 보도록 하겠다.

그런데 PER 값을 계산할 때, 기준에 따라 주당순이익(EPS)이 바뀌는 경향이 있다. 고전적인 방법으로는 최근 결산자료의 주당순이익(EPS)을 기준으로 한다. 이는 확정된 EPS이기는 하지만 너무 시간이 오래 지났다는 단점이 생길 수 있다. 즉, 현재 예상되는 EPS와는 차이가 있을 수 있다는 것이다.

증권사 애널리스트가 사용하는 EPS는 추정 EPS이다. 기업탐방과 분석을 통하여 기업의 예상실적을 추정한 뒤 이 추정값으로 EPS를 구하는 것이다. 하지만 이 방법은 많은 조사와 연구가 필요하다. 따라서 필자는 너무 간단하지도 않고 너무 복잡하지도 않게 EPS를 구하는 방법을 알려드리도록 하겠다. 이는 추정치를 초간단 방법으로 계산하는 방식이어서 오차 범위는 있을 수 있으나, 대략적인 값을 구할 때는 매우 편리하다.

만일 가장 최근 실적보고서가 '사업보고서', 즉 아직 분기 실적이 안 나온 상황이라면 작년 EPS를 사용한다. 올해의 분기 및 반기보고서까지 나와 있는 상황이라면 올해 순이익의 전년 대비 성장치를 계산해 작년의 EPS에 곱해준다. 예를 들어 작년 주당순이익(EPS)이 1000원인 회사이고, 올해 반기까지의 순이익이 전년대비 20% 성장한 값이라면 아래와 같이 추정할 수 있다.

올해의 예상 EPS = 작년 EPS(1,000원) × 20% + 작년 EPS = 1,200원

어렵게 느껴지실 수도 있다. 필자가 이론주가를 강의할 때, 계산식이 나오면 힘들어 하는 분들이 많다. 하지만 이 정도는 초등학교 저학년도 할 수 있는 사칙연산이다. 겁만 내지 않으면, 전혀 어렵지가 않다.
자, 그렇다면 이렇게 구해진 EPS를 활용하여 어떻게 이론주가를 구할 것인가? '초간단 적정주가 공식'이란 점에서 알 수 있듯, 그저 EPS(예상치)에 곱하기 10을 해주시면 된다. 이게 끝이다.

초간단 적정주가 제1공식= EPS(예상치) X 10

[그림 6-2] SK텔레콤의 적정주가 계산을 위한 EPS 자료

항목	2013년	2014년	2015년	2016년	2017년 6월
EPS	20,300	22,300	18,800	20,760	15,000

예를 들어 설명하면 더 쉽게 이해가 될 것이다.

그림6-2는 SK텔레콤의 2017년 당시 EPS 자료만 요약한 것인데, 2013년에서 2016년의 EPS(주당순이익)가 전반적으로 2만 원 대에서 큰 변동이 없었음을 확인할 수 있다. 통신 사업이 안정기에 접어들어 수익성에 변동이 크지 않았기 때문이다.

자, 그렇다면 2017년의 EPS는 어떻게 되었을까? 자료상으로는 2017년 상반기(6월)까지만 나와 있어 2017년 전체를 추정해야 할 필요가 있다. 상반기까지의 성장률을 감안하고, 2016년 EPS를 이용해 추정하는 방법을 쓰겠다.

2017년 상반기까지 SK텔레콤은 매출액이 1% 증가한 데 반하여 영업이익은 3% 증가, 순이익은 39.5% 증가하였다. 어떤 값을 사용해야 할지 고민이다. 1% 성장도 맞고, 순이익증가율 39.5%도 맞기 때문이다. 이 사례에서는 편의상 둘의 중간값인 20%로 잡고 계산해보자.

2017년 예상 EPS = 20,760원 × 1.2 = 24,912원

이를 이용해 '적정주가 제1공식'을 구해 보면 24,912원 × 10 = 249,120원이 된다.

이렇게 해서 'PER를 이용한 초간단 적정주가 제1공식'의 값을 구해 보았다. SK텔레콤의 적정주가는 일단 249,120원으로 계산되었다. 2017년 9월 주가

인 240,000원 대와 얼추 비슷한 값이다. 따라서 제1공식의 기준에서 SK텔레콤의 주가 수준은 비싸지도 싸지도 않은 적정한 수준인 것으로 판단된다.

그러면 적정주가를 알아내기 위한 제1공식 외에 다른 공식이 있을 수 있다는 생각이 들지 않는가? 지금부터 'PBR를 이용한 적정주가 제2공식'에 대해 공부해보도록 하자.

03
PBR를 이용한 적정주가 제2공식

PBR는 주가를 주당순자산(BPS)으로 나눈 값이다.

이 수치는 현재의 주가수준이 회사의 순자산가치 대비해서 어느 정도 수준인가를 판단할 때 사용하는 기준이다. 보통 업계의 상황에 따라 PBR 수치는 1이 안 될 수도 있고 5배, 10배까지도 올라갈 수 있다. 여기서 필자는 PBR에 대하여 매우 중요한 값을 제시해 드리려고 한다.

PBR 수치가 5배가 넘어가면 주가가 고평가 되었다고 보아야 한다는 것이다. 이런 종목군들은 바이오, 엔터테인먼트, 게임, 인터넷 등 성장성이 기대되는 업종들이 대부분이다. 하지만 PBR 수치가 5배 넘어가면 절대적으로 고평가 영역으로 봐야 한다.

그리고 적정한 주가 수준은 PBR가 1배인 값, 즉 BPS(주당순자산)가 적정한 주가로 보시라고 강조드린다.

역시 적정주가를 부동산에 비유하면 더 쉽게 이해하실 수 있을 것이다.

상장기업회사 A가 300억짜리 빌딩 한 채만 가지고 있다고 가정해 보자. 다른 부채도 없고, 아무런 수입과 지출도 없으며, 주식 수는 1이라 가정하겠다.

이 상장기업 A는 주식시장에서 시가총액이 30억 원으로 거래되고 있다. 그렇다면 이 회사의 주가는 어떻게 평가해야 할까? 회사의 주당순자산(BPS)은 300억 원인데 주가는 30억 원으로 거래되는 상황이라는 것인데, 필자가 30억 원을 구해서 이 회사를 인수하고, 청산 과정을 거친다면 필자의 수중에는 빌딩을 매각한 금액인 300억 원이 들어올 것이다. 즉 30억 원을 투자해서 300억 원이 되는 것이다. 이러한 상황은 PBR 0.1배로 계산할 수도 있을 것이다.

"에이, 이런 말도 안 되는 상황이 어디 있어요? 30억 원은 너무하고 280억 원이나 250억 원은 되어야지."라고 하실 수 있는데, 실제 주식시장에서는 이러한 비이성적인 경우가 종종 발생한다. 2008년 가을 글로벌 금융위기 당시 이러한 일들이 많이 일어났으며, 2000년대 초반 수많은 조선주들이 PBR 0.1배에 준하는 상황에서 거래되었다. 결국 그 종목들은 PBR 1배까지 단기간에 모멘텀이 붙기 시작하면서 급등하였는데, 주가는 10배 상승한 셈이다.

PBR을 이용한 적정주가 제2공식은 위의 개념을 활용하여 계산하는 방법이 매우 쉽다. 제1공식은 EPS를 추정해야 하고, 곱하기 10도 해야 하는 번잡함이 일부 있지만, 제2공식은 너무 간단하다. 그저 그해 그 시점의 BPS를 사용하면 된다.

초간단 적정주가 제2공식= PBR = BPS

[그림 6-3] SK텔레콤의 2017년 6월 기준 BPS

항목	2013년	2014년	2015년	2016년	2017년 6월
EPS	20,300	22,300	18,800	20,760	15,000
CFPS(주당현금흐름)	55,300	58,000	55,890	58,750	34,800
SPS(주당매출액)	205,600	212,600	212,200	211,700	106,260
BPS(주당순자산)	193,100	206,200	216,800	225,800	233,000

다시 SK텔레콤의 2017년 사례를 꺼내보자. 그림6-3에서 보듯이 SK텔레콤의 2017년 6월 기준 BPS는 233,000원이고, 이것이 그대로 제2공식의 값이 된다. 그렇다면 지금까지 SK텔레콤 사례를 통해 계산한 이론주가 두 가지는 다음과 같이 정리된다.

PER를 이용한 적정주가 제1공식 : 249,120원
PBR를 이용한 적정주가 제2공식 : 233,000원

두 개의 공식 사이에 큰 차이가 있다. 그 이유는 PBR를 이용한 공식이 아주 보수적인 수치이기 때문이다. 필자의 3가지 적정주가 공식 중 가장 낮은 값을 보이는 경우가 많다.

PBR를 BPS 값과 동일하게 본 제2공식의 개념은, 갑자기 회사가 강제 청산 절차를 밟게 될 경우 회사의 빚을 뺀 순수한 자기자본(순자본) 정도는 가치로 인정해야 되지 않을까란 생각에서 나온 것이다. M&A 시장에서도 합병되는 기업들의 매각 가격은 BPS(주당순자산) 값보다 훨씬 높은 경우가 많다. 회사의 자산가치에 경영 프리미엄을 얹게 되는데 가장 최저값이 BPS 수준인 것이다.

따라서 PBR를 이용한 이론주가 공식은 서병가된 종목 중에 저평가된 종목을 찾는데 사용한다 할 수 있겠다.

04 매출액성장률을 이용한 적정주가 제3공식

각각 회사의 성과도 중요하지만, 그 회사가 속한 산업 전반의 동향도 중요하다. 고성장 기업은 향후 실적 성장과 주가 성장에 대한 기대감이 높아 주가 수준이 높아지게 되고, 반대의 경우는 주가수준이 낮아진다.

성장성을 가늠하는 기준은 매출성장률, 이익성장률, 자기자본이익률 등 다양한 항목이 있지만, 필자는 마지막으로 매출액성장률과 EPS를 활용한 적정주가 공식을 권해 드린다. 매출액성장률은 회사의 성장 모멘텀에 가장 중요한 잣대가 된다. 어떤 회사든지 매년 그해의 목표 매출액이 있다. 사무실 벽에는 목표 달성 그래프가 붙고, 직원들은 목표 달성을 종용받는다.

기업을 평가하는데 매출액만큼 중요한 잣대는 없기 때문이다. 이를 이용한 적정주가 공식은 매우 쉽다. PER를 이용한 제1공식에서 계산한 예상 EPS 값과 매출액성장률 값만 구하면 된다.

초간단 적정주가 제3공식 = 매출액성장률(% 삭제) X 예상 EPS

그렇다면 매출액성장률을 어떻게 구할 것인가? 기업탐방 및 조사를 통해서 추정을 해 볼 수 있지만, 편의상 재무제표상 전년대비 매출액 증가율을 사용하도록 하겠다. 친절하게도 기업개요 화면에서 수치를 바로 확인할 수 있고, 재무제표에는 꼭 분기 실적도 전년 동기 실적과 나란히 배치되어있으므로 매출액 부분만 비교를 하면 된다.

바로 예를 들어 보자. 2012년 B사는 EPS가 2,000원, 매출액은 전년 동기 대비 20% 성장하였다면 매출액성장률을 이용한 적정주가 제3공식에 대입해 곧바로 계산해낼 수 있다.

매출액성장률(% 삭제) × EPS = 20 × 2,000원 = 40,000원

이렇게 나온 세 번째 적정주가는 생각보다 크다. 회사의 성장성과 비전 등이 반영되어 주가에 프리미엄이 충분히 붙는다고 가정하기 때문이다. 따라서 매출액성장률을 이용한 적정주가는 가장 높은 수준을 보이게 된다. 1999년 IT붐 때, 고평가된 주가를 설명할 때 사용하던 방식이기도 했었다. 신생 기업의 경우, 매우 고평가된 적정주가가 나올 수 있음을 약간은 경계해야 한다.

그러면 2017년 SK텔레콤 사례를 이용해 직접 계산해보자. 제1공식으로 계산할 때 EPS 예상치는 24,912원으로 잡았다. 제3공식을 적용하려면 매출액성장률 값이 필요하다. 매출액상승률 값은 기업개요 화면에서 재무제표 내의 손익계산서를 보기만해도 확인할 수 있다. 모든 값이 계산되어 있기 때문이다.

[그림 6-4] SK텔레콤의 매출액 부분만 발췌한 자료

항목	2014년	2015년	2016년	2017년 6월	전년동기	성장률
매출액	171,638	171,367	170,918	85,800	84,958	1%
매출총이익	171,638	171,367	170,918	85,800	84,958	1%
판매관리비	153,387	154,287	155,561	77,462	76,863	0.80%
영업이익	18,251	17,080	15,357	8,338	8,095	3%

그림6-4를 보면, 2017년 6월까지 SK텔레콤의 매출액성장률은 1%에 불과하다. 사업이 안정기에 접어들면서 성장률이 정체를 보이고 있는 것이다. 그마나 매출이 급격하게 줄어들지 않는 것을 다행으로 보아야 할지도 모르겠다. PER를 이용한 제1공식에서 EPS를 24,912원으로 계산하였으니 이 값을 그대로 사용하기만 하면 된다.

매출액성장률을 이용한 적정주가 제3공식 = 매출액성장률(% 삭제) × EPS
= 1 × 24,912원 = 24,912원

자, 3가지의 적정주가를 모두 구했다. 한눈에 볼 수 있도록 다시 정리를 해보자.

PER를 이용한 적정주가 제1공식   : 249,120원
PBR를 이용한 적정주가 제2공식   : 233,000원
매출액성장률을 이용한 적정주가 제3공식   : 24,912원

처음 계산하는 것이어서 어렵게 느끼는 독자분도 계실 것이다. 하지만 내가 투자할 회사의 적정주가를 판단하는데 꼭 필요한 것이니, 계산 절차를 한 번만 복습해 본다면 쉽게 이해가 될 것이다. 생각보다 매우 쉬워서 초등학생

들도 활용할 수 있는 공식들이다.

적정주가가 구해졌다면 차트에 한번 표시해 보자. 그저 여러분들이 사용하시는 HTS 차트 화면에서 종목명을 치고 차트를 띄운 다음에 직선 세 개만 그리면 된다.

[그림 6-5] SK텔레콤의 적정주가 차트(이론주가선 3개와 영역)

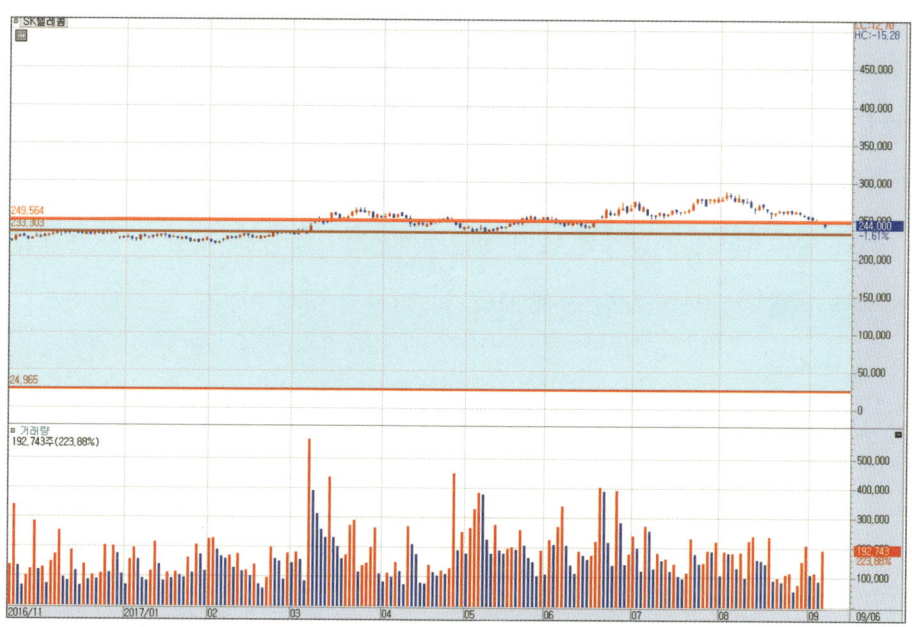

그림6-5는 위에서 계산한 적정주가 3개를 주가 차트에 그려 본 것이다. 보통 증권사 HTS의 차트는 자동으로 Y축을 설정하기 때문에, 제3공식에 의한 적정주가를 표시하기 위해서 Y축 스케일을 강제로 2만 원으로 낮추어 놓고 적정주가를 표시하였다.

SK텔레콤의 적정주가 영역은 24,912원에서 249,120원까지 폭넓게 형성된다. 그런데 2017년 9월 현재 SK텔레콤의 주가는 이 영역대의 상단에 위치해 있음을 확인할 수 있다. 필자가 누누이 강조했듯이, 영역대의 상단 근처나 그보다 높게 있다면 부담스러운 주가 레벨일 가능성이 높다. 그렇지만 고평가라고 논하기도 애매한 측면이 있다. 한마디로 '계륵'과 같은 주가 수준이라 평가할 수 있겠다.

　다만, 차후 SK텔레콤의 매출액 성장률이 가시적으로 나타난다면 적정주가 수준은 변화할 수 있다. SK텔레콤에게 필요한 것은 성장성인데, 그것이 눈에 띄지 않다 보니 수년간 주가가 제자리걸음일 수밖에 없는 것이다.

　여러분은 지금까지 필자와 함께 적정주가 3가지를 구해 보았고, SK텔레콤 사례를 통해 간단하게 체험도 해 보았다. 필자의 핵심 이론들을 거의 마스터한 것과 같다.

　그렇다면 이제 실전에 적용해 볼 차례다.

05
적정주가 공식 실전 적용 사례 : 2017년 사조씨푸드

사조씨푸드는 회사명에서 짐작할 수 있듯이 수산물과 참치가 대표 품목이다. 1980년 수산물 도소매업인 사조냉장으로 설립되었고, 그 후 참치 어획 및 유통, 가공, 수출을 하는 수산물 전문 기업으로 성장했다. 사업 분야는 횟감용 참치를 다루는 수산물 가공 및 유통 사업, 김과 팝콘으로 대표되는 식료품 사업, 그리고 일반 수산물과 통조림 사업 등이다.

동사의 주가는 독특한 특징을 보인다. 조류독감이나 구제역 같은 문제가 발생되면 관련 테마주로 편입되면서 주가가 오르지만, 그렇게 큰 주가 상승은 만들지 못하고 단발적인 상승 후 하락으로 마무리되곤 하였다.

그러다 2015년 참치 가격 상승세와 함께 주가가 6천 원 대에서 1만 3천 원 대까지 상승했는데, 그 후 1년 이상 유지하지 못하고 주가는 다시 6천 원 대로 회귀하는 모습을 보여주었다. 그렇다면 사조씨푸드의 2015년 당시 주가 수준은 어떠했고, 2017년 9월 현재 위치는 어떻게 볼 수 있는지 앞서 설명한 초간단 적정주가 3가지 공식으로 확인해 보도록 하겠다.

[그림 6-6] 사조씨푸드의 2017년 상반기까지의 가치지표

항목	2013년	2014년	2015년	2016년	2017년 6월
EPS	280	450	350	440	480
CFPS(주당현금흐름)	535	680	590	660	590
SPS(주당매출액)	14,700	15,290	16,400	18,800	10,420
BPS(주당순자산)	9,090	9,560	10,400	10,660	11,600

[그림 6-7] 사조씨푸드의 연도별 매출액 성장률 추이

항목	2014년	2015년	2016년	2017년 6월
매출액 성장률	3.8%	7.3%	14.5%	13.6%

일단 2015년 상황을 가정해 계산해 보도록 하겠다. 당시 주가는 왜 단발성 상승으로 그쳤던 것일까? 초간단 적정주가 공식을 활용하기 위하여 그림 6-6의 2015년 자료에서 EPS와 BPS를 사용해 보겠다(2015년 EPS는 350원, BPS는 10,400원이다). 그리고 매출액은 그림6-7에 있는 사조씨푸드의 연도별 매출액 성장률 자료를 참고하도록 하겠다.

이를 토대로 이론주가 3개를 정리해보자.

PER를 이용한 적정주가(2015년 기준) : 350원(EPS) × 10 = 3,500원

BPS를 이용한 적정주가(2015년 기준) : 10,400원

매출액 성장률을 이용한 적정주가 : 7.3(% 삭제) × 350원(EPS) = 2,555원

그림6-8은 이를 당시 주가 차트에 적용한 것이다. 그림의 청색 부분이 2015년의 이론주가 영역대이다. 한눈에 보더라도 당시 주가가 1만 3천 원 대까지 올라갔다는 것에는 약간의 무리가 있었음을 확인할 수 있다.

[그림 6-8] 2015년과 2017년 상반기 기준 이론주가를 적용한 사조씨푸드

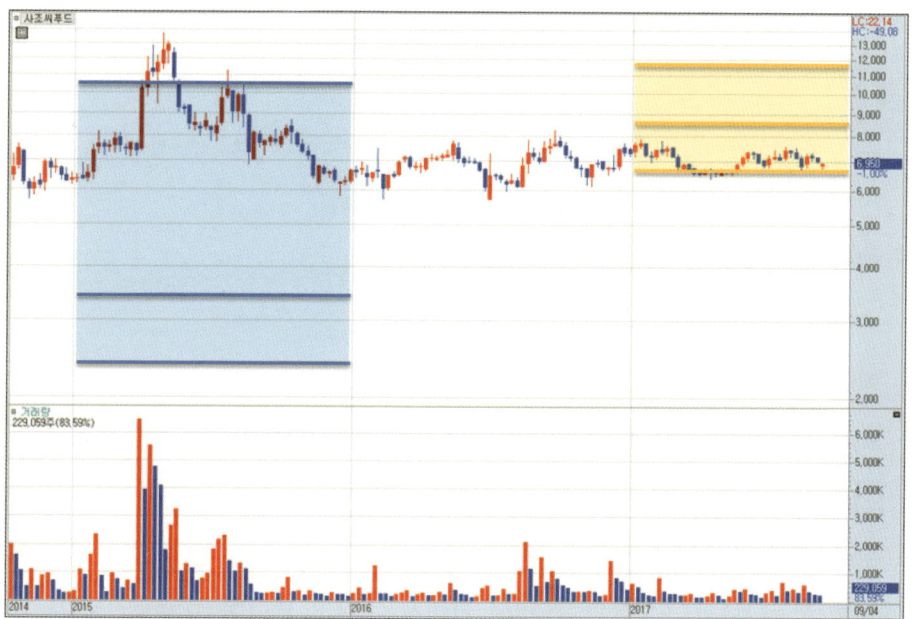

이후 주가는 6천 원 대로 내려와 2017년 9월 현재까지 2년 넘게 횡보하고 있다. 그렇다면 2017년 상반기 실적 기준으로 현재 주가 위치는 어떠할까?

또 다시 초간단 적정주가 공식 3개를 활용해 계산해보도록 하자.

그림6-6에서 2017년 상반기 EPS를 보면, 벌써 2016년만큼 순이익이 만들어졌음을 확인할 수 있다. 2017년에 순이익이 그만큼 급격히 늘어났기 때문이다. 이런 경우 2017년 전체 순이익을 예상할 때에는 대략 상반기의 순이익

성장분을 감안하여 2017년 추정치를 계산하면 된다. 그러나 무조건 크게 계산하기보다는 2017년은 2016년 대비 50% 정도 EPS가 증가한 것으로 추정하도록 하자.

따라서 2017년 예상 EPS = 440 × 1.5 = 660원으로 계산된다.
이제 그림6-6과 그림6-7을 바탕으로 초간단 공식을 바로 계산해낼 수 있다.

PER를 이용한 적정주가(2017년 추정) : 660원 × 10 = 6,600원
BPS를 이용한 적정주가(2017년 추정) : 11,600원
매출액 성장률을 이용한 적정주가(2017년 추정) : 13.6 × 660 = 8,976원

이를 2017년 차트에 구현한 것이 그림6-8의 노란색 영역이다.
2015년에 비해, 2017년의 기업이익과 자산가치가 높아지고 성장성도 커지면서 전체적으로 적정주가 영역이 위로 올라갔다. 이로 인하여 현재 주가 수준은 적정주가 영역대의 하단부에 위치해 있음을 알 수 있다. 저평가 정도가 짙다고 할 수는 없더라도, 2015년에 비해서는 가격 부담이 크게 줄었다는 것을 시각적으로도 확인할 수 있겠다.

7장

손실을 원천봉쇄하는 방어의 법칙

투자에는 능동적이고 공격적 방법만 필요한 것이 아니다. 공격의 방법, 즉 종목의 장점만을 보고 포트폴리오에 편입할 수는 없는 것이다. 상황에 따라서는 내가 가지고 있는 종목들에 대한 방어가 필요하다. 즉, 내가 가진 종목들이 내 자산에 손실을 끼치지는 않을까에 대한 점검은 매수하는 시점부터 시작되어야 한다.

앞에서 이야기했던 적정주가모형에서 아무리 저평가 되어 있다고 판단되더라도, 잠재적으로 계좌의 손실을 일으킬 문제의 소지가 있는 종목을 편입하게 된다면 10번 수익을 내고 단 한 번의 매매로 깡통 계좌가 되는 상황이 발생할 수 있다.

공격만 하다가 심각한 상황에 빠진 역사적 사례도 있다. 임진왜란 때 이순신 장군이 파직되어 있는 사이 원균에 의해 일어난 일이다. 1597년 2월 원균은 조선해군 대제독으로 승진한다. 인수받은 품목은 전함 200척, 군량미

10만석, 화약 4천근, 대포 300문 등이었다. 이순신 장군이 쌓아놓은 탄탄한 해군력을 가지고도 '칠천량해전'에서 처참하게 패하고 본인 또한 전사하게 된다.

후방에 제대로 지원군을 두지 않았기 때문이다. 그 당시 겨우 남은 배는 12척, 단 한 번의 전투로 일본군이 해상 주도권을 쥐게 되고, 조선 해군은 일어나기 어려운 지경에 빠지게 된다. 당시 무능한 왕(선조)이 계속 출병을 강요했기 때문이라고는 하지만, 방어를 생각하지 않고 무리하게 총공격했던 결과가 처참한 상황을 만든 것이다.

주식시장도 마찬가지다. 종목에 대한 무조건적인 공세는 안 좋은 결과를 가져 온다. 그 종목이 매수해도 될 종목인지 최종 판단하기 전에 '방어 필살기'를 활용해야 한다. 지금부터 이야기할 비법만 지킨다면 최소한 독자들의 계좌가 깡통이 되는 일은 절대 없을 것이다.

01
상장폐지의 공포를 원천봉쇄하라

주식시장에서도 앞에서 언급한 임진왜란 때의 '칠천량해전'과 같은 상황이 언제든지 일어날 수 있다. 투자자에겐 청천벽력과도 같은 '상장폐지'가 대표적인 케이스일 것이다. 수많은 개인투자자들이 10번 잘 하다가 단 한번의 '상장폐지'를 경험하면서 쌓아놓았던 수익금을 모두 날린다. 더 심각한 것은 돈을 빌려 투자한 경우 하루아침에 '신용불량자' 신세가 된다는 것이다.

필자가 많은 투자자들 만나 본 결과, 개인투자자의 승률은 60~70%에 이른다. 승률이라고 하는 것은 전체 매매 횟수에서 수익을 본 매매 횟수를 의미한다. 그런데 왜 개인투자자들의 계좌는 손실을 보는 걸까? 그것은 바로 꾸준히 수익을 쌓다가 한번에 모든 투자금을 날리는 상장폐지 사태가 발생되기 때문이다. 그 결과는 참담하다.

[그림 7-1] 개인투자자의 매매패턴

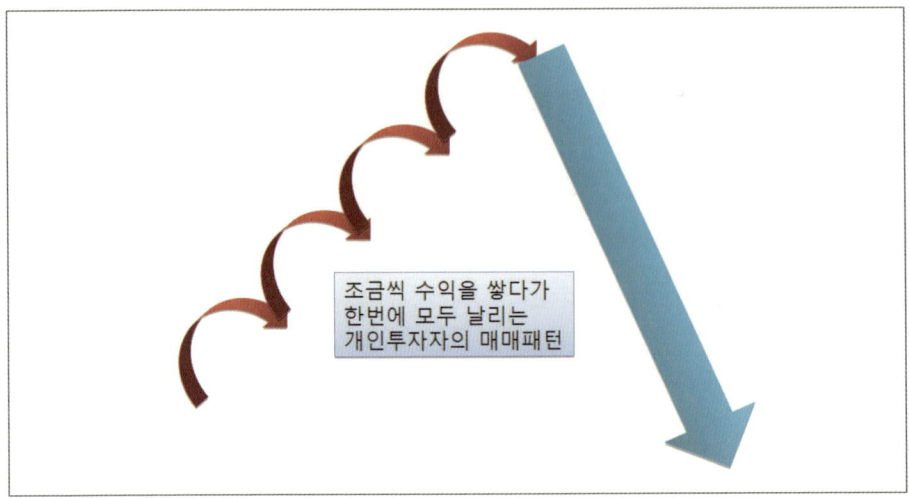

조금씩 수익을 쌓다가 한번에 모두 날리는 개인투자자의 매매패턴

앞에서도 여러 사례를 통하여 상장폐지의 공포를 언급했으나 대부분의 개인투자자들은 "내 주식은 절대 그럴 일이 없을 것이다."라는 근거 없는 자신감을 갖고 있다. 하지만 상장폐지란 언제든지 내 일이 될 수 있다. 특히 테마주 매매나, 단기투자 중심의 변동성 매매, 상한가 따라잡기, 차트로만 종목을 매매하는 경우 상장폐지란 돌발 변수에 걸릴 확률은 매우 높다. 특히 코스닥 시장의 경우 그 가능성은 더욱 높아지게 된다.

2012년 한 해 동안 코스닥시장에서 상장폐지 되었던 48개사를 살펴보자. '자본잠식률 50% 이상', '최종부도', '기업 경영 투명성 결여', '감사의견 거절', '발행어음 수표 최종부도' 등 불미스러운 일로 상장폐지되는 경우가 70%에 이른다. 특히 횡령, 배임과 같이 경영진의 비리가 연루된 상장폐지 케이스도 2012년 11건, 2011년 20건, 2010년 24건, 2009년에는 22건에 이를 정도이다.

보통 한 해에 코스닥시장에서 20~40건의 상장폐지가 발생된다. 코스피 유가증권시장도 2012년 12건의 상장폐지가 발생했다.

그나마 2013년 이후에는 불미스러운 일로 상장폐지 되는 사례가 크게 줄었지만, 그래도 2013년 31건, 2014년 18건, 2015년 26건, 2016년 14건으로 매해 평균 22건의 기업이 재무 리스크와 경영 리스크 및 그 외 불미스러운 상황으로 인해 상장폐지 되고 있다. 코스피와 코스닥에 상장되어 있는 전체 종목수를 대략 2천여 개라 추산했을 때, 평균 22종목이란 수치는 1%에 해당한다. 즉 1년에 약 1%의 확률로 상장폐지가 발생한다는 것이다.

'1%의 확률이라면 정말 적은 것이 아닌가?'라고 생각할 수도 있다. 하지만 그 낮은 확률이 본인에게 닥친다면 상상만으로도 끔찍하다. 자동차 사고가 날 확률이 한 해에 2% 정도임에도 불구하고 우리는 늘 조심스럽게 안전 운행을 하고, 자동차보험과 운전자보험에 가입한다. 언제 어디서 사고가 날지 모르기 때문이다.

상장폐지 확률이 1년에 1%라고 하더라도, 10년이라는 기간에는 10%로 높아지고 20년이라면 18% 수준까지 높아진다. 평생, 즉 40년을 투자한다면 상장폐지를 한 번 경험할 확률이 34%로 높아진다.
2013~2016년에 상장폐지가 줄어든 것은 어쩌면 평온한 시기였기 때문일 것이다. 만약 2008년 금융위기와 같은 해일이 몰려온다면 상장폐지 케이스는 급격하게 증가할 것이다. 참고로 2008년 금융위기 직후인 2009년 한 해에만 2013년~2016년 평균치인 22종목보다 3배 이상 많은 71개의 종목이 상장

폐지 되었음을 꼭 기억하기 바란다.

아무런 방어 수단 없이 주식투자를 한다는 것은 너무 무모한 일인 것이다. 주식을 하루 이틀 하는 게 아니지 않는가. 10년, 20년 주식투자를 하면서 수익을 꾸준히 내더라도 단 한 번의 상장폐지, 또는 상장폐지에 준하는 심각한 상황이 발생하면 지금까지 쌓아 놓은 수익이 모두 날아가는 것이다. 그렇다면, 상장폐지나 상장폐지에 준하는 상황이 절대 발생하지 않도록 안전장치를 해야 한다.

지금부터 필자가 알려드리는 3가지 방어 법칙을 목숨처럼 지키시기 바란다.

방어 제1법칙: 블랙홀을 피하라!

그렇다면 상장폐지 또는 그에 준하는 상황을 겪지 않기 위해서는 정확한 기준을 갖고 종목을 걸러내야 한다. 필자의 3가지 법칙만 지킨다면 불미스러운 상황을 겪을 확률은 거의 0%에 가깝게 줄어들 것이다.

일단 신문 기사의 헤드라인을 살펴 보자.

대한해운, 자본금 전액 잠식으로 매매거래 정지
금호산업, 자본잠식 해소 위해 7대1 감자 결정
블랙홀에 빠진 건설업, 자본잠식 업체 부채만 70조
금감원, 투자자문사 자본잠식률 매월 점검
10개 기업 자본잠식 심각, 무더기 퇴출 공포

자본잠식이란 왠지 살벌한 말이 자주 등장한다. 자본잠식으로 거래가 정지

되었다거나, 자본잠식 때문에 블랙홀에 빠졌다고 한다거나, 금감원에서 점검까지 한다고 한다. 어떤 기사의 제목은 '무더기 퇴출 공포'라고까지 한다.

그렇다면 이 자본잠식은 무엇일까? 말 그대로 '자본이 잠식되었다.'는 것이다. '잠식'이란 누에가 뽕잎을 야금야금 먹어 들어간다는 의미이다. 여기서 말하는 자본은 바로 기업의 자본금이다, 자본금!

회사의 자산 중 가장 기초가 되는 것이 자본금이다. 회사가 세워질 때의 기본적인 자금으로 해석할 수도 있고, 투자자들이 투자한 액면금액을 이야기하기도 한다.

그런데 왜 이 자본금까지 갉아먹는 상황이 발생하는 것일까? 혹시 투자자들이 자금을 회수해서 발생하는 것일까? 그렇지는 않다. 적자가 누적되어 회사의 자산을 갉아먹는 상황이 이어지다 급기야는 자본금까지 줄어드는 상황이 된 것이다.

문제는 여기서 발생한다. 보통 자본잠식이 되는 상황까지 되면 기업의 생존에 대한 의구심을 가질 수밖에 없다. 적자가 계속 이어지면서 자본이 소실되는 상황이기 때문이다. 시베리아 혹한의 벌판에 알몸으로 던져진 상황처럼 생존 자체가 어려워진다.

보통 자본잠식 수준까지 떨어지기 전에, 경영진은 회사의 현금유동성을 만들기 위해서 '차입'을 한다. 즉 직원들 월급 주고 각종 경비를 사용하기 위한 빚을 내는 것이다. 처음 적자가 날 때는 회사의 유보금을 녹여서 사용하지만, 일정 수준이 넘어가게 되면 그것도 불가능해진다.

사업이 잘 되어 빚을 다시 갚을 수 있으면 다행이겠지만 경영이 어려워지면 순식간에 적자폭이 커지게 된다. 몇 년 동안 어려운 상황이 반복될 경우에도 부채는 점점 더 커지게 되고, 결국 이자비용이 커지면서 자본잠식 상황까지 급박하게 진행되는 것이다.

여기서 첫 번째 방어 법칙이 나온다. 자본잠식을 겪고 있는 회사는 무조건 피하라는 것이다. 아니 과거에 겪었던 회사도 피하는 것이 좋다. 즉 아래와 같이 정리할 수 있다.

자본잠식이 한 번이라도 있었던 회사는 피하라!

이러한 자본잠식 상황은 뉴스 또는 전자공시로 공표되게 되므로 누구나 쉽게 알 수 있다.

자본잠식 이후의 상황이 궁금한가? 관리종목으로 지정되거나 상황에 따라서는 퇴출 절차를 밟게 된다. 자본금이 잠식된 정도가 일부인 경우는 '일부잠식', 자본금을 모두 다 날리고도 빚만 남는 상황이 되면 '완전자본잠식'이라고 표현한다.

그런데, 이 과정에서 무서운 일이 한 가지 더 있다. 그것은 바로 '감자'이다. 감자란 주식수를 강제로 줄이는 행정 절차다. 자본금까지 다 녹여서 날린 '완전자본잠식' 상태가 되면 회사엔 빚만 남게 된다.

이 때 빚쟁이, 즉 채권자들은 회사에 '받을 돈'이 없으므로 채권단이 연합해 기존 주주들의 주권을 모두 없애버리는 100% 감자를 단행한다. 즉 기존 주주들의 주식은 연기처럼 모두 사라진다는 말이다. 그리고 채권자들은 본인들의 채권을 주식으로 전환한다. 채권이 주식으로 전환되는 것을 출자전환이라고 한다.

자, 상황을 정리해 보자. 완전자본잠식 된 회사의 주주는 100% 감자의 영향으로 모든 주식을 날리고 주주로서의 권리가 소멸된다. 채권자들은 합의된 금액만큼 채권을 주식으로 전환한다. 기존 주주는 회사의 주인 자리에서 밀려나고 채권자들이 새로운 주인이 되는 것이다. 채권자들은 이렇게 전환한 주식을 시장에 매각하여 빌려준 돈을 회수하게 된다.

매우 공포스럽지 않은가?
마치 살던 집이 경매에 넘어가 집에서 쫓겨나는 상황과 다름이 없다. 바로 이것이 자본잠식 회사의 마지막 길이라 할 수 있다. 물론 감자는 100%가 아니고 일부만 할 수도 있다. 하지만 감자가 기존 주주들의 주식을 휴지조각으로 만드는 과정임은 확실하다.

그런데 이렇게 자본이 잠식되어 있으면서도 살아있는 회사들의 주가는 '개인투자자'들의 관심 종목이다. 자본잠식 상태였다가 회사가 기사회생하면 주가가 급등하는 현상이 발생할 것이라는 기대 때문이다. 이를 '턴어라운드', 즉 죽다 살아난 종목이라 볼 수 있는데 주가는 종전 가격까지 하락하였다가 천원 단위까지 급등하게 된다. 저점 대비 100% 이상 상승하는 일도 종종 발생하게 된다. 이렇게 한번 상승하면 크게 상승하니 개인투자자들은 한방의 수익을 크게 내기 위해 목숨을 건 배팅을 하게 된다. 하지만 그게 그렇게 만만치 않다는 것을 금방 깨닫게 된다.

[그림 7-2] 대한해운 재무비율표(2011년부터 자본 일부잠식상태, 2012년 완전잠식)

항목	2008년	2009년	2010년	2011년	2012년 9월
유동비율	130%	132%	93%	106%	67%
부채비율	120%	310%	456%	일부잠식	완전잠식
유보율	2168%	1358%	561%	-34%	-202%

위의 뉴스 기사에서 언급된 대한해운을 보자(그림7-2 참조). 필자의 지인 중 언론계에 있는 분이 있었는데 2011년에 '대한해운' 종목을 좋아했다. 그해 여름에 매수를 하여 단숨에 100% 가까운 수익을 내고 있었다. 하지만 그분은 대한해운이 더 상승할 것이라 하면서 계속 보유를 했다. 하지만 대한해운은 그해 늦가을 대규모 감자를 단행하였고, 그 후 주가는 급락하게 된다.

[그림 7-3] 대한해운 주가(2011년 말~2013년 초)

그림7-3을 보자. 대한해운은 2011년 늦가을의 감자 이후, 주가는 지속적으로 하락한다. 감자 후 3만 원에 있던 주가는 1년 만에 3천 원 이하로 내려갔다. 1년도 안 되어 주가가 10분의 1 토막난 것이다.

만일 2011년 연말에 대한해운을 매수한 투자자라면 계속 하락하는 주가에 속상해 하며 머뭇머뭇 하는 사이에 큰 낭패를 보았을 수 있다. 그런데 이렇게 하락한 이후, 자본잠식 종목들은 마치 '개미지옥'처럼 개인투자자를 현혹하기 위한 주가 급등을 보이게 된다. 대한해운 역시 2012년 연말에는 매각 이슈가 부각되면서 3000원에서 1만 2천 원 대까지 단숨에 4배 가까운 주가 상승을 보인다.

자, 그런데 이 과정에서 수익을 낸 투자자가 과연 몇 명이나 있을까?

거의 대부분의 투자자들이 2013년 1월에 자본전액잠식 사유로 거래정지되고 앞으로 상황에 따라 상장폐지 공포도 겪을 수 있는 최악의 상황을 맞게 된다. 그나마 역사가 있는 대한해운이라서 한번에 상장폐지 절차를 밟지 않은 것이지, 코스닥시장이나 중소형주라면 단 한 번에 끝났을 수도 있다.

그렇다면 과거에 어떤 종목들이 자본잠식 상황을 겪었을까?

필자가 과거 강의를 위해서 '재무비율' 자료를 캡처해 놓은 것이 있어 다시 한 번 꺼내 보도록 하겠다.

[그림 7-4] 유퍼트는 2009년 완전자본잠식 상태가 된다.

항목	2005년	2006년	2007년	2008년	2009년
유동비율	147.7%	66.2%	67.7%	73.1%	19.0%
부채비율	109.0%	일부잠식	일부잠식	일부잠식	완전잠식

유퍼트는 세종시 관련주로 주가가 급등락 했던 종목이었다(그림7-4 참조). 유퍼트에 관해서 2009년 여름에 이런 뉴스가 있었다. "특징주 유퍼트, 각종 호재 불구 주가는 급락세!" 당시 유퍼트는 중국현지법인의 수주물량이 증가했고 자회사가 몽골에서 수주에 성공했다는 소식으로 투자자들의 기대감이 높았지만 주가는 허무하게 무너졌다.

필자의 관점에서 보면 당연한 일이었다. 유퍼트의 재무비율은 2006년부터 자본잠식 상태에 빠져 있었다. 설사 좋은 소식이 있더라도 주가에는 상승에 너지를 주지 못할 가능성이 크게 된다. 결국 계속 이어지는 불미스러운 일들과 실적 악화에 따라 2010년 결국 상장폐지 되게 된다.

자본잠식 상태는 이렇게 무서운 결과를 초래하게 된다. 그 과정에서 주가는 서서히 무너지게 되는데 개인투자자들은 '혹시나' 하는 마음에 지켜보다가 어느 순간 주가가 레벨다운 되는 것을 경험하게 된다. 주식시장의 격언 중에 "떨어져서 바닥인줄 알았는데 지하실이 있더라."는 것이 바로 이런 경우라 하겠다. 하지만 지하실까지만 있으면 다행이다. 경우에 따라서는 지하 2층, 지하 3층, 지하 4층으로 계속 추락하기도 한다.

이렇게 무서운 자본잠식 회사를 걸러내는 방법은 매우 간단하다. '기업정보' 화면의 재무비율 중 부채비율이 나와야 할 곳에 '잠식'이라고 쓰여 있으면 무조건 경계해야 한다. 즉 재무비율 화면을 과거부터 살펴보았을 때, 단 한 번이라도 '잠식'이라는 단어가 붙어있으면 관심종목 자체에서 빼 버려야 한다. 1년 전에 일부잠식이었다가 올해는 잠식이란 단어가 사라졌다고 해도 한 번 자본잠식을 경험한 회사들은 그 상황이 재발할 가능성이 높다.

자본잠식 상태가 회계적으로 '자산재평가'라든가 '제3자 배정 유상증자' 등으로 일시적으로 해소될 수는 있다. 하지만 자본잠식을 경험했던 회사의 경우에는 내부적으로 분식회계나 경영상의 어려움이 계속 이어지면서 심각한 상황이 계속 이어질 가능성이 높기 때문이다. 따라서 재무비율에 '잠식'이란 단어가 하나만 있더라도 관심종목 및 보유종목에서 빼내 버리는 용감한 결단이 필요하다.

03
방어 제2법칙 :
지뢰를 피하라!

기업이 경영활동을 하다 보면, 한 해 정도는 적자가 발생할 수도 있다. 대외적인 환경이 갑자기 급변할 수도 있고, 경영권이 바뀐다든가 갑자기 회사 공장에 화재가 발생하는 등 대내적인 이유로 어려움을 겪을 수 있는 것이다. 하지만 한국거래소에 상장된 기업이 2년 이상 적자가 이어진다면 투자에 대한 고민을 심각하게 해 보아야 한다. 2년 이상 적자가 진행될 경우에는 회사 내부적으로 다양한 일이 벌어질 가능성이 크기 때문이다.

자, 2년 연속 적자가 난 A사의 가상 시나리오를 통해 그 위험성을 알아보도록 하자.

A사의 경영진은 매년 꾸준한 수익을 내기 위해 최선을 다해 사업을 했으나, 어떤 해에 우연히 적자가 발생된다. 그해 주주총회에서 주주들에게 "대외적인 사정으로 적자가 나서 배당을 지급하지 못해 죄송하다."고 사과한다.

첫 해는 이렇게 그럭저럭 넘길 수 있다.

그런데 다음 해의 1분기부터 수천만 원의 적자가 발생한다. 경영진은 슬슬 긴장하기 시작한다. 작년에 적자가 났던 이유가 재발하였기 때문이고, 무언가 근본적인 문제가 발생한 것이 감지되기 때문이다. 그런데 비록 적자이긴 하지만 원가 인상분을 다음 분기로 넘기고 보니 첫 분기가 흑자전환이 되었다.

오케이! 1분기의 적자를 흑자로 넘기고 안도의 한숨을 쉰다.

그런데 2분기에도 또 다시 적자가 발생하였다. 지난 분기에 회계상 가능했던 수준에서 원가를 이번 분기로 넘겼는데, 또 다시 적자가 발생한 것이다. 이번에는 지난 분기보다 적자 폭이 더 커져서 억 단위가 되었다. 매출액 감소가 원인이었다. 매출 감소의 원인이 되는 직원 몇 명을 구조조정 했지만 그들의 임금을 절약한 수준으로 막을 적자 규모가 아니었다.

경영진은 또 다시 적자를 메우기 위해 고민한다. 다시 한번 원가를 다음 분기로 이월시키고 이번에는 재고의 가격을 조금 올려본다. 원래 완제품의 재고 가격은 만원으로 계상해야 하는데 10만원으로 올려서 장부를 조작해 본다. 재무보고를 위해서는 어쩔 수 없다. 재고자산이 증가하고, 원가를 다음 분기로 넘기면서 이번에도 간신히 흑자를 만든다.

3분기가 되어도 사업은 호전되지 않는다. 엎친 데 덮친 격으로 원재료의 가격이 올라가면서 적자폭이 수십억 원대에 이르게 되었다. 지난번에 재고자산을 부풀려서 그나마 흑자로 만들었는데, 원재료 가격까지 오르니 미치고 환장할 노릇이다. 어쩔 수 없이 직원 몇 명을 더 자르고 가상의 매출을 만들어 매출채권을 자산에 추가하여 간신히 적자는 모면해 본다. 하지만 아직도 어질어질하다.

마지막 분기가 되었지만 회사의 경영사정은 나아지지 않는다. 이번에는 확실히 적자가 날 수밖에 없다. 이번에는 백억 대까지 적자가 날 가능성이 커졌다. 이제는 더 이상 손을 쓸 방법이 없다.

할 수 없이 올해도 적자임을 주주들에게 보고한다.

주주들은 분노한다. 어떻게 두 해나 적자가 날 수 있냐면서 경영진에 대해 엄중한 경고를 내렸다. 대주주는 조만간 경영진을 물갈이 하겠다는 엄포를 놓는다. 다음 분기에 승부를 봐야한다고 굳게 마음먹었지만, 1분기부터 적자다. 흑자로 만들어 놓기 위해 모든 방법을 동원해 장부를 조작했다. 매출도 뻥튀기하고 원가도 축소하고 재고자산, 매출채권 등 다양한 회계를 조작하여 흑자를 만들었다.

그런데 현금이 떨어졌다. 내일이 K은행에서 빌린 단기자금 만기인데 현금이 없다. 여기저기 사채시장까지 돌아다녀 보지만, 이미 금융권에 소문이 돌았다. 돈을 빌릴 수 없게 되고, 결국 단돈 천만원때문에 굴지의 기업이 부도가 난다. 대주주가 대책을 세우기 위해 경영진을 모두 갈아치웠다. 새로운 경영진이 회계장부의 조작된 내용을 모두 '손실'로 처리하면서 그간의 모든 사정이 만천하에 드러난다.

물론 이 사례는 가상의 상황이다. 하지만 적자가 2년 연속 진행되면 회계부서에서는 비상상황이 벌어지게 된다. 당장에 직원들 월급, 채무액, 자재 대금 결제 등을 위해 현금이 필요한데 현금흐름이 어려워지게 된다. 또한 적자 2년차가 되면 서서히 은폐하려는 노력을 하게 된다. 앞의 사례처럼 극단적으로 진행되는 경우는 드물지만, 회계에서 인정하는 범위에서 적자를 줄이기 위한 트릭을 사용하게 된다. 하지만 그 정도를 벗어나게 되면 회사의 부채비율이 급증하면서 재무적으로 위험한 상황에 놓이게 된다.

그러다 보니 적자가 2년 이상 이어진 회사들의 경우, 갑자기 부도 또는 분식회계 등의 불미스러운 일로 상장폐지 되거나 주가가 단기간에 급락하는 상황이 발생되기도 한다. 그리고 처음 몇 해 동안은 적자규모가 작지만, 일이 터지는 그 해에는 직전년도 적자의 몇 배나 되는 적자가 발생되면서 모든 부실이 일순간에 쏟아지게 된다.

2010년 4월에 상장폐지 된 '중앙바이오텍'의 경우를 다시 살펴보자.

중앙바이오텍은 신종플루, 돼지독감, 조류독감 등 플루 관련 테마주로 엮이면서 화려한 시세를 분출하기도 하였다. 매년 적자가 누적되어 왔던 중앙바이오텍은 간간이 '어음 위변조사고'가 발생하기도 하는 등 재무적으로 불안한 흐름이 이어져 왔다.

그러다 회사의 자본이 전액잠식 되면서 상장폐지 되게 된다. 그래도 나름 독감 관련 테마주에 편입되면서 개인투자자의 매매 비중이 높았던 종목이었는데, 2010년 4월 -96%의 급락으로 정리매매되면서 역사에서 사라지게 된다. 그런데 중앙바이오텍은 불미스러운 일이 그 이후에도 계속 이어지게 된다. 중앙바이오텍의 재무제표를 보면 그러한 일이 당연하다는 것을 한눈에 확인할 수 있다.

[그림 7-5] 중앙바이오텍의 연속 적자(2009년 383억 원의 대규모 적자 발생)

항목	2006년	2007년	2008년	2009년
영업이익	-34	-37	-38	-50
세전순이익	-43	-84	-72	-383
당기순이익	-43	-84	-72	-383

그림7-5를 보면 2006년~2008년까지 중앙바이오텍의 적자는 두 자리 수였다. 물론 작은 규모는 아니지만 적자는 계속 이어져 왔다. 그러다 2009년 장부가 공개될 때, 적자 폭은 383억 원으로 예년 적자폭의 5배 이상을 기록한다.

필자가 앞에서 이야기 한 가상의 상황과 유사하다.

계속 적자가 누적되면 분식회계 등 적자를 조작하려는 움직임이 발생하는데, 일이 터지는 해에 모든 적자가 드러나면서 자본잠식 상태에 빠지는 심각한 상황이 발생하는 것이다. 중앙바이오텍은 2011년 상장폐지 된 이후에도 불미스러운 뉴스가 계속 이어진다. 뉴스 제목만 따보도록 하겠다.

"수억대 사기행각 코스닥 업체 전 대표 구속기소" (2011년 2월 23일 YTN)
"횡령, 분식회계 중앙바이오텍 前회장 기소" (2011년 7월 28일 머니투데이)
"분식회계 중앙바이오텍 전 회장 기소" (2011년 7월 28일 한국경제TV)

아니나 다를까, 분식회계 관련한 이야기가 쏟아져 나왔다.

이렇게 적자가 2년 이상 누적된 회사가 불미스러운 상황까지 치닫게 될 경우에는, 마지막에는 꼭 '분식회계' 사건까지 이르게 된다. 그 과정에서 기존 경영진에 대한 '횡령, 배임' 등의 혐의도 나오게 된다. 코스닥시장 종목의 경우 적자가 2년 이상 진행되면, 불미스럽게 회사가 몰락해 가는 경우가 많이 있다. 따라서 개인투자자는 종목에 접근할 때 반드시 명심해야 한다. 여기서 두 번째 방어 법칙이 나온다.

2년 이상 연속 적자인 회사는 피하라!

하나씩 하나씩 마음속에 완벽하게 숙지해야 한다. 그래야만 지뢰처럼 깔린 위험한 주식을 매수하거나 보유하지 않을 수 있기 때문이다.

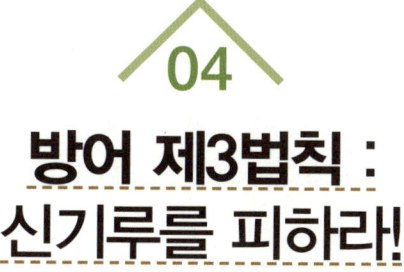

방어 제3법칙 : 신기루를 피하라!

종목 선정에 있어 가장 어려운 것이 기업의 허허실실을 판단하는 일이다. 겉으로 보기엔 그럴 듯 하지만 속 빈 강정이거나 빛 좋은 개살구일 경우가 많기 때문이다. 보통 위기에 처한 기업들은 자신의 처지를 숨기기 위해 과도한 포장을 하게 마련이다. 마치 사막의 여행자가 신기루에 홀리듯 투자자들은 그런 포장술에 홀려 잘못된 선택을 하는 경우가 종종 있다.

마지막 방어 법칙의 키워드는 '부채비율'이다. 부채비율은 앞서 '재무비율'에 관해 설명할 때 언급한 바와 같이 자기자본 대비 총부채의 비율이다. 공식을 다시 한 번 떠올려 보자.

부채비율(단위 %) = 총부채 ÷ 자기자본(순자본) × 100

이 부채비율은 기업의 재무안정성을 판단하는 매우 중요한 기준이다. 부채비율이 높은 기업들은 채무에 대한 부담이 크기 때문에 유동성 위기나 부도, 파산 등의 가능성이 높아지게 된다. 반대로 부채비율이 낮은 기업들은 재무적인 리스크가 줄어들어 투자하는 동안 불미스러운 부도, 파산, 상장폐지와 같은 상황이 일어날 확률은 아주 낮다.

세 번째 방어 법칙을 미리 공개하고 설명을 하도록 하겠다.

부채비율 200% 이상인 기업을 피하라!

간단명료하다. 그런데 왜 부채비율을 하필이면 200%로 잡았을까?

필자의 경험으로 판단했을 때, 부채비율 200%를 기점으로 회사가 부도날 확률이 급격하게 높아지는 경향이 있기 때문이다. 최근 상장기업들의 평균 부채비율은 대략 100% 부근이다.

이쯤에서 과거의 역사를 되돌아볼 필요가 있다. 1997년 IMF사태 이전과 이후, 상장기업들의 부채비율에는 상당한 차이가 있다. IMF 이전, 상장기업들의 평균 부채비율은 400% 수준으로 지금으로서는 상상할 수 없을 정도로 높았다. 요즘 부채비율 400%인 기업이 있다면 일순간에 부도가 나겠지만, 1997년 이전에는 관치금융이 기업들의 부채비율을 유지할 수 있는 버팀목이었기 때문에 그나마 유지가 되었던 것이다. IMF 이후 정부에서 부채비율을 줄이라는 강제 부채 구조조정이 있었고, 기업들도 부채비율을 낮추기 위한 다양한 노력을 해 왔다.

당시 매일경제신문 기사(1999년 10월 18일자)를 보면, 강제 구조조정 상황이 잘 설명되고 있다.

> <왜 부채비율 200%인가, 국제적 추세...... 빚 적정규모 없어>
> 새 천년을 불과 두 달여 앞둔 지금 대기업들은 부채비율을 200% 이하로 낮추기 위해 비상이 걸렸다. 만일 30대 그룹 계열사가 부채비율 200%를 맞추지 못하면 은행에서 새로 돈을 빌리거나 회사채를 발행하는데 불이익을 당하게 된다. (중략) IMF는 이처럼 평균 400%가 넘는 높은 부채비율 때문에 경영이 부실해졌고, 대외 신인도가 떨어져 한국 경제가 외환위기를 맞게 됐다고 분석했다. (중략) 이 중 재무 구조 개선 약정과 관련해 부채비율이 국제기준을 넘지 않아야 한다는 금융감독위원회의 주장과 함께 '부채비율 200%'가 공식화됐다. (중략)
> 선진국들의 부채비율은 낮은 편이다. 95년 말 기준 미국은 153%, 일본 186%, 독일 98%, 대만 85% 수준이다.

기사 내용에서 알 수 있듯 1999년 연말까지 대기업 계열사들은 부채비율을 200% 이하로 맞추어야 하는 급박한 상황이 되었다. 그 결과 많은 기업들이 '자산재평가' 그리고 주식시장 호황에 따른 '유상증자' 등으로 부채비율을 대폭 낮추었다. 15년이 지난 지금 대부분의 상장기업들은 평균 부채비율 100% 수준이 되었다. 대기업의 경우 더 큰 폭으로 부채비율을 줄이게 된 것이다(그림7-6 참조).

[그림 7-6] 상호출자제한 기업(대기업)의 부채비율 추이

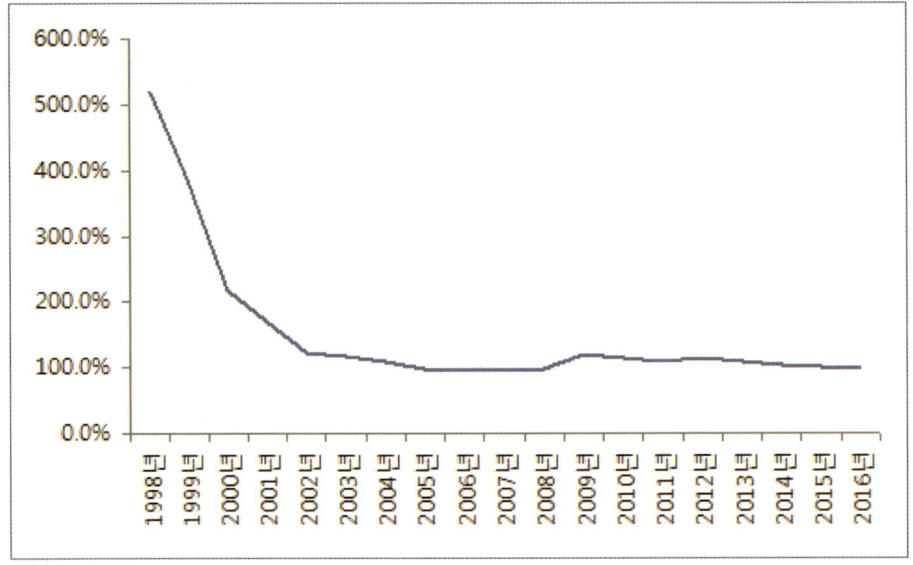

IMF사태 이후, 기업들의 부채에 대한 인식도 바뀌기 시작하였다. 관치금융 하에서 정부를 통한 대출이 쉬웠던 이전과는 다르게, 금융시장이 완전개방 되면서 재무구조가 취약한 기업은 금융회사에서 대출을 받거나 회사채를 발행하기가 어려운 상황이 된 것이다. 기업의 존폐 자체가 위험해진 것이다.

기업의 안정성을 평가하는 가장 최소의 기준이 바로 부채비율 200%라는 것을 다시 한 번 강조 드린다. 투자할 때는 반드시 부채비율 200% 미만인 종목에 접근해야 할 것이다.

그렇다면 부채비율이 높아서 부실화된 가장 대표적인 케이스는 무엇일까? 바로 금호산업이다.

▶ 1,000% 부채비율의 악몽 : 금호산업

금호산업은 2006년 대우건설을 인수하면서 건설업계의 강자로 우뚝 서게 된다. 당시 금호산업이 대우건설을 고가에 인수한 것이 아니냐는 논란이 있었으나 건설 경기와 글로벌 경기 호황에 묻혀 이 부분은 모두가 무시하는 상황이었다. 하지만 재무구조는 매우 취약했다.

그런데 2007년 승승장구하던 금호산업은 단 1년 만인 2008년 말 위기를 겪고 2009년에는 나락으로 떨어지게 된다. 어떻게 단 1년 만에 그런 일이 일어났을까?

[그림 7-7] 금호산업의 2005년~ 2008년 부채비율

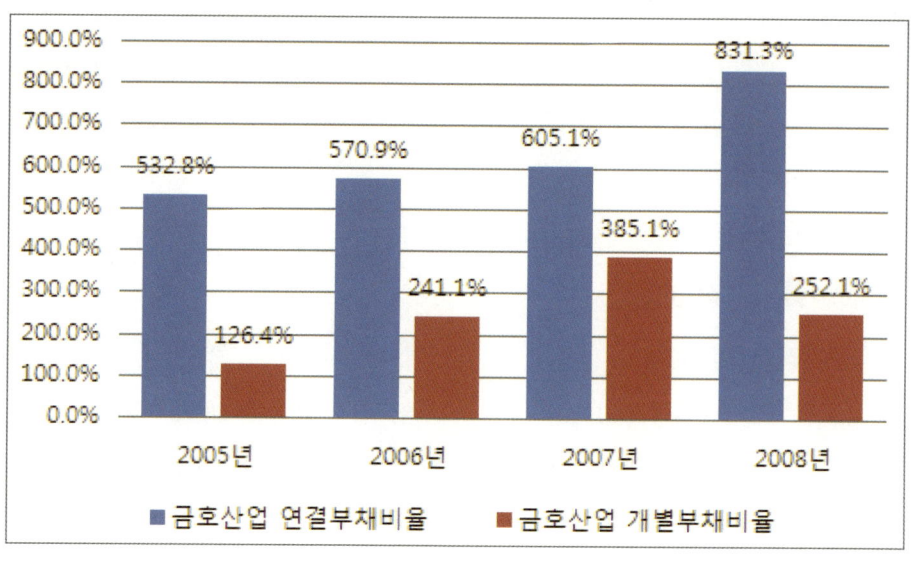

금호산업은 2007년 '젊은 기업'이란 이미지 변신을 시도하며, 대우건설을

인수하는 공격적 경영으로 승승장구 하는 것처럼 보였다. 하지만 2006년부터 무언가 문제의 조짐이 있었다.

그림7-7을 보면 연결부채비율과 개별부채비율이 구분되어 있다. 개별부채비율은 금호산업 자체만의 부채비율이며, 연결부채비율은 자회사들의 채무까지 모두 감안한 연결재무제표로 계산된 부채비율이다. 연결부채비율을 중요하게 봐야 할 이유는 자회사의 부실이 모회사에까지 영향을 미치는 경우가 종종 있기 때문이다.

그런데 2006년부터 개별부채비율이 200%가 넘어가게 된다. 그 당시에는 건설업이라는 특성상 이 부채비율을 인정하려는 분위기였다. 하지만 2007년 385%까지 급증하게 되고, 연결부채비율 또한 600%를 넘어선다. 2008년 1월 금호그룹이 대한통운을 인수하면서 금호산업의 연결부채비율은 무려 831%까지 급증하게 된다. 이 정도는 연결재무제표에서의 부채비율이라 하더라도 문제가 될 만한 수준이다. 1997년 IMF 당시, 금호그룹의 부채비율은 1,000%에 육박했었다.

즉 대외적인 환경이 조금이라도 나빠진다면 바로 그룹의 생존이 위협을 받을 수 있는 상황이었다.

악몽이라고 해야 할까. 금호산업 입장에서는 최악의 상황이 벌어지게 된다. 2008년 글로벌 금융위기 사태가 커지면서 인수했던 대우건설의 주가가 급락하고 재무적 투자자에 대한 풋백 옵션 부담도 가중되면서, 결국 금호산업은 2009년 완전자본잠식 상태에 빠지게 된다.

그 과정에서 주가는 끔찍한 하락을 이어갔고, 투자자들은 큰 좌절을 경험해야만 했다.

[그림 7-8] 금호산업의 끔찍한 주가 폭락(단 1년 만에 10분의 1 수준으로 하락)

　금호산업의 주가는 2008년 12월 금융위기 최고조 시점의 만 원을 깨고 내려가는 폭락 상황이 벌어졌다. 주가는 2007년 사상최고가인 9만 700원 대비하여 10분의 1 수준까지 급락하였다(그림7-8 참조). 그 이후에도 금호산업의 주가는 중간에 반등이 나오긴 하였으나, 계속 하락하면서 2010년에는 2007년 고점 대비 30분의 1 수준까지 폭락하게 된다. 그 후 감자가 이어지면서 회복할 수 없는 나락의 길로 빠지게 된다.
　금호산업의 사례는 부채비율 200% 이상 되는 종목이 투자자에게 어떤 손실과 공포를 안겨다 주는지 명확하게 알려주고 있다.

이 장을 끝내면서 방어의 법칙 3가지를 정리해 보자.

첫째, 자본잠식 상태인 회사는 피한다.
둘째, 2년 연속적자인 회사는 피한다.
셋째, 부채비율이 200% 이상인 회사는 피한다.

만약 이 조건 중에 하나라도 해당되는 종목이면 쳐다보지도 마시길 바란다.

05 팜므파탈의 유혹, 우회상장

　우회상장(Back Door Listing), 영어 단어의 의미 그대로 뒷문으로 들어오는 뭔가 깔끔하지 않은 기업상장 방법이다. 한편으로는 코스닥이나 코스피시장에 진입하려 하는 비상장기업들에게 상장의 기회를 준다는 장점도 있다. 그런데 이 우회상장 전후 과정에서 여러 가지 불미스러운 일이 발생하면서 '개인투자자'에게 큰 손해를 끼치는 경우가 자주 발생되기 때문에 우회상장 경력이 있는 종목에 투자할 때는 매우 큰 주의를 기울여야 한다.

▶ 진주와 조개의 관계

　우회상장이란 위에서 언급 한 바와 같이 정식 절차를 밟지 않고 장외기업을 상장하는 과정을 말한다. 쉽게 말해 비상장기업이 기존 상장기업을 이용해 상장하는 것이라 이해하면 쉽다.

우회상장에 이용되는 기존 상장회사를 '쉘(Shell)'이라고 부르는데, 마치 조개껍질처럼 껍데기만 남은 상장기업을 의미한다. 비상장회사는 '펄(pearl)'이라고 하는데 상장하기에는 조건이 약간 부족하지만 잠재력이 있는 회사라는 의미를 담고 있다.

부실해져서 껍데기만 남은 상장기업을 통하여 진주처럼 내용이 알찬 기업을 상장한다는 비유적 표현인 것이다. 비유 자체로는 아름답긴 하다. 진주도 들어가 있고, 예쁜 조개껍데기도 있으니 말이다. 하지만 우회상장 전후 과정에서 분식회계, 장부조작, 주가조작, 상장폐지 등과 같은 불미스러운 일이 발생하는 경우가 자주 생기다 보니 우회상장 종목은 좋은 평가를 받지 못 한다.

물론 우회상장이 나쁜 것만은 아니다. 2008년 셀트리온은 오알켐을 통하여 우회상장을 하면서 시가총액 최상위권에 등극하는 좋은 결실을 맺었다. 우량 비상장회사인 셀트리온이 매출에 대한 불확실성으로 코스닥시장에 상장하지 못하다가 우회상장으로 회사의 성장성과 사업성이 인정되면서 좋은 결과를 보여준 것이다.

우회상장 방법에는 다음의 3가지가 있다.

첫째, 상장기업과 비상장기업 간의 합병이다.

상장기업과 비상장기업이 뜻이 맞아서 합병했다고 하면 되기 때문에 절차도 생각보다 쉽고 우회상장에 가장 많이 쓰이는 방법이다(그림7-9 참조). 그런데 이 과정에서 여러 가지 불순한 의도가 관여될 수 있다. 대표적인 사례가 장외기업들의 과대평가다.

[그림 7-9] 합병 방식의 우회상장 과정에서 분식회계를 통한 회사가치 과대평가

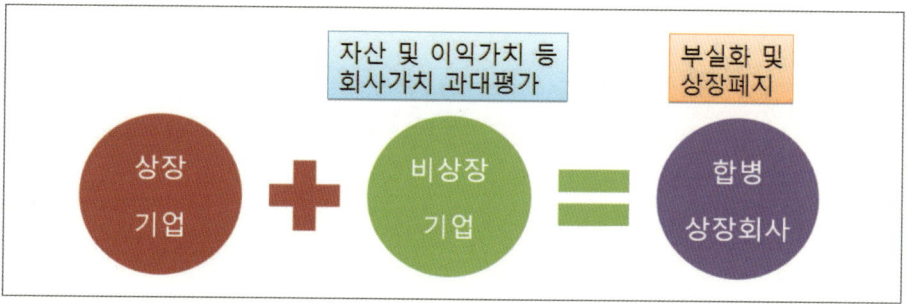

　2011년 우회상장 심사가 강화되기 전에는, 비상장기업의 가치를 뻥튀기하여 합병하는 일이 자주 있었다. 비상장기업의 주주들이 최대한 유리한 위치에서 상장을 하기 위해서는 이런 뻥튀기 작업이 필요했던 것이다. 그러기 위해서는 '분식회계'를 통한 장부조작을 하게 된다.
　일단 상장된 이후에는 대주주들이 지분을 매각하고 서서히 도망을 간다. 결국 바지사장만 남기고 부실을 떠넘기게 되는 것이다.
　그리고 우회상장으로 합병된 그 기업은 분식회계 사실이 들통나면서 상장폐지라는 극단적인 상황까지 빠지게 된다. 보통 이런 일이 전개되면 경영진에 대한 횡령, 배임 관련한 이슈까지 같이 엮이면서 순식간에 기업의 존폐가 위험해지게 된다.

　둘째, 포괄적 주식교환이다.

　이는 상장되어있는 회사와 비상장회사가 서로 주식을 교환함으로써 비상장회사의 주주가 상장회사의 주주가 되는 방법이다. 실질적으로 비상장회사의 주주 입장에서는 상장과 똑같은 효과를 가지게 된다. 이 과정에서 상장회

사는 비상장회사를 자회사로 거느리게 된다.

비상장기업의 주주는 상장기업의 주식과 자신들의 비상장 주식을 교환하였기 때문에 상장회사의 주주가 된다. 비상장주식을 상장한 것과 마찬가지로 주식 지분의 유동성과 가치가 올라가게 된다는 얘기다(그림7-10 참조).

그런데 주식교환을 하는 과정에서 '비상장기업'이 회사의 가치를 무리하게 부풀리게 될 경우 기존 상장기업들의 주주들에게 문제가 발생된다. 내용이 부실한 비상장기업의 주식을 비싼 값에 맞교환한 경우인 것이다.

[그림 7-10] 포괄적 주식교환 과정에서 비상장기업의 가치 과다계상에 따른 주주 피해

셋째, 영업인수를 대가로 주식배정 또는 주요사업을 인수하는 것이다.

이 방법은 조금 많이 복잡한 단계를 거친다. 비상장기업과 상장기업이 서로 합의 하에, 비상장기업의 알짜사업을 상장기업이 인수하는 형식이다. 결국 비상장기업은 '법인'만 남게 되는 껍데기 회사가 되고, 상장기업(쉘)은 비상장기업에게 사업권과 영업인수를 위하여 상장기업의 주식을 넘겨주거나,

기타의 자금으로 대금을 지급하게 된다.

이때 상장기업은 자금을 마련하기 위해 '유상증자' 또는 '제3자배정 유상증자' 등을 실시하게 되는데, 이 과정에서 온갖 감언이설과 불확실한 비전이 등장하게 된다(그림7-11 참조).

[그림 7-11] 영업인수를 통한 우회상장의 주요절차

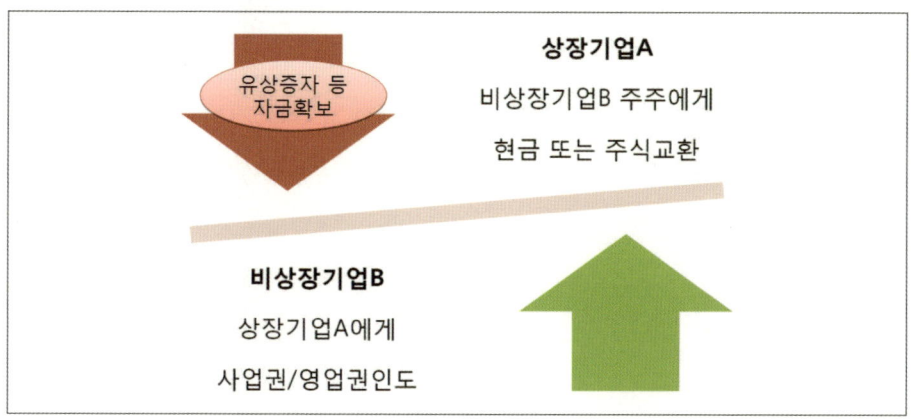

흥미로운 점은 이 과정에서 상장된 기업(쉘)의 주가조작으로 추정되는 일이 벌어지게 된다는 것이다. 아마 자금을 조금이라도 더 확보하기 위해 유상증자 단가를 올리려는 목적도 있을 것이고, 자신들이 보유하고 있는 지분을 높은 가격에 팔려는 의도도 있을 것이다. 어쨌든 그 결과는 장기간에 걸쳐 주주들에게 악영향을 미치게 된다.

우회상장을 추진하거나 우회상장이 끝난 기업이 호재임에도 불구하고, 어느 날 갑자기 주가가 허무하게 급락하는 흐름이 나오는 경우가 바로 이런 사례이다.

시나리오를 추정해 보자면 대충 이렇다.

- 상장기업(쉘)이 잘 알려지지 않은 비상장기업(필)의 멋져 보이는 사업을 인수한다고 한다.
- 그 사업은 새로운 개념의 신성장동력이 될 것이라면서 유상증자 등으로 자금을 확보한다.
- 상장기업은 비상장기업 주주들의 지분을 일정 부분 인수하거나, 영업권(사업권)을 인수한다.
- 비상장기업의 주주는 실질적으로 우회상장 효과를 거두게 된다.

▶ 개인투자자와 우회상장의 악연

우회상장의 제도 강화는 2006년 6월부터 본격화 된다. 그 이전에는 통계를 잡기 어려울 정도로 중구난방 우회상장이 이어져 왔다. 2005년엔 67건의 우회상장이 있었는데, 이 중 우회상장 대상 기업의 70% 그리고 비상장기업의 50%가 경상손실 및 자본잠식과 같은 부적정한 사유가 있었다. 더 이상 좌시할 수 없었던 금융당국은 2006년 우회상장 제도를 강화하였지만 문제는 계속 이어졌다. 2006년 6월 우회상장 관리제도 이후, 2010년 중순까지 128개의 회사가 우회상장 되었는데 그 중에 27개사 즉, 21%가 상장폐지 된다.

그림7-12에서 2006년 이후 우회상장 후 상장폐지 된 종목들을 살펴보자. 이렇게 불미스러운 일이 계속 이어지다 보니, 2011년 상장 규정을 더욱 강

화해서, 심사기준에 질적심사제도가 추가되었다. 감사가 필요할 경우 지정감사를 받도록 하고, 분식회계를 막기 위한 합병가액 산정 시 외부평가를 포함시킨다. 그 결과 2011년 우회상장은 5건으로 급감한다. 우회상장의 폐단을 막는 건 좋았지만 실질적으로 우회상장을 아예 차단하는 결과를 초래하고 만 것이다.

[그림 7-12] 우회상장 후 상장폐지 된 종목 중 일부

코스닥기업	비상장기업	우회상장일	상장폐지일
에이스일렉트로닉스	이그잼	2007. 9. 3	2010. 4. 17
지오텔	카포인트	2007. 11. 6	2010. 5. 8
영실업	비전하이테크	2007. 12. 7	2010. 3. 9
케이스	포넷	2007. 12. 18	2009. 5. 4
디지탈퍼스트	엠트론	2008. 1. 30	2009. 8. 28
디에스피	레드코리아	2008. 2. 15	2009. 4. 11
미광콘택트	아이오셀	2008. 5. 16	2009. 10. 7
이비티네트웍스	비엔디에너지	2008. 3. 11	2010. 1. 29
코아정보통신	엔돌핀에프앤비	2008. 2. 22	2009. 6. 10
액슬론	여행박사	2008. 8. 8	2009. 4. 11
케이엠에스	코리아멀티시스템	2008. 10. 20	2009. 8. 8
엔블루	일공공일안경콘택트	2009. 2. 2	2010. 4. 13
케이디이컴	카라반인터내셔널	2009. 1. 23	2009. 9. 18
비엔알	씨앤스페이스	2009. 6. 1	2010. 6. 17
샤인시스템	제노정보시스템	2009. 12. 14	2010. 6. 29

▶ **우회상장 종목은 관심 대상에서 지워라**

우회상장이 완화되게 될 경우, 우회상장의 폐단이 일부 살아나면서 시장에 치명적이 악영향을 끼쳤던 과거가 다시 재현 될 가능성은 커지게 된다. 과거

의 대표적인 사례는 바로 우회상장 심사가 현격하게 강화된 계기를 제공한 네오세미테크이다.

네오세미테크는 2009년 10월에 우회상장 된 회사였는데 태양광과 그린에너지 관련 이슈로 부각되어 시가총액 30위권까지 올라갔다가 2010년 횡령 및 분식회계 문제로 1년도 안 되어 상장폐지 되었다. 이 책의 초반에서 개인투자자의 눈물을 이야기하며 언급했던 바로 그 종목이다. 그 상장폐지 과정에서 7,000여 명의 개인투자자와 펀드투자자들이 큰 손해를 보았다. 거래정지 전 8,500원이었던 주가는 상장폐지 정리매매절차를 밟으면서 95% 이상 하락했다.

그런데 그 우회상장이 완화되게 된다. 물론 금융당국이 철저하게 감독을 하겠지만, 교묘하게 숫자만 바꾸는 분식회계와 기준을 살짝 벗어나는 우회상장 케이스를 모두 감독, 통제하기는 어려울 것이다. 오히려 투자자들의 경계심리와 주의를 기울이는 투자마인드가 유일한 방어수단이 될 것이다.

우회상장 종목이 '초급등' 하는 사례가 간혹 있을 것이다. 셀트리온처럼 긍정적인 우회상장으로 주가가 크게 상승하는 경우도 아주 간혹 있겠지만, 우회상장 종목들 중 30%가 넘는 종목들이 불미스러운 상장폐지를 겪게 되었다는 점을 꼭 기억해야 할 것이다.

따라서 투자리스크를 줄이기 위해서라도 '반드시' 우회상장 된 경력이 있는 종목은 아예 관심종목에서 지우시길 바란다. 셀트리온의 급등 사례가 아닌 네오세미테크의 나쁜 케이스가 본인에게 발생할 경우, 손실은 극단적이고 치명적이라는 점을 명심하자.

06
"너만 알고 있어."
은밀한 정보의 비밀

개인투자자들과 이야기하다 보면 '정보'에 따른 매매를 매우 중요하게 생각하는 분들이 많다는 데 깜짝 놀라게 된다. 그리고 그분들은 필자에게 '정보'가 있으면 공유하자고 하신다. 그런데 필자가 생각하는 정보와 그분들이 생각하는 정보에는 상당한 차이가 있었다.

필자가 생각하는 정보는 공개된 정보를 바탕으로 한 '분석자료'인데, 그분들은 보통 '은밀한 정보'를 얘기한다. 여기서 '은밀한 정보'란 남들은 모르지만 몇몇 특정인만 알고 있는 정보를 말한다.

사실 필자에게도 그 은밀한 정보가 일 년에 몇 번씩 들어온다. 필자가 증권가에 오래 몸담았다 보니 알고 지내는 증권인들도 많고 '당신만 아시오'라는 은밀한 정보가 가끔 들어오는 것이다. 그런 정보들에는 몇 가지 공통점이 발견된다.

첫째, "아는 지인이 A기업 CEO 친구인데, 그 CEO가 그 회사에 좋은 소식이 있다 하더라." (P씨)

둘째, "아는 작전세력이 있는데, B기업으로 2배 먹었고, 이번에 C기업을 디자인한다더라." (K씨)

셋째, "내가 회원으로 있는 카페의 국내 유명 증권방송 전문가가 D기업을 강력 추천했다." (C씨)

아마 이 책을 읽고 계신 독자 분들도 한 번 정도는 들어본 뉘앙스의 정보들일 것이다. 그런데 이러한 정보를 이용해 투자하였을 때 과연 수익이 날까? 필자는 냉정하게 "아니오."라고 대답해 줄 것이다. 그 이유를 하나씩 알아보도록 하자.

▶ 인간관계 6단계 분리 이론

미국의 사회심리학자 스탠리 밀그램은 "전 세계 모든 사람은 6명만 거치면 서로 이어지는 관계로 얽혀있다."라는 6단계 분리 이론을 제시하였다.

그는 1967년 캔자스 위치타와 네브라스카 오마하의 주민들에게 편지를 준 뒤 이를 매사추세츠 보스턴의 한 주식중개인에게 전달하도록 하는 방식으로 실험을 하였다. 만약 그 주식중개인을 안다면 직접 전해주면 되고, 모른다면 주변인 중 그 중개인을 알 만한 사람에게 전달 전달하면 된다. 도대체 몇 단계를 거쳐 그 편지가 전달되는지를 조사한 실험이다.

결과는 흥미로웠다. 평균 5.5명을 거치면 모든 사람이 연결된다는 위대한 사실을 발견한 것이다. 근래에는 인터넷을 통하여 그 실험이 간간이 진행되고 있다. 2008년에는 그 결과치가 5.28단계로 약간 줄어들더니, 2011년에는 4.74단계로 크게 줄어들었다고 한다. 국가 단위로 나누었을 때에는 3단계까지 줄었다고 한다. 인터넷 세상이 되면서 인간관계가 아주 다양해졌다고 볼 수 있을 것이다.

자, 그렇다면 "아는 지인이 A기업 CEO 친구인데, 그 CEO가 그 회사에 좋은 소식이 있다 하더라."는 P씨의 정보를 역추적 해보자. A기업의 CEO가 1단계 친구들에게 정보를 준다.
"친구들아, 이번에 우리 회사가 큰 건의 수주를 땄어."
1단계 친구들은 그 정보를 필자가 언급한 개인투자자에게 바로 전달해 주었을까? 그럴 수도 있긴 하다. 하지만 1단계 친구들이 2단계 친구들에게 다시 이야기했을 수 있다. 그런데 그 2단계 친구들도 A기업의 CEO를 지인이나 친구로 생각할 수 있지 않을까? 그 사람들이 개인투자자 P씨에게 이 정보를 전달했다면 정보의 흐름은 다음과 같다.

A기업 CEO → 1단계 친구들 → 2단계 친구들 → 3단계 개인투자자 P씨

이렇게 3단계를 거쳐 전달되면서 어떤 현상이 나타날까? 인터넷 세상인 요즘 국가 내에서는 정보 흐름이 3단계까지 줄어들었다고 말씀드렸다. 결국 P씨가 그 정보를 접했을 때는 '전 국민'이 아는 정보가 되었다는 이야기다.
정보가 확산되는 과정에서 개인투자자들은 좋은 정보라는 판단에 매수를 하게 되고, 주가는 서서히 올라간다. 2단계, 3단계로 내려갈수록 주가가 갑자

기 올라가기는 하지만, 그 이후에는 더 이상 받쳐줄 만한 새로운 매수세, 즉 정보를 듣고 새롭게 매수에 가담하는 투자자는 거의 없다. 3단계까지 가는 동안 정보의 가치는 점점 떨어지기 때문이다.

물론 주식에 대한 정보는 3단계를 거쳤다고 해서 전 국민이 알지는 못한다. 하지만 3단계 수준까지 내려오면 그 정보의 효과는 급격하게 줄어든다.

정보를 얻게 되었을 때, 평균 10명의 지인들에게 알려준다고 가정해 보자.

1단계에서는 10명이라는 소수가 알 것이다. 이 때 그 주식을 매수한 투자자는 수익을 볼 확률이 매우 높다.

2단계에서는 10명의 1단계 친구들이 다시 10명에게 알려주었기 때문에 100명이 추가로 그 주식을 매수할 것이다. 2단계까지만 해도 정보가 효용성이 있다.

3단계에서는 1000명의 사람들이 알게 된다. 이제는 누가 먼저 매수하느냐의 경쟁이 된다. 슬슬 상투 분위기가 되어가는 것이다. 4단계로 넘어가기 전에 주가는 서서히 힘을 잃어간다. 주가는 미리 올라왔고 1, 2단계에서 매수한 투자자들이 매도하면서 주가가 밀리기 때문이다.

이처럼 주식정보는 몇 단계만 넘어서도 '모두가 다 아는 정보'가 되기 때문에 주가 상승은 기대하기 어렵다. 대부분의 경우 개인투자자들은 이미 많은 단계를 거쳐 투자정보로서의 가치가 없는 정보를 접하게 되므로, 오히려 상투를 잡게 될 가능성이 높다.

▶ 작전세력은 자선사업가가 아니다

"아는 작전세력이 있는데, B기업으로 2배 먹었고 이번에 C기업을 디자인한다더라."

위에서 K씨는 알고 있는 작전세력이 있다고 했다. 그런데 B기업으로 100% 수익을 내서 자산을 2배로 불리고 C기업을 디자인(주가차트를 만드는 일)하고 있다는 그 작전세력은 왜 K씨에게 정보를 준 것일까? K는 그 작전세력에게 어떤 이득이라도 주고 있는 것일까?

K씨가 받은 작전 정보가 사실일 가능성도 높다. 작전세력은 주가 작전을 하는 과정에서 몇몇 지인들 또는 모찌(자금)가 큰 개인투자자에게 "혼자만 아세요."라는 은밀한 정보를 제공해 준다. 그리고 그 정보는 처음에는 딱 맞아 떨어진다. K씨는 수억 원을 굴리는 개인투자자인데, 작전세력이 준 정보로 재미삼아 천만 원 정도 투자했는데 그게 1억이 된 경험이 있다. 단기간에 재미를 본 K씨는 몇 번 더 작전세력들이 주는 정보로 재미를 보면서 그들의 정보를 믿고 투자하는 금액을 점점 키워간다. K씨는 점차 작전세력과 친분을 쌓으면서 본인의 자금이 크다는 것을 자랑하기도 하고, 번 돈으로 좋은 술집에서 접대를 하기도 한다.

그러던 어느 날, 작전세력은 K씨에게 "이번에는 정말 큰 건이니 혼자만 조용히 매수하라."는 더 은밀한 이야기를 한다. 차트를 보니 이미 꽤 많이 올라가 있어 부담스럽긴 한데, 작전세력은 이번에는 정말 큰 건이니 100% 수익에 만족하지 말라며 감언이설로 K씨를 홀린다.

여러 번 작전세력이 알려준 정보로 수익이 났으므로, K씨는 믿음을 갖고 수억 원의 투자금을 그 종목에 몰빵투자한다. 그것도 모자라 주식투자자금대출도 감행한다. 자신감이 넘친 K씨는 자신이 매수하면서 주변의 개인투자자들에게 자랑삼아 정보를 알려주었고 많은 개인투자자들이 그 주식을 과감하게 매수하는 데 동참한다.

그런데 이상한 게 매수를 할 때마다 매물이 쏟아지는 것이었다. 작전세력에게 바로 전화해서 "이거 누가 물량 터는 거 아니야?"라고 물어보았더니, "단타쟁이들 때문에 단타 물량빼기 위해서 가격 약올리는 것이다."라는 대답이 돌아온다. 그리고 그날 주가는 시가보다 크게 하락하면서 하한가에 마감되었고, 거래량도 평소의 10배 가까이 발생되었다. K씨는 이 모든 게 단타쟁이들 때문에 생긴 일이라 믿고 다음날을 기대한다.

하지만 다음날도 주가는 하한가로 밀려 내려간다. 불안하다. 작전세력에게 전화를 해보니, 대주주가 물량 푼 게 아닐까 걱정이라고 하면서 자기들은 자금이 빵빵하니 걱정하지 말고 물량 홀딩하라고 한다. 그날 밤 차트를 보니 그날도 거래량이 제법 실렸다. 대주주가 푼 것이든 단타쟁이들 때문이든 K씨는 마음이 상했다.

그 다음날 또 다시 하한가로 밀려 내려가면서 K씨의 계좌에는 강제 주식매도해서 자금을 회수하라는 마진콜이 발생하였고, 주변 개인투자자들의 항의 전화가 빗발쳤다. K씨는 당황했다. 작전세력에게 전화해보니 자기들도 물려서 심각하다고 한다. 어제까지는 자금이 빵빵하다던 놈들이! 참담한 심정의 K씨는 결국 그 다음날 하한가에 물량을 모두 청산하고 수억 원의 빚만 남은 상황에 처하고 만다.

이 상황을 자세히 보면, 마치 사기도박단이 하는 행태랑 유사하다는 것을 확인 할 수 있다. 즉 호구(돈 많은 도박 초보자)가 도박장에 왔을 때 처음에는 수익을 만들어준다. 그러면 호구는 돈 딴 것이 자기의 능력으로 생각하고, 다음엔 더 큰 돈을 딸 수 있으리라 기대한다. 하지만 그 때부터 이상하게 호구는 계속 돈을 잃고 사기도박단들은 이제 곧 더 크게 딸 수 있을 것이라고 안심시킨다.

K씨의 경우가 바로 그렇다. 작전세력은 K씨에게 몇 번의 투자수익을 안겨준다. 하지만 작전세력이 결정적으로 큰 건을 치르려면 물량을 떠넘겨야 할 호구가 필요하다. 그 호구는 자신들이 신뢰를 만들어 놓은 몇몇 모찌(투자금이 큰 개인투자자)들이 될 것이다. 그들에게 자신들이 매도하는 날짜에 맞추어 매수하도록 만들고, 다른 주변 투자자들도 동참하도록 분위기를 조성한다. K씨와 그의 지인들이 대량 매수한 그날, 거래량은 크게 늘어나면서 주가는 크게 빠진 것이다.

그 거래량은 '단타 물량'이 아니라 '작전세력의 매도 물량'이었던 것이다. 즉, K씨는 작전세력의 뒷설거지를 깔끔하게 해준 꼴이 되고 말았다. 작전이 끝난 후에도 작전세력들이 K씨의 매도를 막은 것은 아직 자신들의 물량을 전량 매도하지 못 했으므로 호구의 물량이 나오지 못하게 하기 위한 마지막 장난이었던 것이다. 결국에 K씨는 작전세력들의 농간에 놀아나 전 재산을 탕진하고 빚더미만 남는 상황이 된 것이다. 이런 일은 개인투자자들 사이에서 비일비재하게 일어난다. 이를 교훈삼아 이 말을 머릿속에 새기고 또 새겨두기를 바란다.

"장미에 가시가 있듯, 작전세력이 주는 정보에는 독이 있다."

▶ 전문가 너무 믿지 마라, 검증이 필요하다

"내가 회원으로 있는 카페의 국내 유명 증권방송 전문가가 D기업을 강력 추천했다."

2013년이 시작되자마자 증권방송계는 발칵 뒤집어졌다. 국내 굴지의 증권방송국에 출연 중인 유명 전문가 J씨가 안랩, 바른손 등 정치 테마주를 선행매매한 뒤 방송에서 추천하여 36억 원의 부당이득을 취득하였다는 뉴스가 보도되었다. 그리고 일주일 뒤에는 같은 방송국의 전문가 R씨가 선행매매를 통해 투자자로부터 수억 원의 수고료(꽃값)를 받았다는 기사가 올라왔다.

이러한 기사를 볼 때마다 분이 터진다. 일부 몰지각한 전문가들이 선량한 다른 증권경제방송 전문가들의 명예까지 실추시키기 때문이다. 거의 1년에 한번 꼴로 터지는 이러한 일에 덧붙여, 자질이 없는 증권전문가에 의하여 많은 개인투자자들이 크게 손실을 입기도 하기에 문제는 더 심각하다.

필자가 아는 O씨는 우연히 인터넷상에서 유명한 전문가라는 D씨를 만났는데, 같이 식사를 하는 자리에서 '성융광전투자'를 강하게 추천하더라는 것이다. D 전문가는 인물도 좋고 화술도 좋다 보니, O씨는 성융광전투자에 많은 금액을 투자하게 된다.

필자는 D씨의 악평을 익히 들었던 바가 있기에 그분께 성융광전투자를 매도하시라고 강력하게 조언드렸다. 하지만 O씨는 필자의 투자스타일은 너무 재미없다면서 성융광전투자를 보유하겠다고 했다. 하지만 며칠 뒤 갑자기 그 종목은 거래 정지가 되고 얼마 뒤 상장폐지 되는 최악의 상황을 겪게 된다. O씨는 후회하였지만, 이미 엎질러진 물이었다. 믿었던 도끼에 발등 찍히게 된 것이다.

일부 전문가들의 불법적인, 또한 자질 미달의 전문가에 의한 종목 추천 등으로 개인투자자들은 큰 상처를 입게 된다. 필자는 이런 일이 일 년에 여러 번 발생하고 있다는 사실에 통탄하게 된다.

그렇다면 이런 나쁜 전문가를 만나지 않을 방법은 없을까? 좋은 전문가만 만날 수는 없을까? 필자가 몇 가지 팁을 여러분께 알려드리겠다. 아마 이 방법을 사용한다면 어떤 증권방송의 전문가 또는 어떤 인터넷 증권전문가가 좋은지 나쁜지를 한눈에 확인하실 수 있을 것 이다.

자질이 떨어지는 증권전문가는 아래와 같은 공통점이 있다.

- 본인이 추천한 종목이 승률 80%가 넘어간다고 한다.
- 추천한 종목이 매번 백전백승, 상한가를 간다고 한다.
- 단 1년 만에 수익률이 수천 %가 된다고 한다.
- 회원들에게 욕을 한다(은근히 많다. 욕쟁이 할머니 식당도 아닌데 듣기 거북하다).
- 본인의 필명을 수시로 바꾼다.
- 한 종목에 올인하라고 한다.

실력 있는 증권전문가에게도 공통점이 있다.

- 본인만의 시황 글과 증시관련 글을 주기적으로 게재한다.
- 분산투자를 강조한다.
- 주식시장은 수익보다는 생존이 중요하다는 것을 강조한다.
- 본인 추천주에 대하여 손실 여부를 인정할 줄 안다.

- 다양한 증권 관련 질문에 답변할 수 있다.

　주식투자에 있어 정보가 중요하긴 하지만, 그 은밀한 정보를 얻기 위해 노력하는 것보다는 정보를 분석할 수 있는 능력을 투자자 본인이 키우는 것이 더 중요하다. 종종 필자에게 들어오는 은밀한 정보를 분석해 보면 황당한 종목을 가치주라고 알려준다든가, 위태위태한 종목을 남들에게 알려 달라는 식의 정보를 제공한다든가, 성장성과 미래에 대한 가능성은 있지만 너무 고평가 된 종목들이 거의 대부분이다.

　은밀히 들어오는 정보란 모두 다 쓰레기라고 단정짓는 것이 옳다고 본다.

　따라서 이 책을 읽는 독자들은 은밀한 정보라면 돌아보지도 말아야 한다. 필자가 알려드린 가치투자 전략과 뒷장에 이어지는 궁극적인 전략인 자산배분전략을 중요한 투자기준으로 삼는다면 주식시장에서 반드시 수익을 내고 자산을 키울 수 있을 것이라 자신있게 말씀드린다.

8장

이것이 돈 버는 스타일, 가치스타일 전략

주식 격언 중에 '계란을 한 바구니에 담지 말라.'는 이야기가 있다.

분산투자의 필요성과 위험 축소란 교훈을 알려주는 것이다. 계란 하나하나를 주식투자자금에 비유한 이 격언은 한 바구니, 즉 한 종목에 투자할 경우 사고가 발생하였을 시 모든 계란이 깨질 수 있다는 위험을 경고하고 있다.

하지만, 실전투자에서 여러 종목에 투자하는 것을 어렵게 생각하는 투자자들이 대다수이다. 소액으로 투자하거나 투자경험이 짧은 개인투자자의 경우에 이러한 경향이 유독 심하게 나타나는데, 그분들은 분산투자에 대하여 상당히 부정적이다.

"여러 종목에 투자하는 건 복잡해서 싫어."
"한 종목 몰빵투자해서 승부를 봐야하는 것 아니겠어?"
"여러 종목에 투자해서 어느 세월에 수익이 나겠어?"

그들의 말, 그들의 상황으로 본다면 맞을 수도 있겠다.

물론 여러 종목에 투자할 경우 그만큼 신경 쓸 것도 많아지게 된다. 한 종목에만 투자할 경우 그 종목의 뉴스만 보면 되지만 여러 종목에 투자하면 그 모든 종목을 일일이 신경 써야 하고, 매일 많은 종목의 차트도 봐야 하고, 그 중에 한 종목이 생각대로 안 움직이면 다른 종목들에서 수익이 크게 나더라도 속상하다는 것이다. 또한 분산투자하면 '기대수익'이 낮아지는 것도 사실이다. 한 종목 잘 골라서 투자하면 100%, 200% 수익도 쉽게 낼 것 같은데, 분산투자를 하게 되면 그 기대 수익이 절반 정도로 줄어들 것이라 생각한다.

하지만 필자는 이러한 의견에 강력하게 반대한다. 이런 생각들은 주식시장을 평화로운 안전지대라 생각하는 무모함 때문이다. 내가 가진 종목이 어느 날 '상장폐지'라는 날벼락을 맞기도 하고, 몰빵투자한 종목의 공장에 갑자기 화재가 나서 회사의 존립이 위태로워질 수도 있다. 이제부터 분산투자가 얼마나 중요하며, 어떤 전략을 활용해야 할지 공부해 보기로 하자.

01 종목 포트폴리오를 구축하라

▶ 블랙스완은 언제든지 나타날 수 있다

한마디로 주식시장은 지뢰밭이다. '말도 안 되는 상황'이 언제든지 일어날 수 있다는 것을 명심해야 한다. 그 말도 안 되는 상황을 전문용어로 '블랙스완'이라고 한다.

18세기 이전만 하더라도 '백조는 하얗다.'라는 것이 생물학계의 통념이었다. 우리들이 보았던 호수에는 언제나 하얀 백조들이 유유히 헤엄치고 있었기 때문이다. 그런데 1700년대 호주에서 검정색 백조, 즉 '블랙스완'이 발견된 것이다.

하얗고 순결한 백조가 아닌 검은 백조가 존재한다는 사실에 당대의 생물학계는 충격에 빠졌다고 한다. 이후 경제학자들이 이 용어를 사용하기 시작했다. 일어나서는 안 될 상황이 벌어지는 현상을 '블랙스완'이라고 부르기 시작한 것이다. 쉽게 말해 '돌발 변수'의 출현이라고 할 수 있다.

블랙스완의 사례는 쉽게 찾아볼 수 있다.

시계를 돌려서 2001년으로 가보자. 증시는 조용했고 선물옵션 동시만기일을 하루 앞두었던 2001년 9월 11일 저녁, 필자는 지인과 유유히 막걸리 한잔을 즐기고 있었다. 대략 저녁 8시 또는 9시 경이었던 것으로 기억하는데 눈앞의 TV에서 갑자기 블록버스터 영화 한 편이 나오는 것이 아닌가. 여객기가 미국의 월드트레이드센터와 충돌하는 장면, 뒤이어 또 다른 비행기가 옆 건물에 충돌하는 장면, 매우 리얼한 영화처럼 보였다.

'정말 잘 만든 영화'라고 생각하며 TV 방송 채널을 확인한 순간, '긴급속보'라는 긴장된 아나운서의 음성이 흘러나왔다. '영화가 아니었구나.'란 생각과 동시에 월드트레이드센터는 연기에 휩싸이더니 일순간 두 건물이 하나씩 허무하게 무너져 내렸다. 술자리에 있던 모든 이들은 패닉 상태에 빠졌다.

충격이 조금 가라앉자 '내가 가진 모든 종목이 내일 하한가로 가겠구나.'란 생각이 스쳐갔다.

아니나 다를까 다음날 거의 대부분의 종목들이 하한가까지 밀려 내려갔고, 한두 종목에 집중투자 한 투자자 중에는 '미수'를 최대한 사용한 나머지 단 며칠 만에 계좌가 깡통이 되는 일이 허다하게 발생하였다.

이런 사태가 아니었다면 여느 날과 다름없이 평온했을 주식시장이었지만, 블랙스완이 갑자기 나타나면서 시장 참여자들은 극한의 공포에 빠졌고 심각한 투자 손실을 경험하게 되었던 것이다.

주식투자 역사상 손꼽히는 블랙스완의 사례이다.

▶ 개별종목에서의 블랙스완은 패닉을 불러온다

이런 상황은 개별종목에서도 발생할 수 있다.

블랙스완 상황이 개별종목에서 발생하였을 때에는 매우 심각한 계좌 손실이 따르며 투자자를 패닉상태로 만든다. 거시적인 경제에서의 블랙스완은 그나마 회피할 수 있는 여지가 있지만, 개별종목에서 발생되는 블랙스완은 피하기가 어렵다.

필자 지인의 사례를 통해서 그 블랙스완의 공포가 어느 정도인지 상상을 해보시기 바란다.

지인 중에 공격적으로 주식투자를 하는 분이 있었다. 그분은 차분하게 투자하다가도 그야말로 '촉'이 오면 한 종목에 공격적으로 투자하는 성향이 있었다.

어느 날 그분이 필자에게 전화를 해 N이라는 종목에 많은 돈을 투자했다고 말했다. 필자는 그 종목은 안 좋아 보이니 웬만하면 종목을 바꾸는 것이 좋겠다고 말씀 드렸지만, 그분은 추가로 여러 차례에 걸쳐 그 종목을 매집하게 된다. 거의 몰빵 수준이었다. '중요한 정보'를 입수했다는 것이다. 이번에 몇 배 수익을 낼 수 있다고 하니 기대 한번 해보라며 필자에게 자신감을 내비쳤다. 결국 그분은 주식투자자금의 대부분을 그 종목에 투자했다.

만일 N 종목이 중요한 정보대로 상승해 준다면 수억 원대의 자금으로 투자금을 불릴 수 있지만, 필자가 보기엔 회계적으로 불미스러운 사태가 나타날 가능성이 있어 그분께 다시 한 번 조언을 드렸다. "들어간 자금으로 지금 수익이 조금 났으니, 반 정도는 다른 종목으로 갈아타시는 게 좋겠다."라고 간곡히 말씀드렸으나 그분은 계속 가지고 갈 것을 고집했다.

그리고 한동안 연락이 오가지 않았다. 아마 필자가 너무 강하게 이야기해서 그분이 마음 상하신 건 아닌가라는 생각이 들기도 하였다. 그러던 어느 날 그 지인에게서 연락이 왔다.

N 종목의 감사보고서 제출이 지연되어서 거래가 정지되었는데 앞으로 어찌될 것 같으냐는 이야기였다. 상황을 종합해 보니, N 종목은 '상장폐지' 가능성이 매우 높아진 심각한 상태까지 밀려 내려왔다. 결국 N 종목은 상장폐지 절차를 밟게 되었고, 눈물의 쓴 잔으로 헐값에 보유종목을 정리한 그 분의 계좌는 회복하기 어려운 상황에 놓였다.

그 사건으로 인해 그분은 심각한 패닉 상태에 빠졌고, 필자는 어떻게 위로를 해야 할지 난감하였다. 그만큼 손 쓸 틈도 없는 상황이 갑자기 발생했기 때문이다. 그저 "힘내십시오."라는 말밖에 할 수 없었던 기억이 난다. 만일 최소한 몇 종목으로 분산투자하였다면, 그분은 남아있는 자금으로 재기할 수 있었을 것이다. 하지만 현실은 그렇지 못 했다.

▶ 분산투자는 리스크를 낮추는 최고의 처방

그렇다면 이러한 개별종목에서의 '블랙스완'을 피할 방법은 없을까?

블랙스완은 언제 어디서 일어날지 모르기 때문에 100% 회피할 수는 없다. 그러나 블랙스완 사태가 발생하였을 때 그 피해를 최소화하는 방법이 있는데 그것이 바로 '분산투자', 즉 포트폴리오 전략이다. 간단히 생각해 보아도, 한 종목에 투자하는 것보다 두 종목에 투자하는 게 돌발사태가 발생하더라도 그 리스크를 반으로 줄일 수 있다. 그리고 그 종목수를 늘려 가면 더욱 더 리스크는 줄어들게 된다.

전쟁사를 보더라도 병력의 과도한 집중은 큰 낭패를 보게 된다. 가장 대표적인 사례가 삼국지에 나오는 적벽대전이다. 후한 말기 조조는 손권·유비 연합군과 적벽에서 일전을 벌이기 위하여 80만의 대군을 동원하고 그들을 싣고 갈 배들을 한 곳에 집결시킨다. 이는 배 멀미에 사기가 떨어진 군사들의 체력을 회복시키겠다는 명분이었지만, 너무 한 곳에 군사력을 몰아놓는 상황을 만들었다. 결국 손권의 장수 황개의 화공과 제갈량의 동남풍으로 모든 함선과 80만 대군이 일시에 대패하게 된다. 조조 자신도 도망가다가 관우에게 목숨을 잃을 뻔한 굴욕도 겪게 된다. 이것이 바로 집중 전략의 폐단이다.

이와 마찬가지로 주식 계좌에 한 종목을 보유하고 있는 상황에서, 그 한 종목에 '상장폐지'와 같은 극단적인 상황이 발생한다면 계좌 수익률이 -100% 수준까지 하락하는 상황이 발생된다. 원금을 회복할 수 있는 일말의 기회도 없는 것이다. 필자는 이러한 몰빵투자 사례를 많이 보아 왔다.

몇 번쯤 몰빵투자로 수익을 크게 내었다 할지라도, 단 한 번의 거래로 지금까지 쌓아왔던 투자금을 모두 날릴 수 있다. 한 종목 집중투자는 극단의 리스크를 불러온다.

만일 2종목으로 포트폴리오를 꾸렸다고 한다면, 만약 한 종목에서 말썽이 발생하더라도 계좌 전체에서는 -50% 이하의 손실로 마무리될 수 있다. 계좌의 자산이 반토막 나는 것도 분명 큰 타격이고 패닉을 일으키기에 충분하지만, 그래도 다시 일어설 수 있다는 일말의 기대감을 남겨둔다.

필자는 계좌가 반토막 난 후, 심리적 공황상태를 보였던 투자자가 단단히 마음먹고 다시 제대로 주식투자를 한 결과 원금회복을 하는 사례를 목격한 바가 있다.

종목 수를 더 늘려서 5종목으로 포트폴리오가 구축된 상황을 가정해 보자. 한 종목에서 심각한 마이너스 수익률이 발생한다 하더라도, 계좌 전체로 보았을 때는 -20% 이하의 손실률에 머문다. -20%라면 다시 자산을 회복할 수 있다는 자신감을 가질 만큼의 손실이기에 부담 없이 투자에 임할 수 있다.

종목 수가 늘어날수록 위험도는 낮아지고 심리적 불안 요소는 제거된다. 즉 주변의 말과 상황에 휘둘리지 않고 마음 편하게 투자할 수 있는 상황이 되는 것이다. 그렇다면 종목 수를 늘리기만 하면 될까? 그것은 아니다. 무작정 종목 수만 늘린다고 위험이 현격하게 줄어드는 것은 아니란 말이다.

▶ 포트폴리오는 다채로운 것이 좋다

몇몇 개인투자자들의 경우, 종목 수를 늘렸는데 손실이 나는 건 똑같다는 이야기를 종종 듣는다. 그 분들의 계좌에 있는 종목들을 보면 공통점이 있다. 어찌 보면 이 공통점이라는 것이 대부분의 개인투자자들이 가지고 있는 근본적 문제일 수도 있다.

보통 투자자마다 좋아하는 업종이 있다. 어떤 투자자는 IT 관련 업종을 좋아하고, 어떤 투자자는 자동차, 어떤 투자자는 금융 등 선호하는 업종과 섹터가 따로 있다. 그러다 보니 여러 매체를 통해 종목을 추천 받거나, 스스로 종목을 발굴하더라도 '그 나물에 그 밥'인 경우가 많다. 2011년 즈음에 만났던 개인투자자 K씨는 통신주를 유독 좋아했다. 그 분 계좌에는 통신 3사의 주식뿐이었다. 'KT, SK텔레콤, LG유플러스', 이렇게 포트폴리오를 분산했는데도 손해가 나더라는 것이다.

[그림 8-1] 거의 같이 움직이는 통신 3사의 주가 동향

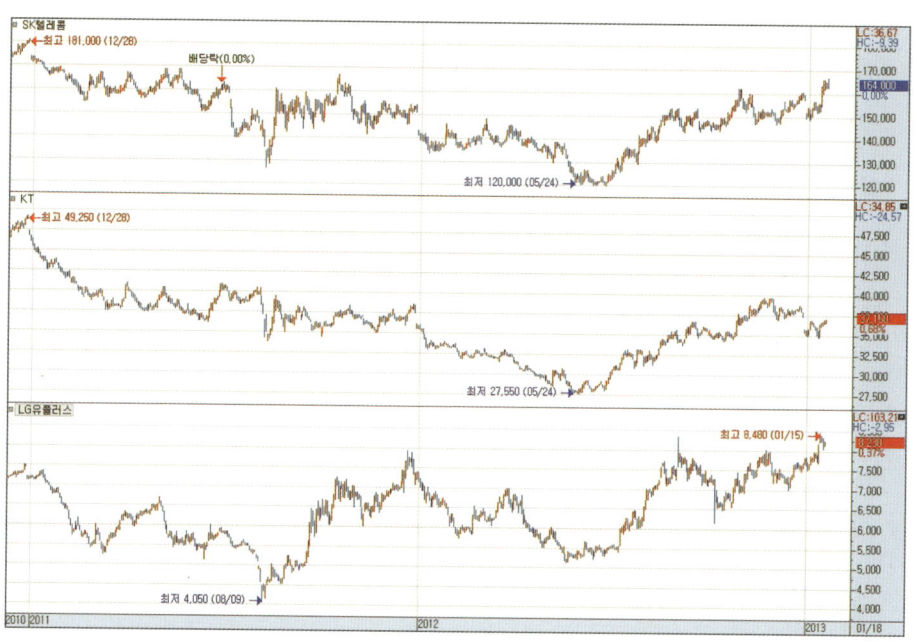

통신 3사의 사업은 매우 유사한 성향을 가지고 있다. 가입 시에도 통신사별로 차별화 되는 것이 거의 없다. 통신비와 할부금 지원 등 매우 사소한 부분에서 약간의 차이가 있을까. 통신 3사가 매출을 나누어 먹고 있는 과점 체제이다 보니, 어쩌면 통신 3사를 하나의 종목으로 봐도 될 정도이다.

이렇게 성격이 비슷한 종목으로 포트폴리오를 구축할 경우, 분산투자의 의미가 사라지게 된다. 업계의 전망도 같이 움직이고, 주가도 같이 움직인다(그림8-1 참조).

어떤 투자자는 은행주와 증권주로만 포트폴리오를 꾸리는 경우도 있었다.

은행과 증권은 분명 다른 업종이지만, 금융이라는 공통된 영역 안에 속해 있다. 그러다 보니 "미국 FOMC회의에서 금리를 인하했다더라, 양적완화를 단행했다더라."와 같은 이슈가 있을 때마다 비슷하게 움직이는 경향이 있다. 악재가 터질 때에는 비슷한 시점에서 거의 같은 폭으로 하락하는 경향을 보이므로 종목을 분산투자한 느낌을 받기 어렵다.

만일 IT 업종의 대장주인 삼성전자와 경기 방어주의 대표주자인 KT&G를 섞어서 포트폴리오가 구축되었다면 어떨까?

IT 업종은 경기에 민감하다 보니 증시가 상승할 때에는 강한 주가 탄력성을 보이면서 높은 수익률을 보이고, 반대로 KT&G는 비슷한 시기에 상승 폭이 덜하거나 반대로 하락하는 추세를 보인다.

반대로 증시가 하락할 경우, IT 업종은 급격한 하락을 보인다. 상승할 때 화끈하게 올라갔던 것처럼, 하락할 때도 화끈하다. 하지만 증시가 하락할 때에는 오히려 경기방어주가 거꾸로 완만한 상승을 보이거나, 하락하더라도 하락 속도가 완만하다는 것을 확인할 수 있다. 이렇게 꾸려진 포트폴리오의 수익률을 시뮬레이션 해보자.

[그림 8-2] KT&G와 삼성전자, 2종목으로 구축한 포트폴리오의 수익률 추이

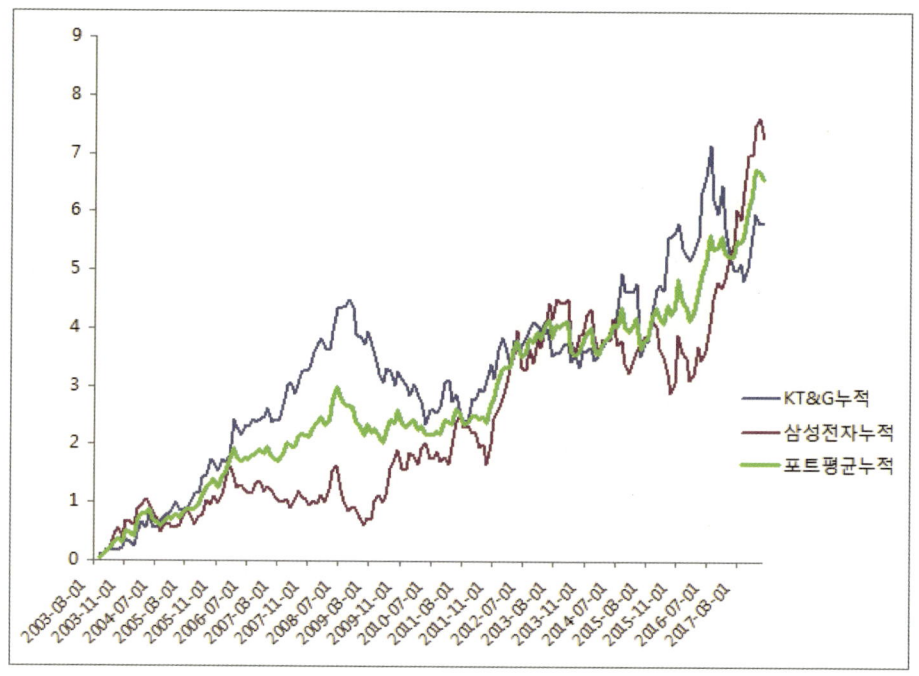

그림8-2는 삼성전자와 KT&G 2종목으로 구성된 가상 포트폴리오이다. 여기서 2003년 초반부터 2017년 9월 중순까지 약 14년 8개월 동안의 수익률 추이를 볼 수 있다. 가운데 초록색 선이 2종목의 평균 수익률이다. 이 기간 KT&G는 550%, 삼성전자는 777%의 상승률을 보였고, 이 포트폴리오는 평균 664%의 수익률을 만들어냈다.

그런데 특이한 점을 목격할 수 있다. 삼성전자와 KT&G 개별 종목의 수익률 흐름을 보면 변동성이 매우 크게 보이지만, 포트폴리오 단위로 보면, 매우 완만한 우상향 곡선을 만들어 낸다는 것이다. 업종의 성격이 극명하게 다른 두 업종이 만나다 보니 서로의 리스크가 시기에 따라 상쇄되면서 안정된 우

상향의 수익률 곡선을 만들어내는 것이다.

포트폴리오 종목들이 역의 상관관계이거나 전혀 상관이 없을 때 이러한 현상은 극대화된다.

삼성전자와 KT&G의 주가 흐름 상관관계를 월간 단위 수익률로 보면, 거의 0에 근접할 정도로 서로상관도가 떨어진다. 그래서 포트폴리오의 리스크 축소 효과가 극대화되었던 것이다. 삼성전자와 KT&G의 포트폴리오처럼 서로의 단점을 보완해 주면서 우상향하는 수익률 흐름을 보인다면 투자자들은 더욱 마음 편하게 투자할 수 있다.

▶ 포트폴리오는 투자자를 냉정하게 만들어 준다

주식 격언 중에 '주식과 결혼하지 말라.'는 이야기가 있다.

내가 투자한 회사를 너무 사랑하지 말라는 이야기다. 내가 보유한 종목에 애정을 갖는 것은 자연스러운 현상이지만, 주식투자 초보자이거나 막대한 자금을 투입한 큰손 투자자라면 '애정'과 '사랑'의 수준을 넘어 '결혼' 단계까지 이르기 쉽다는 것이다. 결국 투자에 있어서는 결혼이 안 좋다는 얘기를 지금부터 해 보려고 한다.

특히 한두 종목에 집중투자한 투자자들은 오로지 그 종목에 대해서만 환하다. 투자한 회사에 CEO가 어떤 사람인지, 투자한 회사의 주가가 어떻게 흘러왔었는지, 회사의 경영상황은 어떤지 등등 다양한 정보를 모두 알게 되니, 다른 종목이 눈에 들어오지 않는다.

그 종목을 열렬히 사랑해 결혼하게 되면, 마치 '콩깍지'가 눈에 씌여 아무

것도 안 보이는 사람처럼 행동하게 된다. 투자한 회사에 대하여 방대한 정보를 가지고 있더라도 냉정하게 판단하지 못 한다. 장기적으로 경영상황이 심각해지더라도 냉정하게 팔지 못 해 큰 손실을 보면서 들고 가는 상황이 되거나, 단기적으로 접근한 종목을 과감하게 손절매하지 못 하는 것이다.

개인투자자 B씨는 2007년 금호산업을 대량 매수했다. 가지고 있던 투자금의 70% 이상을 투자했으니 거의 몰빵투자나 다름없었다. 그는 당시 금호산업의 성장세가 지속되고 재무구조도 개선될 것이라 판단하였다. B씨는 금호산업의 회사 내용에 대하여 속속들이 알고 있었다. 금호산업 경영진들의 개인사까지 알 정도였다. B씨의 금호산업을 무한 신뢰하게 되었다.

[그림 8-3] 2007년 9만 원 대에서 2008년 1만 원까지 폭락한 주가

하지만 2008년이 넘어가면서 상황이 달라졌다. 미국발 서브프라임 글로벌 금융위기가 닥치면서 금호산업의 주가는 심상치 않게 흘러가기 시작하였다.

그림8-3에서 알 수 있듯이 2007년 9만 원 대에서 거래되었던 금호산업은 1만 원을 깨고 내려갔다.

그 과정에서 B씨는 회사의 이상 조짐을 목격하였으나, 금호산업에 콩깍지가 씌여 있는 상황이다 보니, 냉정하지를 못하였다. 순식간에 자산은 반토막이 났다.

그 이후 주가는 계속 하락하였고, 연말에는 거의 10분의 1 수준까지 폭락하면서 B씨의 자산은 심각한 손실을 보게 되었다. 금호산업 한 종목에 집중하다 보니 뻔히 나빠지는 상황을 보면서도 냉정하게 매도하지 못 했던 것이다.

자, 그렇다면 종목 수를 늘렸을 때의 상황을 보자.

종목 수가 늘어나면 늘어날수록 한 종목만 보유했을 때 보다 냉정한 시각을 유지할 수 있다. 한 종목 단위에 투자한 금액이 크지 않기 때문에, 만일 어떤 종목이 속을 썩일 경우에도 냉정하게 잘라내고 다른 종목으로 갈아탈 수가 있다. 한 종목에 100% 투자했다면, 그 종목에 대한 관심도는 100%이겠지만, 10개 종목에 분산투자했다면 한 종목에 대한 애정도는 10%로 낮아진다. 애정이 10분의 1이 되면 10배 더 냉정하게 시장을 볼 수 있다는 것이다.

그렇다면 그 포트폴리오를 어떻게 채워야하는지가 중요한 관건이다.

앞에서 말씀드렸듯이 단순히 종목 수만을 늘리는 것이 능사가 아니다. 그렇다면 어떻게 종목을 구성해야 할까? 필자는 필승 투자 방법으로 '가치 스타일 전략'을 소개드린다.

02
계좌를 살찌게 하는
가치스타일 전략

2012년 한국의 가수 '싸이'는 한순간에 글로벌 스타가 되었다.

'강남스타일' 뮤직비디오는 유튜브 조회 수 15억을 넘길 정도로 전 세계인의 사랑을 받았다. 강남스타일의 선풍적 인기는 '강북스타일, 부산스타일, 뉴욕시티스타일, 오빤 딱 내 스타일' 등 수없는 패러디 물을 양산했다.

그 유명한 강남스타일의 '스타일'이라는 단어가 이번 장의 중요 키워드이다. '스타일'은 독특하고 일정한 방식, 즉 개별 단위의 특징을 말하는 것이다. 이 장에서 언급할 '가치스타일 전략'을 특정 시점에 유행하는 매매 패턴이라고 오해하지 말기를 바란다. 또 '매매스타일'과 혼동해서도 안 된다. 보통 얘기하는 매매스타일이란 '장기투자, 중기투자, 단기투자'와 같이 개인의 투자 성향을 말하는 것이다.

필자가 제시하는 "가치스타일 전략"이란 기업의 가치와 주가 수준을 공통적인 투자지표로 갖춘 종목군(포트폴리오)을 말한다.

어려운 것 같지만 설명을 찬찬히 들으면 절대 어려운 내용이 아니다. 이 '가치 스타일 전략'은 정해진 기준에 따라서 기계화된 시점에 매수하고, 체계화된 논리에 의해서 매도하는 투자방법이다. 그저 단순하게 저평가 된 종목들을 발굴해 포트폴리오에 편입하고, 대충 매도하는 것이 아니다. 수익을 낼 수 있는 설계화 된 전략을 만들고, 이를 검증한 다음에 투자를 시작해야 한다. 개념을 설명하니 어려운 것 같지만, 실전에서는 절대 어려운 내용이 아니다. 그리고 이러한 가치스타일 전략에 대한 많은 연구자료들이 있다. 지금부터 자세히 알아보도록 하자.

▶ 개인투자자에겐 특히 '가치스타일'이 필요하다

다시 연예계 얘기를 해보자.

우리나라 연예인 매니지먼트 회사의 1인자는 바로 'SM'이다. 'SM'은 소녀시대, 동방신기, 보아, 슈퍼주니어 등 탄탄한 가수와 연예인의 포트폴리오로 구성되어 안정적이면서 빠른 성장세가 이어지고 있다. 한 언론사가 SM의 고위층과 인터뷰를 하면서 "사업변동성이 큰 연예, 문화 사업에서 성공한 비결이 무엇인가?"를 물었다. 일반적으로 동방신기나 소녀시대 등등 특정 아이돌 그룹의 효과가 크다고 생각할 수 있을 것이다.

그런데 예상 밖으로 "시스템화를 통해 일회성과 우연에서 벗어났기 때문이다."라는 대답이 돌아왔다.

'시스템화', 단어 자체는 삭막하다. 마치 영화 '매트릭스'에서처럼 완벽하게 프로그래밍화 된 사회에서 움직이는 것 같은 테크니컬한 느낌이 강하다.

하지만 투자의 세계에서는 이러한 '전략의 시스템화'가 필수적이다. 필자는 그 중 가장 대표적인 것이 바로 '가치스타일 전략'이라고 강하게 주장한다. 필자는 감정과 투자심리를 조절할 수 있어야 투자에 성공할 수 있다는 점을 누누이 강조했다. 투자에 감정이 들어가면, 성급하고 무모한 매매를 하게 된다.

사지 말아야 할 종목인데 갑자기 '후광'이 보이면서 강렬한 매력을 느낀다. 투자금의 대부분을 털어 그 종목을 '매수'하고, 주가가 하락하면 공포심리에 휘둘려 성급하게 '손절매' 한다. 이후 그 종목이 반등하면 급하게 '추격매수' 하고 주가가 다시 밀리면 '손절매' 하는 악순환이 반복되는 것이다. 그런 와중에 계좌는 지속적으로 감소하면서 손을 쓸 수 없는 상황에 이르게 된다.

이렇게 '사람의 감정과 심리'를 가장 효율적으로 통제할 수 있는 방법이 바로 '가치 스타일 전략'이라 할 수 있다. '매수할 종목들의 가치기준, 매수해야 할 시점, 매도해야 할 시점', 이 세 가지 스타일만 정립되어 있으면 된다. 물론 이 스타일은 충분히 검증된 것이어야 한다. 그 후엔 반드시 '내가 결정한 원칙'을 지키기만 하면 된다. 기계화된 시점에 기계화된 기준으로 매매하기만 하면 수익이 나는 것이다.

그렇게 기계화된 가치스타일 전략은 간단한 것이 최고다!
간단한 만큼 원칙을 지키기 쉽기 때문이다.
"Simple is Smart."

▶ 스타일 전략의 원조, '다우의 개'

다우의 개(Dogs of the dow)란 가치투자자들 사이에서는 잘 알려진 원조 스타일 투자전략이다. 어찌 보면 가장 쉬운 가치투자 방법이라 할 수 있겠다. 그런데 투자전략 호칭 치고는 독특하다. 왜 '개(Dog)'란 단어가 들어가 있을까? 한국 정서에서는 '개'라고 하면 미천한 이미지를 가지고 있는데, 미국에서도 그런 것일까?

'다우의 개'란 Dow지수의 종목 중, 진짜 미천한 종목들을 이야기한다. 즉, 다우 지수를 구성하는 30종목 중 주가흐름이 안 좋았던 종목들인 것이다.

그렇다면, '다우의 개' 스타일이란 어떻게 투자하는 것일까?
다음 6단계 설명을 보면 이해가 쉬울 것이다.

1. 매년 연말에 다우지수 30종목 중 직전년도 지급된 배당금을 기준으로
2. 배당수익률이 가장 높은 주가를 보이는 10종목을 추려낸다.
3. 이 10종목을 똑같은 금액으로 매수한다.
4. 그리고 1년을 묵힌다. 된장처럼, 가끔 쳐다만 봐준다.
5. 주가가 크게 오르든, 크게 빠지든 상관하지 말고 계속 지켜본다.
6. 그리고 다음 년도가 되면 1번에서 했던 방법으로 포트폴리오를 재구성한다.

이 방법을 계속 반복하면 된다. 매우 심플하다. 6줄의 설명을 3줄로 줄일 수도 있다.

1. 매년 연말 다우지수 30종목 중 배당수익률이 높은 10종목을 선정한다.
2. 10종목을 똑같은 금액으로 매수한다.
3. 1년간 보유 후 다시 1번 과정을 반복한다.

이를 더 줄여서 단 한 줄로도 요약할 수 있다.

매년 연말에 배당수익률 상위 10종목을 선정, 균등하게 포트폴리오를 재편한다.

무언가 현란한 방법일 것으로 생각했겠지만, 너무도 간단하다. 너무 간단해서 황당하기까지 하다. '이렇게 황당하게 쉬운 방법이 과연 수익을 내줄 것인가?'라는 의구심이 들 수밖에 없다. 정말 이런 초간단 방법이 수익률을 내줄까? 필자에게 묻는다면 "그렇다."라고 결론적으로 이야기할 수 있다.

'다우의 개'는 일종의 스타일 매매 기법으로 마이클 힝기스라는 사람이 1991년에 개발했다는 이야기도 있고, 가치투자의 대가 '제임스 오셔너시'가 1996년에 소개했다는 이야기도 있다. 어쨌거나 '다우의 개' 전략은 미국 증시에서 매년 연말에 꼭 언급되는 중요한 화제 거리다(관련 공개연구 사이트 : http://www.dogsofthedow.com/).

그런데 이 '다우의 개' 전략이 거둔 수익률은 놀랍기까지 하다. 1957년 ~2003년까지 장기적 관점에서 '다우의 개' 전략은 14.3% 수익률로 다우존스 평균수익률 11%를 매년 3%p씩 앞서는 좋은 흐름을 보여주었다. 1973년 ~1996년 사이에는 다우의 개 전략이 무려 20.3%의 수익률을 보여줌으로

써 같은 기간, 다우존스지수 15.8%를 4.5%p 초과하는 멋진 성과를 달성했다.

▶ '코스피의 개'가 궁금하다

한국시장에 이를 적용하면 일단 '코스피의 개'라고 이름붙일 수 있을 것이다. 방법은 똑같고, 기준을 어떻게 잡느냐만 문제이다. 다우지수는 30종목으로 구성되어 있고, 그 중에 10종목을 선택한 것이다. 우리나라에는 그와 비슷한 'KOSPI 50'이 있다. 즉 시가총액 50위권에 드는 종목으로 이해하시면 되겠다. 아니면 거래소와 코스닥을 모두 아우르는 'KRX100'을 구성하는 100종목을 대상으로 해도 좋다. 물론 약간의 종목 수 가감은 문제가 없다. 직전년도의 배당금 자료만 구하면 된다. 주가를 이용해 배당수익률을 직접 계산할 수도 있고, 엑셀로 할 수도 있고, HTS의 종목 검색으로 쉽게 할 수도 있다.

필자는 한국 증시에서 '다우의 개' 전략이 어느 정도 효과적인지 확인하기 위해, 2001년부터 2016년까지의 '전년 배당 시 고배당 수익률 100선' 종목들의 수익률을 추적해 보았다. 배당은 연말이 지나고 주주총회에서 확정된다. 즉 과거 자료를 분석할 때 연말 배당수익률로 종목을 선정하는 것은 미래의 결과를 알고 투자하는 것과 다름없다.

따라서 전년도 배당을 실시했다면 기준연도 말 주가 대비 배당수익률이 높은 종목을 선정하는 것이 현실적이라 하겠다. 예를 들어 2000년 연말 종목을 선정한다고 해 보자. 우선 1999년 말 배당을 기준으로 2000년 연말 배당수익률을 계산해 고배당 100선을 추린다. 그리고 이 종목들을 2001년 연말까지 1년 동안 보유한 주가 수익률 결과를 얻어내면 된다.

이런 방법으로 2001년에서 2016년까지 고배당 100선 종목(한국 증시에서의 다우의 개)의 수익률을 추적하였더니 놀라운 결과가 나왔다. 만 16년의 투자 기간 동안 누적수익률 1,738%를 기록한 것이다. 동기의 종합주가지수가 301% 상승한 것에 비하면 무려 5배 이상 높은 성적이다. 특히 2010년에서 2016년까지 7년간의 박스권에서도 연평균 13.7%의 수익률을 기록했다.

[그림 8-4] 한국판 다우의 개(고배당 100선의 2001년~2016년 누적수익률 추이)

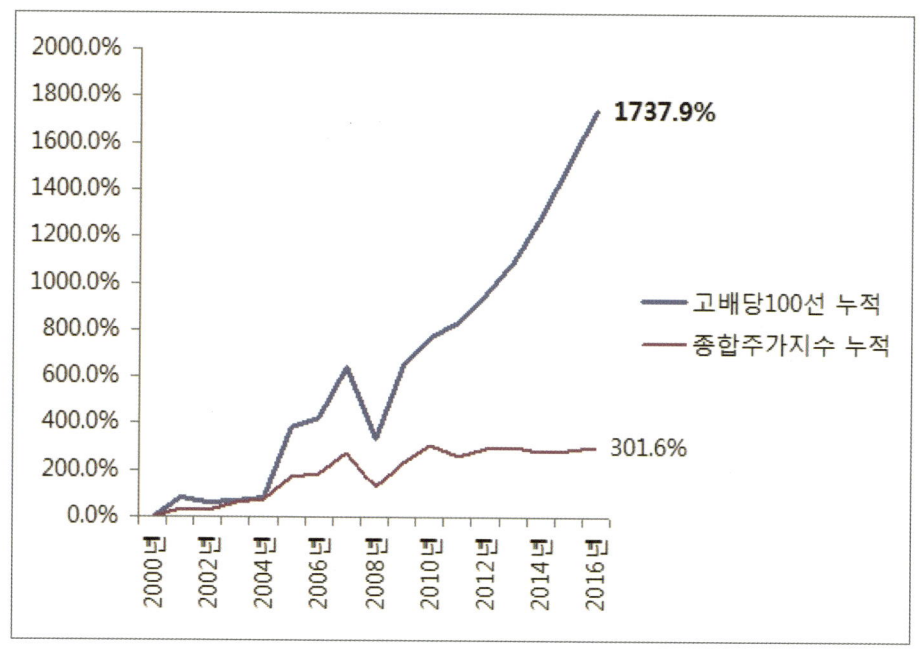

한국증시에서도 '다우의 개' 전략은 의미있는 수익률을 내었다는 것이 확인되었다.

그렇다면 우리가 '다우의 개' 전략에서 눈여겨봐야 할 것은 무엇일까?
'1년에 한 번씩 포트폴리오 교체', 즉 1년에 한 번 리밸런싱을 한다는 것이다.

1년 동안은 주가가 폭락하든 폭등하든 개의치 않는 것이 이 전략의 중요한 포인트이다. 위에서 보았듯이 매매 시점은 '1년에 한 번', 여기에 종목선정 기준만 바꿔주면 된다. 이것이 바로 '가치 스타일 전략'의 기본이다!

▶ 가치스타일 전략의 핵심은 종목 선정 기준

1년에 한 번 종목교체라는 매매 주기는 잡혀있으니, 중요한 것은 '어떤 종목들로 포트폴리오를 채워 넣느냐.'이다. 만약에 소위 '잡주'들로만 채워 넣는다면, 1년 사이에 계좌가 깡통이 될 수도 있으니, 종목선정 기준은 가치스타일 전략에 있어서 가장 중요한 핵심이 된다.

탱크로 비유해 보자면, 주기적인 매매는 전차 탱크에서 몸체에 해당한다고 볼 수 있고, 종목선정 기준은 차체 위에 올라가 있는 포신이 될 것이다. 그 포신이 대포라면 자주포가 될 것이고, 화염방사기가 달려있다면 화염방사 전차가 될 것이고, 포신 대신 지뢰제거장치가 부착되었다면 지뢰제거 전차가 될 것이다. '가치스타일 전략'은 종목선정 기준에 따라 다양한 형태가 가능하다.

이에 대한 다양한 연구를 했던 전문가가 제임스 오쇼너시(James O'Shaughnessy)이다. 그는 1996년 『What works on Wall Street』라는 저서에서 S&P의 데이터베이스를 이용, 43년간 어떤 투자전략이 유효한지를 검증하여 화제가 되었다. 이 책으로 인해 월가의 정통 이론들이 무참히 깨져버리는 결과가 나왔고, 그는 일약 유명인사가 된다. PER와 대형주에 관한 통념이 완전히 깨진 것이다.

일반적으로 주식시장에서는 PER의 유용성을 인정한다. 하지만 제임스 오쇼너시는 PER가 가장 좋은 투자 지표는 아니라면서 기존의 고정관념에 경종을 울렸다. 또 그 책이 나오기 전까지는 '소형주가 대형주보다 가볍기 때문에 기대수익이 높다.'라는 논리가 우세했다. '아기 코끼리 덤보가 귀를 펄럭이며 하늘을 날 수 있다(소형주가 수익률이 높다).'라는 고정관념이 있었는데, 오쇼너시는 대형주의 수익률이 더 높다는 사실을 데이터를 통해 검증했다. 제임스 오셔너시는 '다우의 개' 전략도 언급했다. 오래 전부터 알려져 왔던 가치 스타일 전략이 그에 의해 실전에서 검증되었던 것이다. 그의 연구방법은 매우 간단했다.

종목 교체는 1년에 한 번 하는 것으로 하고 PBR, PER, PSR 등을 활용해 종목리스트를 10등분 한 뒤에 고지표군과 저지표군 간의 수익률을 비교하는 것이다. 그는 저 PSR로 구성된 포트폴리오가 가장 좋은 성과를 보여주었다고 결론내렸다. 그리고 저지표구간이 고지표구간에 비하여 높은 수익률을 보여주었다는 것이 중요한 포인트다.

그는 PER, PBR, PSR 등을 활용하여 다양한 연구를 하였는데, 그의 연구는 필자에게 큰 영감을 주었다. 필자도 이에 대한 연구를 계속해 오고 있는데,

그의 연구와 같은 결과를 도출할 수 있었다. 필자는 PBR 신봉자이다. 즉 회사의 순자산가치 대비한 주가의 비율(주가/주당 순자산가치)이 낮은 종목군들이 시장대비 높은 수익률을 낸다는 것을 연구 결과로 직접 확인하였다.

[그림 8-5] 2004년 결산자료 기준 PBR가 낮은 50종목의 2005년 수익률 이동평균자료

그림8-5는 필자의 2005년 연구자료인데, 눈이 번쩍 뜨이는 결과를 보여준다. 필자는 2004년 연말에 그 해 결산자료를 바탕으로 PBR를 구하고, 그 PBR 값을 낮은 순서대로 정렬했다. 이 자료는 그 종목들의 1년 후 수익률을 계산하여, 50종목씩 이동평균한 포트폴리오의 수익률 결과이다. 2005년 당시 종합주가지수는 54%라는 큰 폭의 상승률을 보여주었다. 그런데 PBR 순서대로 구성된 포트폴리오를 보면, 고 PBR 수준으로 올라가면서 시장수익률을 하회하는 나쁜 결과를 보여주지만, 저 PBR로 구성된 종목들은 매우 좋은 결과를 보여준다. 최고 186%의 수익률을 낸 포트폴리오도 있었다.

필자의 연구결과, 저 PBR에서 종합주가지수 대비 매우 높은 수익률을 냈다는 사실이 확인되었다.

필자는 PBR를 중요하게 보고 그 부분에 집중하였지만, 다른 투자지표가 더 좋은 결과를 내기도 한다. 앞서 제임스 오쇼너시는 PSR가 유용하다고 연구결과를 도출하였다. 즉 PSR, 주가매출액비율(주가/주당 매출액)이 낮은 순으로 포트폴리오를 꾸려보는 것도 좋은 방안일 것이다.

그리고 한국경제 신문에 실린 문병로 서울대 교수의 칼럼에서도 재미있는 팁을 찾을 수 있다. 2001년부터 2010년까지 10년간 PBR(주가순자산비율), PER(주가수익비율), POR(주가영업이익비율), PCR(주가순현금비율)라는 4가지 투자지표를 활용하여 저지표군과 고지표군의 수익률을 비교하였더니, 모두 저지표군에서 높은 수익률이 나왔다. 특히 저 PCR 종목군에서 가장 높은 수익률이 나왔다고 한다.

결론적으로 PBR, PER, PCR, PSR 등 투자지표를 한 가지 정하고, 그 투자지표를 이용하여 낮은 수치를 보이는 종목들로 포트폴리오를 꾸리면 된다는 얘기다. 종목교체 주기는 1년이라고 했던 것을 떠올려 주시기 바란다. 이를 토대로 최종 정리를 해보자.

1년에 한 번씩 자신이 자료를 찾기 쉽거나 좋아하는 투자지표를 토대로, 저지표군의 종목을 선정해 포트폴리오를 꾸린다. 종목교체를 1년에 한 번 반복한다.

▶ 가치스타일 투자의 수익률은 어느 정도일까?

이 책을 읽는 분들은 이 가치스타일 투자의 수익률이 어느 정도 될 것인가가 가장 궁금할 것이다. 많은 연구들에서 종합주가지수 대비하여 +3~+5%의 연간 초과수익을 기대할 수 있다는 결과가 나왔다. 이 정도 수치라면 2001년~2011년까지 종합주가지수의 상승 폭이 연평균 10% 수준이었으므로 '가치스타일 투자'의 수익률은 보수적으로 13~15%라 볼 수 있다.

대부분의 투자자들은 이 수익률이 성에 차지 않을 것이다. '그래도 주식투자를 하는데, 한 해 수익률이 100%는 넘어야 되지 않을까?'라고 생각할 수 있다. 소위 재야의 전문가들이 하루에 10%씩 수익을 내서 1년에 수천 %의 수익률을 낸다고 하는데, 한 해 15%의 수익률이 감질날 법도 하다.

그러나 필자는 매년 꾸준히 15% 수익률을 만드는 것이 얼마나 어려운 일인지 말씀드리고 싶다. 일단 매일 10% 수익을 내서 1년에 수천 %의 수익을 낸다는 전문가의 말은 과연 사실일까? 그렇게 이야기하는 전문가의 서비스를 체험해 본 독자들은 알 것이다. 말이 안 되는 소리라는 것을. 그리고 개인투자자들을 수없이 만나 본 필자의 경험에 의하면 1년 평균수익률이 플러스권인 사람도 10명 중 한두 명에 불과했다. 물론 한두 해에 100% 수익을 내는 경우는 있다. 그러나 그런 수익률을 낸 투자자 중 많은 수가 곧이어 큰 투자손실을 겪게 되어 벌어놓은 수익률을 몽땅 까먹고 손실로 돌아서는 경우가 많았다.

여기에 최근 시장금리를 생각해 보자. 1999년 이후 금융시스템이 안정되고 은행의 예금 금리는 10% 미만으로 떨어졌다. 2000년 초에 주택청약부금의 연간이자율이 7%였음을 생각하면 격세지감이 느껴진다. 2000년대 중반 대략 4~5% 수준이었던 예금 금리가 2017년 상반기 기준 1% 중후반까지 떨어졌다.

은행 예금과 비교를 해보든 다른 투자자들의 성적을 보든, 한 해에 15%의 수익률을 내는 것은 매우 어려운 일이다. 그렇다면 연간수익률 15%는 얼마나 큰 효과가 있는 것일까? 나의 계좌를 얼마나 살찌워 줄 것인가?

이를 복리의 마술로 생각해 보자.
'복리'란 우리 인류가 고안해 낸 최고의 수학적 발견이라는 이야기가 있을 정도로 수익률 누적 효과를 보여준다. 오죽하면 마술이란 이름을 붙였겠는가? 예를 들어보면 더 확실해진다. 1억 원의 자산으로 1년에 10%의 수익률을 거두고 그 자금을 계속 재투자해 나갈 경우, 7년이 지나면서 2억 원이 되고, 10년이 되는 해에는 2억6천만 원으로 늘어나게 된다.

20년이 되는 해에는 6억7천여만 원으로 늘어나고, 30년이 되는 해에는 17억 원이 된다. 그런데 수익률을 15%로 높여서 복리 계산을 해보면 더 놀라운 결과가 나온다. 대략 5년차 되는 해에 2억 원으로 자산이 불게 되고 10년차 되는 해에는 4억 원, 20년차엔 16억 원으로 자산이 불어난다. 중요한 것은 10% 수익률일 때보다 자산규모가 갑절 더 커지게 된다는 사실이다.

[그림 8-6] 수익률에 따른 자산의 복리효과(단위:억 원)

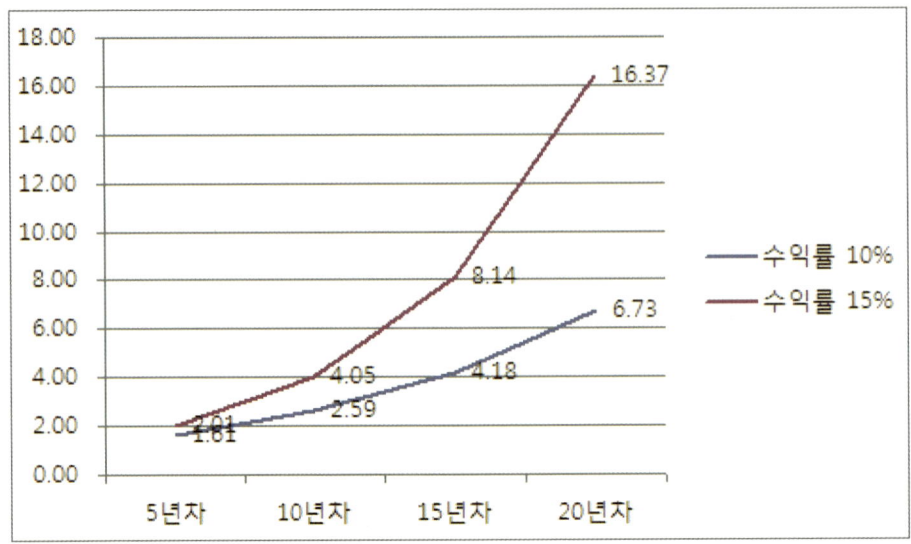

수익률에 따른 자산의 변화를 복리를 적용하여 한눈에 볼 수 있게 표로 만들어 보았다(그림8-6 참조). 10% 수익률일 때는 1억 원의 자산이 20년 뒤에 6억 원 정도가 되지만, 15% 수익률을 적용하면 16억 원으로 그 차이가 두 배 이상 벌어진다. 수익률 5%라는 미미한 차이가 복리가 되었을 때 엄청난 차이를 가져오는 것이다.

아마 믿기지 않을 것이다. 필자가 2006년 2월부터 매년 세팅해 놓는 가상의 저 PBR포트(저 PBR 가치스타일 전략, 이하 lovefund 연구용포트)의 수익률이 어떻게 흘러갔는지 같이 살펴보도록 하자. 이 포트폴리오는 1년 단위로 종목이 교체되는데, 저 PBR 기준에 필자만의 한 가지 기준을 더하여 꾸린 것이다.

일단 2006년 2월 18일~2007년 2월 16일까지 1년간의 수익률을 추적해 보

자. 그때 당시 'lovefund연구용포트'의 수익률은 22.68%, 종합주가지수 수익률은 8.7%였다. 종합주가지수 수익률보다 14%p 앞서는 결과를 보여주었다.

다음해 포트폴리오는 2007년 2월 13일에 세팅되어 1년간 보유했다. 같은 기간 종합주가지수가 17% 수준의 상승을 보인데 반하여 'lovefund 연구용포트'는 26%의 높은 수익률을 보여준다. 이 또한 10%p의 초과수익률을 달성했음을 확인할 수 있다. 2008년 2월에 세팅된 포트폴리오는 2008년 금융위기로 인하여 손실을 보았다. -33% 대 손실로 -34%의 손실을 보인 종합주가지수와 비교해 1%p만 앞서는 정도였다.

그러나 2009년 2월에 세팅된 포트폴리오는 1년 동안에 67% 수익률로 종합주가지수 50% 수익률을 17%p 앞섰다. 2010년 2월에 세팅된 포트폴리오는 22.3% 수익률로 종합주가지수 21.6%에 0.7%p 앞서는 수준이었으나, 2011년 2월의 포트폴리오는 20% 수익률을 내어, 종합주가지수 4.7% 대비 15%p 이상 앞서는 놀라운 성과를 보여준다.

그리고 2012년 2월에 설정된 'lovefund 연구용포트'는 1년간 10.5% 수익률을 내면서, 당시 주가지수가 -0.2%를 기록한 것에 비해 우월한 성과를 이어갔다.

이 책의 초판을 통해 필자는 '가치스타일 전략이 의미 있는 성과를 거둔다'라는 결론을 제시했었다. 이제 초판 출간 연도인 2013년부터 2017년 최근까지의 성과를 살펴볼 차례다.

2013년 2월에 설정된 포트폴리오는 22%, 2014년 2월의 포트폴리오는 30%, 2015년 2월의 포트폴리오는 0.6%, 그리고 2016년 2월의 포트폴리오는

24%의 성과를 각각 거두었다. 이를 같은 기간 종합주가지수와 비교해보자.

2013년 2월부터 1년간 -2.3% 하락, 2014년 2월부터 1년간 0.3% 상승, 2015년 2월부터 1년간 -3.5% 하락 그리고 2016년 2월부터 1년간 9.1% 상승한 정도였으니 가치스타일 전략이 의미 있는 성과를 냈음을 한눈에 확인할 수 있다.

[그림 8-7] 'lovefund 연구용포트'와 종합주가지수 누적수익률

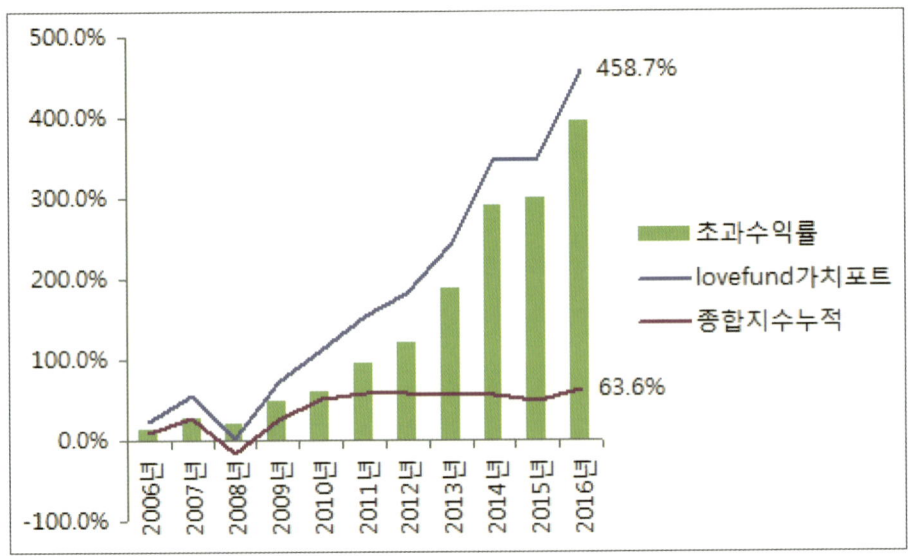

그림8-7은 앞서 소개한 'lovefund 연구용포트'의 누적수익률과 종합주가지수의 누적수익률 그리고 주가지수 대비 초과수익률을 하나의 도표로 만들어본 것이다.

2006년부터 11년이라는 긴 시간 동안 458%라는 수익률을 내었는데, 이는 1억이라는 투자금이 5억 5,800만 원으로 불어나는 성과이다. 그 기간 동안 종

합주가지수가 63% 정도 상승했다는 점을 감안한다면 엄청난 초과수익을 올린 것이다.

그런데 2006년 이후 주식시장은 그리 만만치 않았음을 기억하자.

2008년 금융위기, 2010년 남유럽 위기로 8월에 폭락을 경험했고, 2011년에는 유럽 위기로 증시가 크게 출렁였다. 2013년 6월 한 달 동안에는 양적완화 중단이라는 이슈로 소란스러웠다. 2014년 내내 양적완화 축소로 인한 간헐적인 불안감에 시달렸으며 2015년에는 중국 증시의 단발적인 버블과 붕괴로 조용할 날이 없었다.

2015년 연말 미국의 금리 인상 이후 글로벌 증시 불안과 유가 급락에 따른 중동발 위기, 수시로 발생하는 대북 리스크 등등, 매해 한두 번씩은 주식 투자를 포기하고 싶을 정도의 악재가 터졌다. 하지만 그 기간 중에도 '가치스타일 전략'은 안정적으로 수익률을 끌어올렸다.

이 글을 읽는 독자 분들은 오늘을 계기로 '가치스타일 전략'을 더 체계화하여 연구해 보기를 바란다. 몇 년 만에 1,000%에 가까운 가치 전략을 만들어낼 수도 있다. '가치스타일 전략'은 잠재력이 크고, 중장기적으로 안정적인 수익률을 만들어낼 수 있기 때문이다.

03 포트폴리오는 몇 개가 적당한가?

필자는 앞에서 분산투자를 해서 포트폴리오를 꾸려야 하며, 가치스타일 전략으로 가치 포트폴리오를 운영해야 한다고 말씀드렸다. 그런데 이 시점에서 자연스럽게 떠오르는 궁금증이 있을 것이다.

'그러면 과연 몇 종목으로 포트폴리오를 꾸려야 하는가?'

대부분의 개인투자자들은 한두 종목으로 구성된 주식매매를 해왔기 때문에, 종목 수를 늘리게 되면 심리적으로 불안해 하는 경향이 있다. 개인투자자들을 만나보면 예상 외로 그런 경향이 심각하다는 사실을 알게 된다.

예전 필자가 진행했던 '초보자 강연회'에서 만난 R씨를 우연히 다시 만나게 되었다. 그분은 주식을 샀다 하면 손해를 본다고 했다. 이야기를 들어보니, 한 종목에 투자금을 화끈하게 투자하는 전형적인 몰빵투자자였다. R씨에게 "종목 수를 5개 정도로 늘려보는 건 어떻겠는가?"라고 조언 드렸더니, 5종목씩이나 신경 쓰기 귀찮다는 것이다. 5개가 정말 많은 걸까? 어쩌면 그런 식으로 투자해 본 적이 없어서 두려움을 느꼈는지도 모르겠다. 아마 독자 분들 중에도 R씨와 같은 경우가 많이 있을 것이다. 필자는 그런 분들을 만나면 "이제는 종목 수를 확대해야 한다."고 강하게 이야기한다.

개인투자자가 부담 갖지 않는 종목 수의 절충선은 대략 10개이다. 사실 필자의 기준에서는 이 종목 수도 적다고 생각한다. 10종목이라니, 생각보다 많다고 생각할 수 있지만 계좌에 10종목씩 가지고 있는 투자자가 은근히 많다. 문제는 거의 대부분 물린 종목이 쌓여서 10종목이 된 경우라는 것이다.

그런데 왜 종목 수를 늘려야 할까? 리스크, 즉 위험을 줄이기 위해서이다. 투자이론에 관한 책들에서는 리스크를 이렇게 정의 내리고 있다.

총위험 = 체계적위험 + 비체계적 위험

아, 다시 한 번 어려운 용어가 나왔다. '총위험'은 대략 알겠는데 '체계적 위험'과 '비체계적 위험'은 도대체 뭘까? 간단하게 정리하자면 '비체계적 위험'은 종목 하나하나의 개별적 위험이고, '체계적 위험'은 시장 전체의 위험이라 할 수 있다. Systemic Risk와 Unsystemic Risk를 한글로 번역하다 보니 조금 어려워졌을 뿐이다. 이렇게 깔끔하게 정리할 수 있겠다.

총위험= 개별종목의 위험 + 시장전체의 위험

주식 종목 수가 늘어날수록 개별종목의 위험이 줄어들게 되면서 총위험이 감소한다. 그런데 종목 수가 늘어남에 따라 총위험이 감소하는 추이가 중요하다. 필자의 연구에 따르면 1~20종목일 때 가장 가파른 감소세를 보여준다.

[그림 8-8] 종목 수 증가에 따른 총위험의 감소

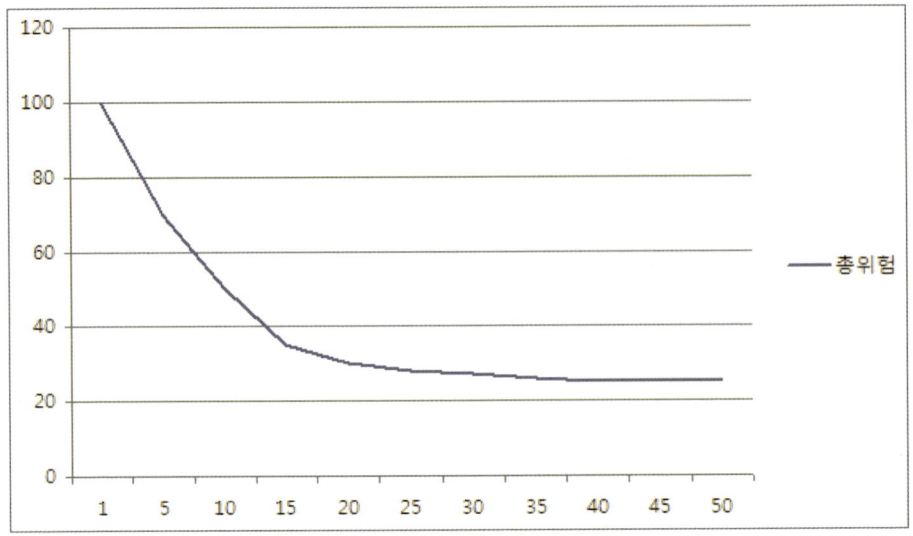

그림8-8에서 보는 바와 같이 종목 수가 증가하게 되면 전체 위험은 급격하게 감소한다. 1~20종목일 때가 가장 가파르게 감소하고, 20종목 이상부터는 거의 변화가 없이 유지된다. 이러한 이유로 20종목이 넘어서면 추가적인 분산투자의 의미가 적다고 하는 학자들도 있다. 필자는 이런 맥락에서 일반적인 개인투자자 수준에서 20종목이 한계가 아닐까 생각한다. 그렇다면 개인투자자의 성향을 감안해 가장 적합한 포트폴리오의 종목 수는 몇 개일까?

물론 투자금액과 매매 종목의 거래대금 규모에 따라 다르겠지만, 일반적인 개인투자자인 경우 5~10개가 가장 적당한 수준이라 판단된다. 그 이상이 되면 전업투자자가 아닌 이상 신경 쓰기가 어렵다. 적당한 시점에서 매도하거나, 새롭게 매수시점을 잡기 위해서는 신경 써야 할 것이 많기 때문이다.

▶ 종목 수를 늘리는 것을 두려워하지 말라

하지만 가치스타일 투자를 확연히 구현하기 위해서는 최소 10종목 보유를 권한다. 예를 들어 '강남스타일'이 도대체 어떤 성향인지를 알고 싶다면, 강남역 부근에서 사람들을 최소 10명은 만나봐야 할 것이다. 5명을 만나서 강남스타일이 무엇이라고 정의 내리기는 어려울 것이다. 명확한 종목선정 기준으로 10종목을 뽑아내게 되면 그 포트폴리오에는 '색깔'이 드러나게 된다. 딱 봐도 '이런 기준으로 종목을 뽑았겠구나.'란 느낌이 강하게 온다.

사실 10종목도 가치스타일 매매에서는 많은 수가 아니다. 예상 외의 돌발 악재나 호재가 갑자기 나타날 수 있기 때문이다. 그래서 10종목으로 가치스타일 투자를 연구하는 사람도 있지만, 수익률의 편차를 줄이기 위하여 20종목으로 시뮬레이션을 하기도 한다. 10종목으로 구성된 '가치 스타일 투자전략'은 아무래도 포트폴리오의 수익률 편차가 크게 나타난다. 차트의 그래프가 마치 톱날처럼 울퉁불퉁하다. 하지만 종목 수를 20종목, 50종목, 100종목으로 늘리게 되면 본인이 생각한 이론과 유사한 수익률 흐름이 나타나면서 안정적인 운용이 가능해진다. 이를 통계 용어로 '대수의 법칙'이라 한다.

필자의 경우 여러 가지 상황을 감안하여 50종목으로 포트폴리오를 꾸리고 있다.

앞서서 언급한 'lovefund 연구포트'의 경우, 2006년과 2007년에는 20종목으로 작게 꾸려왔지만, 2008년부터는 50종목으로 늘렸다. 20종목일 때에는 예상치 않는 돌발 변수로 인해 포트폴리오 전체에 큰 손실이 발생할 수도 있기 때문이다.

10종목이나 20종목으로 꾸려진 포트폴리오의 경우, 수익률의 표준편차가 크게 나타면서 어떤 종목은 100%의 높은 수익률을 보이는 한편 휴지조각으로 전락하는 종목들도 가끔 발생한다. 하지만 50종목, 100종목으로 종목 수를 늘리게 되면 마치 10종목으로 구성한 포트폴리오들의 수익률이 점점 평균에 가까워지는 모습을 보인다. 변동성은 줄어들면서 포트폴리오의 특성이 확실하게 나타난다. 계좌에 있는 종목들이 "이러한 가치투자 스타일로 발굴된 종목이다."라고 자신 있게 말할 수 있는 것이다.

그러나 가장 중요한 것은 10종목 포트폴리오의 경우, 한두 종목에 문제가 생기면 최고 10~20% 손실이 나지만, 50종목 포트폴리오는 2% 손실에 멈춘다는 것이다. 마지막으로 적합한 종목 수를 다시 정리해 보자.

일반적인 투자자 : 5~10종목

가치스타일 투자자 : 최소 10종목 ~ 100종목 (자금규모에 따라 종목 수 조정)

04
가치스타일에 따른 투자 성과는 어떠할까?

앞에서 필자가 사용하는 가치스타일 방식에 따른 투자 성과에 대해 설명을 드렸다. 그런데 혹시라도 독자 분들께서 이해하는 데 부족한 부분이 있을까 노파심에서 가치스타일의 4가지 형태를 바탕으로 보다 자세한 설명을 추가해 보겠다.

가치스타일은 투자자가 사용하는 가치 지표에 따라 그 스타일이 달라진다. 투자자가 자산가치 기준의 지표를 선호한다면 PBR(주가순자산비율)를 사용하고, 이익가치 기준의 지표를 선호한다면 PER(주가수익비율)를 활용하면 된다. 만일 매출액의 외형을 중시한다면 PSR(주가매출액비율)를, 배당수익률을 중시한다면 배당수익률을 가치스타일 투자에 활용하는 식이다.
그 외 재무제표에 기반한 다양한 투자 지표를 활용하는 등, 가치스타일은 여러 가지 방법으로 만들어질 수 있다.

그리고 실제 가치스타일 투자를 실행하는 것은 어렵지가 않다. 가치 기준에 맞게 저평가된 수십 개에서 백 개 이하의 종목을 주기적으로 교체만 해주면 되는 것이다. 그렇다면 이런 단순한 방법이 다양한 가치스타일 지표에서 어떤 성과를 냈을지 궁금해질 것이다.

필자는 PSR, PER, PBR, 배당수익률의 4가지 가치 지표를 토대로 저평가 영역의 100종목과 고평가 영역의 100종목을 선정하고, 이를 1년에 한 번씩 연말에 교체하는 방식으로 2000년 말부터 2016년 말까지 16년간 그 수익률 추이를 추적 연구해 보았다.

단, 이 결과는 절대적인 가치 지표의 서열을 의미하는 것이 아님을 유의하기 바란다. 자칫 특정 가치 지표에 대한 선입관을 가질 수 있기에 강조 드리는 바이다.

[그림 8-9] 가치스타일에 따른 2001년~2016년의 투자 성과

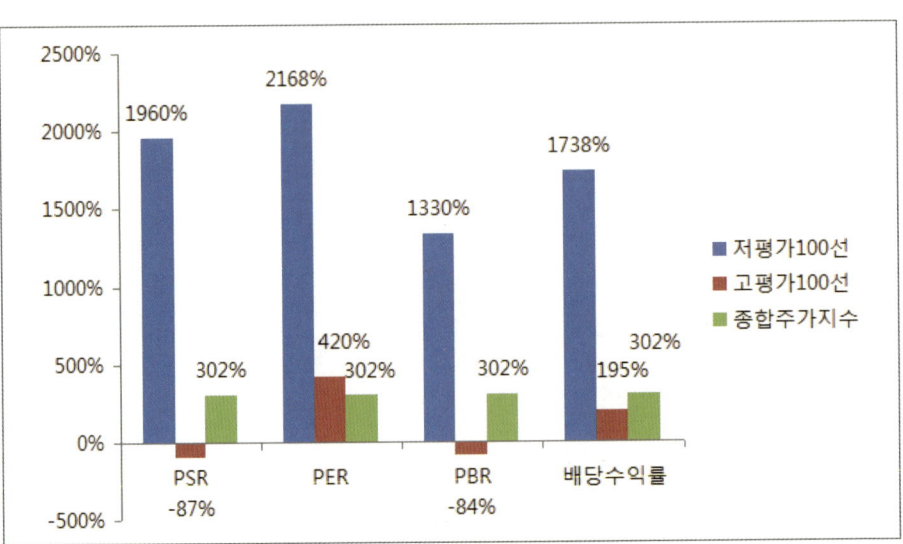

2001년부터 2016년까지, 16년간의 가치스타일 투자 결과는 놀라웠다.

각각의 가치스타일 기준으로 선정된 저평가된 100종목은 16년 동안 의미 있는 성과를 만들어냈다. PSR를 활용한 가치스타일 전략은 1,960%의 수익을 내면서, 연환산수익률(CAGR) 20.8%를 기록했다.

PER를 이용한 가치스타일 전략은 2,168% 수익에 연환산수익률(CAGR) 21.5%라는 성과를 내었다. 그리고 PBR를 활용한 가치스타일 전략은 1,330% 수익에 연환산수익률은 18.1%였다. 마지막으로 배당수익률을 이용한 가치스타일 종목들은 1,738%를 기록하면서 연환산수익률 20%라는 상당히 고무적인 성과를 내주었다.

같은 기간 종합주가지수는 302% 상승하였으니 가치스타일 투자의 성과는 놀랍다 하지 않을 수 없다.

그런데 그림8-9에서 저평가 100종목의 수익률도 중요하지만, 각 지표별 고평가 100선의 성과도 눈여겨볼 필요가 있다.

모든 가치 지표에서 저평가 100종목은 높은 성과를 보였지만 고평가 100선은 상대적으로 부진했다. 특히 PSR와 PBR 기준으로 고평가 100종목 포트폴리오의 투자 성과는 16년의 기간 동안 -80% 대라는 손실을 기록했다. 왜 고평가 종목을 피해야 하는지 단적으로 확인할 수 있는 대목이다.

이에 비해 PER와 배당수익률을 이용한 가치스타일 고평가 100종목의 경우, 저평가 100종목보다는 못하지만 그래도 어느 정도의 성과를 낼 수 있었다. 그 이유는 무엇일까? PER나 배당수익률에는 이익가치의 개념이 녹아들어 있기 때문일 것이다. 아무래도 매출액이나 자산가치보다는 이익가치의 변동이 크다 보니, PSR나 PBR보다는 저평가 종목군과 고평가 종목군의 수익률 차이가 줄어든 것으로 추정된다.

[그림 8-10] 가치스타일에 따른 2001년~2016년 누적수익률 추이

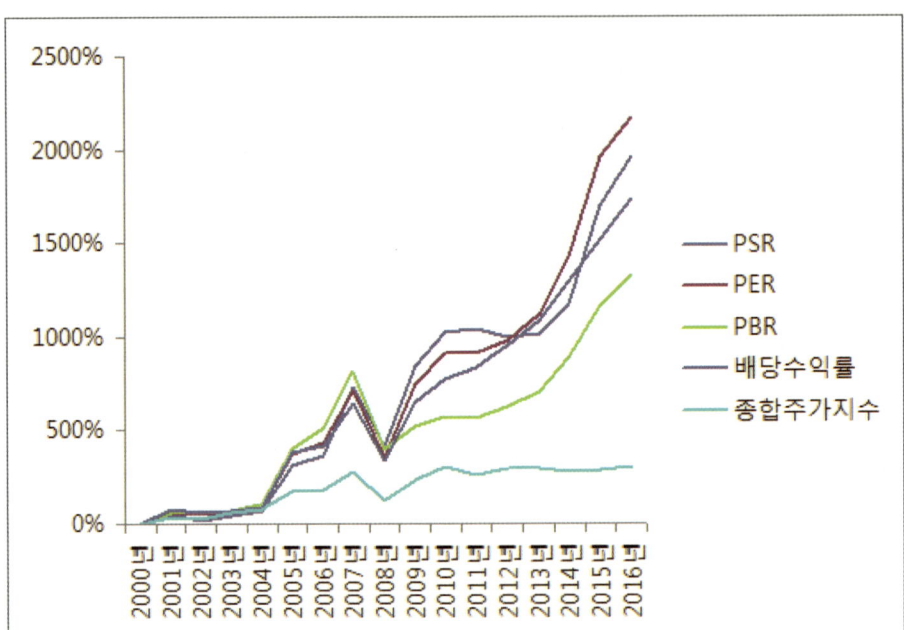

이제 그림8-10의 저평가 100선 누적수익률 추이를 통해 각각의 가치스타일 성과를 살펴보겠다. 장기적으로 주가지수보다 높은 성과를 내는 가운데, 수익률 등락은 비슷한 흐름을 보였다. 다만 총 수익률에서 차이는 나지만 저평가 종목 포트폴리오들은 꾸준히 수익을 냈다는 점이 중요하다.

다시 한 번 강조 드리지만, 가치스타일에 사용되는 가치 지표에 대해 결과만 보고 선입관을 갖지 말기 바란다. 여러 나라에서 발행된 가치투자 논문을

보면, 나라마다 시기마다 가치 지표의 성적이 다르기 때문이다. A라는 나라에서 PSR가 앞섰다면 B에서는 PER가 유용하고, C에서는 PBR가 좋은 성적을 기록할 수 있다.

중요한 것은, 어떤 가치투자 지표를 사용하더라도 장기적으로는 의미 있는 성과를 낸다는 것이다. 특정 기간을 잘라서 보면, 종합주가지수 대비 부진할 수 있지만 전체적으로 보면 바람직한 성과를 내는 것이다.
앞서 말씀드렸듯이 좋은 성과를 내기 위해서는 '대수의 법칙'이 작용할 수 있도록 종목 수를 충분히 늘려줄 필요가 있다. 가치스타일 투자를 한다면서 한두 종목에 집중 투자한다면 도박판에서 베팅하는 것과 다를 바가 없다.

반드시 명확한 가치 기준에 따라 규칙을 세우고, 종목 수를 충분히 늘려 포트폴리오 단위로 투자해야 한다. 중간에 규칙을 깨지 않고 투자를 이어간다면 가치스타일 투자는 수익률로써 여러분의 계좌를 살찌워줄 것이다.
물론 이러한 전략만으로는 다소 부족함이 있다. 가치스타일 투자도 주식투자이다 보니, 주식시장이 출렁일 때 영향을 받게 되는 것이다. 이를 어느 정도 완충하면서 수익률을 제고시킬 방안이 필요한데, 이것이 바로 자산배분 전략(주식혼합전략)이다.

9장

평생 부자 되는 자산관리전략

앞 장에서 '가치스타일 전략'에 대해 공부했다. 마음 편하게 주식투자를 하면서 시장수익률을 크게 초과할 수 있는 방법이 존재한다는 사실은 놀라움과 위안을 동시에 준다. 여기에 한 가지 더 센세이션을 일으켜 보고자 한다. 어쩌면 고수 투자자들이 무의식 중에 구사하고 있는 전략일 수 있다.

그것은 바로 '주식과 안전자산을 섞은 주식자산혼합전략'이다.

주식자산혼합전략은 '자산배분전략'이라고도 불리운다. 이 용어가 대학교 재무학이나 투자론에 자주 등장하다 보니 이름만 들어도 골치가 아프지만 사실 보험, 은행, 증권 등 금융업계에서는 많이 사용되고 있다. 이 책에서 필자는 이해를 돕기 위해 '자산배분전략'과 '주식혼합전략'을 혼용해 사용하겠다. 사실 좀 더 쉽게 '주식짬뽕전략'이라고 부르고 싶지만, 반대하는 사람들이 있어 자제하도록 하겠다.

이 전략은 '가치스타일 전략'보다 더 큰 그림을 그리는 것이다. '가치스타일 전략'이 종목 포트폴리오를 구축하기 위한 종목선택에 관한 전략이라면, '주식혼합전략'은 위험한 자산인 주식과 안전한 자산을 섞어서 전략을 만드는 것이다.

군대의 병법으로 이야기를 하자면, '가치스타일 전략'은 육군 내에 보병, 특전사, 포병, 전차부대 등을 어느 지역에 어떻게 배치할 것인가에 대한 전략이고, '주식혼합전략'은 육해공군의 비중을 어떻게 구성할 것이고, 각 군의 규모는 어떻게 할 것인지 등과 같은 더 큰 규모의 작전 및 전략이라 할 수 있다.

더 큰 그림에서의 전략이다 보니, 투자 성과의 결정적 요인이 된다. 각 단위의 투자처가 모두 수익을 내면 좋겠지만, 경제상황과 시기에 따라 주식 같은 경우 급등을 보이기도 하고 급락을 보이기도 한다. 반대로 예금과 같은 안전자산의 경우에는 거의 고정적 수익률을 안정적으로 낼 수 있으나, 이자율이 실망스럽다. 이러한 주식자산과 안전자산의 일장일단을 섞어놓게 되면 장기적으로 꾸준한 수익을 만드는 근본적인 틀이 될 수 있다. 지금부터 '주식혼합전략(자산배분전략)'에 대해 본격적으로 이야기해 보자.

01 개인투자자를 위한 '믹스 앤 매치' 전략

주식혼합전략도 다양한 방식이 존재하는데, 필자가 연구하였던 3가지 전략과 기본적인 운영방식에 대하여 설명하도록 하겠다.

주식혼합전략은 기본적으로 1년에 한 번씩 재조정(리밸런싱, Rebalancing)하는 것이다.

'가치스타일 전략'이 1년에 한 번씩 포트폴리오를 조정하는 것과 마찬가지다. 이 '리밸런싱'이 중요하다. 1년에 한 번씩 리밸런싱을 하게 되면, 주식자산과 안전자산이 혼합되어 있으므로 전체적으로 안정적인 수익률 흐름을 보이게 된다.

만약 특정 년도에 주식시장이 무너져 주식자산이 감소하더라도, 안전자산은 이자율만큼 늘어나므로 재조정하게 될 때에는 안전자산에서 자금을 빼서 주식자산을 늘리게 된다. 이는 간접적인 '저가 매수'라고 볼 수 있겠다. 반대로 주식시장이 상승해서 과열권에 접어들게 되면, 주식자산은 커져있고 안전자산은 변화가 거의 없다. 재조정할 때 비율을 맞추기 위해 주식자산을 일부

팔고, 안전자산을 늘리게 된다. 즉 간접적인 '고가 매도'가 이루어진다.

이렇게 계속 운영하게 되면 '저가매수, 고가매도'가 반복되면서 장기적인 수익률을 높여준다. 외국인투자자나 기관투자자도 이러한 주식혼합전략을 구사한다. 1년에 한 번씩 리밸런싱 하는 것은 아니지만 자신들만의 다양하고 섬세한 기준에 의해 운용하고 있다. 국민연금이 그 대표적인 케이스이다.

[그림 9-1] 국민연금의 중기 자산배분안(~2024년)

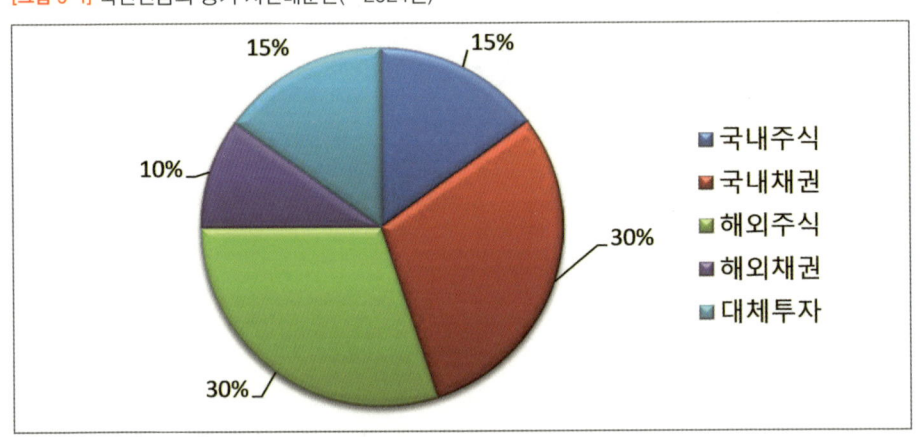

국민연금은 주기적으로 투자자산에 대한 비중을 조정한다.

그림9-1을 보면 국민연금의 중장기 자산 배분 계획을 확인할 수 있다. 2024년에는 국내 주식에 대략 15%를 투자할 계획이다. 그 외에 해외 주식에 30%, 대체자산에 15%, 국내 채권에 30%, 해외 채권에 10%의 비중을 두고 투자하려는 목표를 갖고 있다. 약간의 가감은 있을 수 있지만 대체적으로 그 기준에 맞게 운용될 것이다.

만약 종합주가지수가 강세장을 만나 폭등한다면 어떻게 될까? 국민연금의 주식평가액과 주식비중은 자연스럽게 높아지게 되니, 국민연금은 그 과정에서 증가한 주식자산을 '고가매도' 하면서 비중 조절에 들어갈 것이다. 반대로 주가가 1,000p까지 하락하는 -50% 상황이 된다면, 감소된 주식 비중을 높이기 위하여 채권자산을 매각하여 '저가매수'를 하게 될 것이다.

장기적으로 이런 원칙을 지켜서 운용하게 되면 자연스럽게 수익률을 극대화할 수 있다. 일부 언론과 정치인들이 "주식자산이 손해나면 어떻게 하느냐, 국민연금은 국민의 땀이다."라고 하면서 주식투자에 반대하는 경우를 종종 보게 된다. 하지만 국민연금이 채권투자로만 일관할 경우 장기수익률에서는 인플레이션을 넘는 초과수익을 낼 수 없다. 주식자산과 함께 자산을 조절하는 전략을 취하기에 향후 장기적인 수익률을 기대할 수 있는 것이다.

이러한 리밸런싱 개념은 구체화된 스케줄이 필요한데 우리는 기본 스텝, 즉 1년에 한 번 재조정한다는 기준을 두고 다양한 주식혼합전략을 구사할 수 있겠다. 필자는 지금부터 첫째 50 대 50 전략, 둘째 70 대 30 전략, 마지막으로 연령에 따른 주식혼합전략, 이렇게 3가지의 간단한 전략을 제시하고, 추가로 몇 가지 자산배분전략을 더 설명하겠다. 눈치 빠른 독자들이라면 위의 숫자가 주식자산과 안전자산의 비중이라는 것을 알아차렸을 것이다.

'50 대 50 전략'은 주식자산을 50%, 안전자산을 50%로 잡는 것이고 '70 대 30 전략'은 주식자산을 70%, 안전자산을 30%로 잡는 전략이다. 두 전략 모두 1년에 한 번씩 비율을 다시 맞춘다는 것이 대전제이다. 세 번째 '연령에 따른 주식혼합전략'은 연령에 따라 안전자산 비중을 단계적으로 조절해 가는 방법으로 조금 복잡하다 싶지만, 본인의 나이만 알면 되므로 실천하는데 어려움이 없다.

자, 지금부터 각각의 주식혼합전략에 따른 수익률을 확인해 보겠다.

편의상 주식자산은 종합주가지수에 투자하는 것으로 가정하겠다. 즉 인덱스펀드나 KOSPI200을 추종하는 ETF인 KODEX200 또는 KOSEF200 같은 주가지수펀드에 투자하는 것으로 생각하면 된다. 안전자산은 단순하게 은행 1년 예금으로 가정하겠다.

▶ 기본이 되는 50 대 50 전략

이 전략은 많이 알려진 전략이기는 하지만, 어느 정도 성과를 내는지 확인된 바가 없다. 그저 '장기적인 수익률이 좋을 것이다.'라는 믿음만 있을 뿐이다. 하지만 필자는 이 책을 통해 이 전략의 장점을 확실하게 밝히려고 한다.

일단 '50 대 50 전략'을 실행하기 위해서는 주식자산을 50%, 안전자산(1년 만기 예금)을 50%로 세팅해 놓아야 한다. 이때 약간 어려움을 느끼는 분도 있다. 주식자산은 증권사 계좌로 관리가 되는데, 안전자산은 은행 통장으로 봐야 되니 통합 관리가 어렵다고 생각하는 것이다.

하지만 간단하게 엑셀로 표를 만들거나, 자산관리 노트 같은 것을 만들어서 월 단위, 연간 단위로 금액 현황을 기록해 관리하면 증권 계좌와 은행 계좌의 이질감은 사라지게 된다. 이렇게 세팅 된 자산을 1년 뒤 정해진 날짜에 다시 리밸런싱 한다.

예를 들어 N년도 말에 총 투자금액 1억 원인 사람이 주식자산으로는 종합주가지수와 똑같이 움직이는 ETF에 5,000만 원을 투자하고, 안전자산으로는 은행권의 1년 만기 예금에 5,000만 원을 예치했다고 가정해 보자. 1년 뒤, 즉 N+1년도 말에 합계 금액의 반을 나누어 다시 리밸런싱을 하게 된다.

N년도 말에 주식자산에서 100% 수익이 났다면 1억 원이 되어 있을 것이다. 은행예금의 이자율이 세후 3%라고 한다면 5,150만 원을 찾을 수 있다. 이 금액을 합쳐서 다시 반으로 나누면 된다.

따라서 N+1년도 말, 전체 자산은 1억 5,150만 원이므로 주식에 7,575만 원, 예금에 7,575만 원 재투자하면 된다. 이런 주식혼합전략을 매년 반복하는 매우 단순한 방법으로 큰 효과를 거둘 수 있다.

여기서 또 하나의 재미있는 시나리오를 써보자.

N년도 말에 주식자산 5,000만 원, 예금자산 5,000만 원으로 총 1억 원을 세팅했다. 예금이자는 세후 3%로 고정, 주식자산은 한 해는 100% 상승, 다음해는 -50%로 반토막, 다음해는 다시 100% 상승, 그 다음해는 -50%로 널뛰기 하는 상황이 10년간 반복된다면 어떤 일이 일어날까?

[그림 9-2] '50 대 50 주식혼합전략' 가상 매매 결과

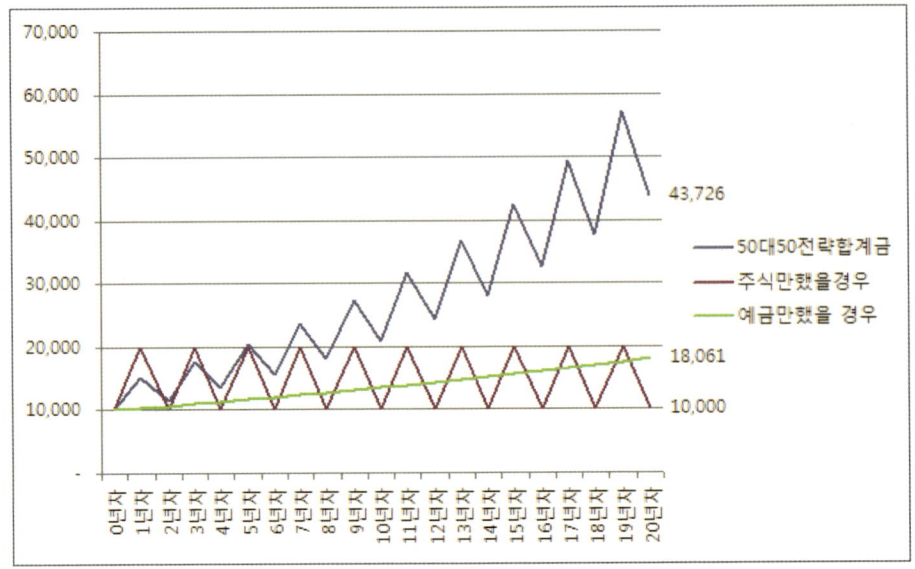

매년 급등과 급락을 반복하는 주식시장에서 주식에 100% 투자했다면, 그림9-2의 적색 선처럼 20년 동안 1억 투자해서 1억만 남게 되는 상황이 되었을 것이다. 한편 3% 세후 이자를 주는 1년 예금에 20년간 반복 투자했다면, 20년간 8,061만원의 수익(수익률 80%)이 발생했을 것이다. 만약 '50 대 50 주식혼합전략'을 선택했다면, 20년 뒤 4억 3,726만 원으로 초기 투자금 대비 4배 반 가까이 자산이 늘어났을 것이다. 단순히 은행 예금만 했을 때보다 2배 반 가까운 자산 증가 효과를 본 것이다. 이것이 바로 '50 대 50 전략'의 놀라운 파워다.

한 해 단위로 보면 매년 배가 아플 수밖에 없다. 주식시장이 100% 오른 해에는 '주식에 모두 다 투자했으면 큰 수익을 냈을 텐데'라는 아쉬움이 남고, 주식시장이 50% 하락한 해에는 '주식 하지 말고 그냥 은행예금이나 할 걸.'

이라는 심리적 방황을 경험하게 된다.

하지만 냉정하게 생각해 보자. 시장을 그렇게 딱딱 맞추는 사람이 어디 있겠는가? 실전에서는 딱딱은커녕 딱 맞추는 것도 어렵고, 투자심리 때문에 예상을 정확하게 하더라도 실천이 어렵다. 그런데 이 '50 대 50 전략'을 구사하면, 꾸준히 안정적으로 수익률을 낼 수 있다.

그렇다면 여기서 궁금해지는 것이 있다. 만약 이 상황에 종합주가지수를 적용했다면 어떤 결과가 나왔을까? 필자 역시 궁금했다. 필자의 호기심은 오랜 시간의 연구로 이어졌다.

[그림 9-3] 2000년 이후 '50 대 50 주식혼합전략'을 종합주가지수와 1년 예금에 적용한 결과

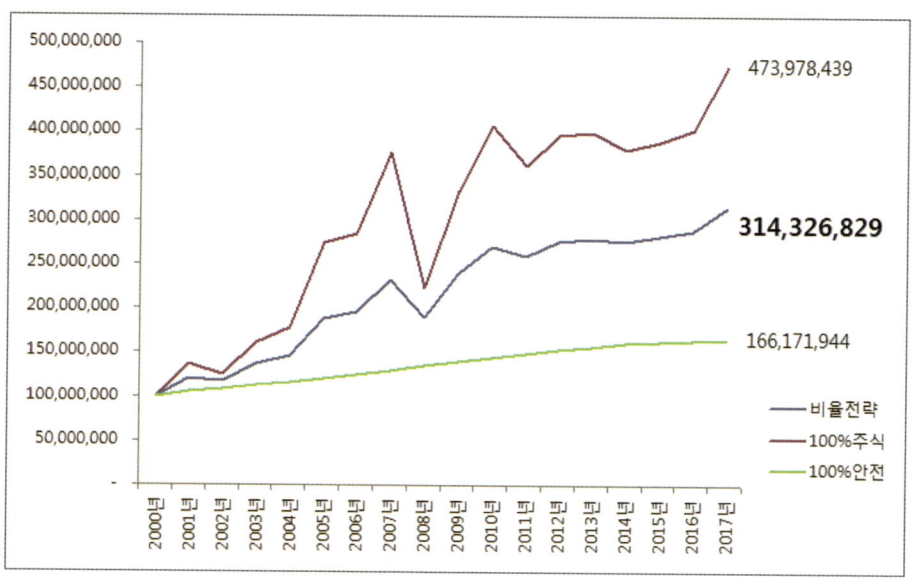

그림9-3을 보자. 2000년 말 1억 원을 '50 대 50 전략'으로 운용했다면 2017년 6월 말에는 3억 1,432만 원이 되었을 것이다. 이는 16년 6개월 동안

214% 수익률을 달성한 것이다. 복리로 계산하면 7.2%다.

같은 기간 종합주가지수에 투자했다면 1억 원이 4억 7,400만 원까지 불어나긴 했을 것이다. 하지만 2008년 금융위기 때처럼 자산이 급격하게 감소하는 상황이 발생하면 투자원칙을 지키기가 매우 어렵다. 그에 반해 '50 대 50 전략'은 2008년 금융위기 당시 전체 자산 대비 18% 손실에 그쳤다. 2008년 주식투자 비중이 100%였다면 아마도 -40% 이상의 끔찍한 자산 손실을 보고, 아마도 2008년 10월경 의 폭락 때 모든 주식을 매도하였을지도 모르는 일이다. 하지만 '50 대 50 전략'은 꾸준한 우상향 수익률을 달성하였다. 만약 100% 은행예금에 투자했다면, 자산은 16년 6개월 동안 66% 증가했을 것이다. 이는 복리 기준 연 3.1% 수준이다. 비록 자산이 감소하지는 않았지만 장기 투자의 관점에서 보면 실망스러운 성적표가 아닐 수 없다.

이렇게 '50 대 50 전략'은 장기적으로 은행이자율은 초과하고 주식시장의 변동성을 낮추면서 꾸준히 수익률을 높이는 매우 마음 편한 전략이라 할 수 있겠다. 하지만 이 전략의 수익률에 만족하지 못 할 투자자 분들도 계실 것이다. 그래서 비율을 약간 올린 '70 대 30 주식배분전략'을 소개하려고 한다.

▶ 주식 비중을 높인 70 대 30 전략

'70 대 30 주식혼합전략'은 '50 대 50 주식혼합전략'의 변형된 형태라 보면 된다.

'50 대 50 전략'이 안정성이 높은 전략이라면, '70 대 30 전략'은 조금 더 공격적인 투자방법이다. 즉 원리는 같되 주식시장의 변동성, 즉 리스크에 대한 각오가 조금 더 되어 있는 투자자를 위한 공격적인 전략인 것이다. 방법은 같고, 비중의 차이를 두는 것이다. 주식자산 70%, 안전자산 30%로 구성하여 매년 리밸런싱을 하기만 하면 된다.

공격적인 투자자 관점에서 보면 주식비중 70%는 그리 큰 비율이 아니다. 아마 더 늘리고 싶을지도 모른다. 하지만 30%의 안전자산은 만약의 상황에 대비한 후방지원군이 되어주므로 꼭 지킬 필요가 있다. 그렇다면 '70 대 30 전략'은 어떤 결과를 보여줄까? '50 대 50 전략'보다 높은 수익률이 나올까? 앞서서 행했던 방법과 유사하게 진행하도록 하겠다. 단 비율만 주식비중 70%, 안전자산비중 30%로 차이가 있을 뿐이란 점을 재차 강조 드린다.

일단 가상의 매매를 해보자. 1억 원의 자산을 '70 대 30 주식혼합전략'으로 시뮬레이션 해보면 약간은 실망스러운 결과가 나온다. 가상의 주가지수는 매년 1000p와 2000p를 왔다 갔다 하는 상황, 즉 한 해는 100% 수익, 다음 해에는 -50% 손실이 나는 패턴이 반복되고 1년 예금 금리는 세후 3%로 가정을 하였다.
그림9-4를 보면 '70 대 30 전략'은 '50 대 50 전략'에 비하여 변동성이 높은 결과를 보여준다.

[그림 9-4] '70 대 30 주식혼합전략' 가상 매매 결과

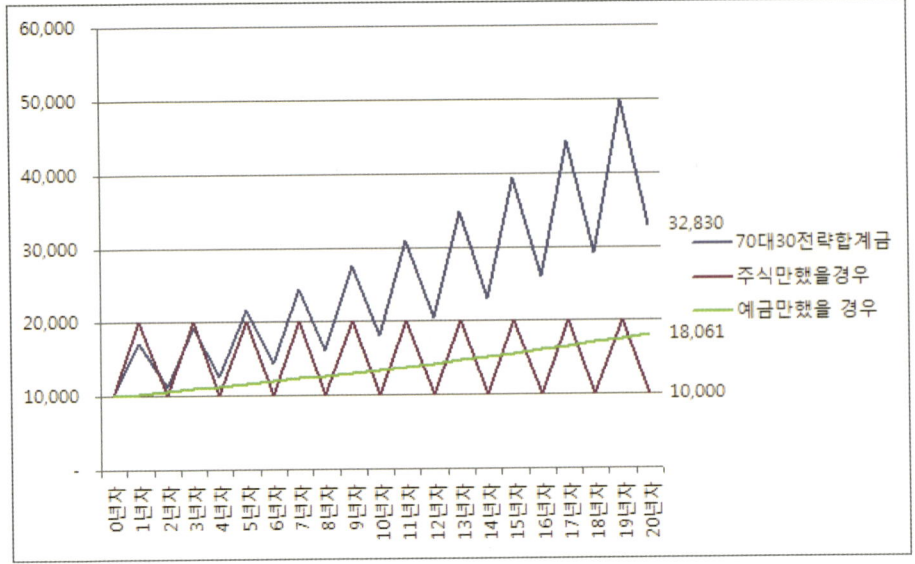

'70 대 30 주식혼합전략'의 결과, 20년차에 1억 원의 자산이 3억 2,830만 원으로 불어났다. 단순히 주식을 보유하였을 때는 1억 원의 3배 이상으로 자산이 늘었으며, 단순히 은행예금에 넣어둔 상황보다는 80% 정도 더 수익이 났다. 하지만 이전에 보았던 '50 대 50 주식혼합전략'이 더 수익이 많이 났고, 변동성이 낮았던 것을 떠올려 볼 필요가 있다. 왜 이런 결과가 나왔을까?

그 이유는 바로 '70 대 30 주식혼합전략'이 주식시장의 상승에 조금 더 무게를 두고 있기 때문이다. 즉 투자자가 리스크를 감수하면서 상승가능성에 투자하는 방법이다. 만일 보수적인 성향의 투자자가 '70 대 30 주식혼합전략'을 사용한다면 심리적으로 흔들릴 가능성이 크다. 따라서 이 전략은 리스크를 좀 더 감수할 수 있는 '간 큰 투자자'에게 적합한 전략이라 정리할 수 있겠다.

그렇다면, 실전에서는 어떤 결과가 나왔을까?

혹시 위험만 커지고 수익률은 악화되는 것은 아닐까? 필자도 걱정이 앞섰다.

[그림 9-5] '70 대 30 주식혼합전략'을 종합주가지수와 1년 예금에 적용한 결과(2000년 이후)

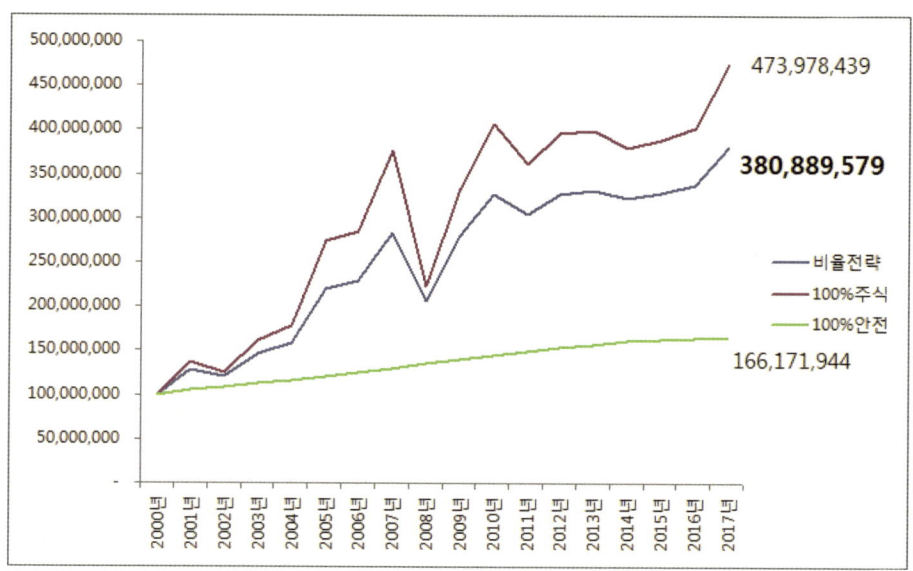

앞서 그림9-3을 통해 2000년부터 2017년 6월까지 '50 대 50 전략'으로 1억 원의 자산이 3억 1,432만 원으로 214% 증가했음을 확인했다. 그런데 리스크를 감수하고 상승 가능성에 무게를 둔 '70 대30 전략'을 구사한 결과는 어떨까?

그림9-5를 확인하자. 자산은 1억 원에서 3억 8,088만 원으로 증가했다. 수익률로는 280% 이상, 연복리로는 8.4% 이상의 수익률을 달성한 것이다. '50 대 50 주식배분전략'이 복리 7.2% 수준이었음을 감안한다면, 확연한 차이가 있다.

여기에서도 마찬가지로 그냥 주가지수에 투자했을 때보다는 수익금에서는 뒤쳐진다. 하지만 시장이 크게 출렁일 때마다, 완만한 조정으로만 그치게 된다. 언제나 그렇듯, 만약이라는 돌발상황, 즉 블랙스완 사태를 염두에 두어야 한다.

2008년 금융위기 당시 종합주가지수에만 투자했다면 40% 이상의 손실을 보게 되지만 '70 대 30 주식혼합전략'은 27% 수준의 상대적으로 양호한 수준에서 손실률을 커버한다.

위험 대비 수익률을 샤프 지수(Sharp ratio)로 계산해 보면 '70 대 30 주식혼합전략'은 0.5, '100% 주식전략'은 0.41이다. 당연하게도 '70 대 30 주식혼합전략'이 '100% 주식전략'보다 위험 대비 수익률 측면에서 좋은 성과를 보였다(샤프 지수는 한 단위 위험자산에 투자해 초과 수익률을 올리는 것을 평가하는 지표로, 지수가 높을수록 감수하는 위험에 비해 실적이 좋다는 의미다).

자, 이제까지 '50 대 50 주식혼합전략'과 '70 대 30 주식혼합전략'을 자세히 설명하였다. 그렇다면 마지막으로 조금은 어려운 '연령에 따른 주식혼합전략'에 대해 공부하기로 하자.

조금 복잡한 듯해도 실천하기는 매우 쉽다.

▶ 연령별 주식혼합전략

'연령별 주식혼합전략'은 재테크 관련하여 계획을 세울 때 연령에 따라 안전자산의 비중이 달라지기에 붙여진 이름이다. 바로 이 시점에서 바로 이해가 되시는 분들도 계실 것이다. 연령이 높아지는 것과 함께 안전자산의 비중을 높여가는 전략이라고 이해하면 된다.

우리 인생을 보더라도 10대나 20대 혈기왕성하던 시기에는 도전을 해봐야 한다. 도전했다가 실패하더라도 다시 일어날 수 있는 에너지가 충만할 때이기 때문이다. 젊은 나이라면 사업하다 망했다 하더라도 막노동이라도 해서 다시 일어설 수 있지 않은가?

하지만 나이가 들고, 가족이 생기고, 자식이 커가면서 가족을 안전하게 지켜야 할 의무가 무거워진다. 도전하기 보다는 안정을 바라게 되는 것이다. 여기에 노동력이 감소되고 건강과 체력이 떨어짐에 따라 자산을 안정적으로 운용할 수밖에 없게 된다. 노년층에 접어든 상태에서 위험하게 투자를 하다가 재산을 날리면 재기가 어려워진다. 즉 연령이 높아질수록 위험자산을 줄여나가야 한다.

여기서도 결국 비중의 문제인데, 자신의 나이를 안전자산 비중으로 잡으면 된다. 그러면 그 나머지가 주식자산이 될 것이다. 너무 쉽다. 그림9-6을 보면 실제 연령에 따른 투자비중이 더 쉽게 이해가 될 것이다.

[그림 9-6] 연령에 따른 위험자산(주식)의 비중

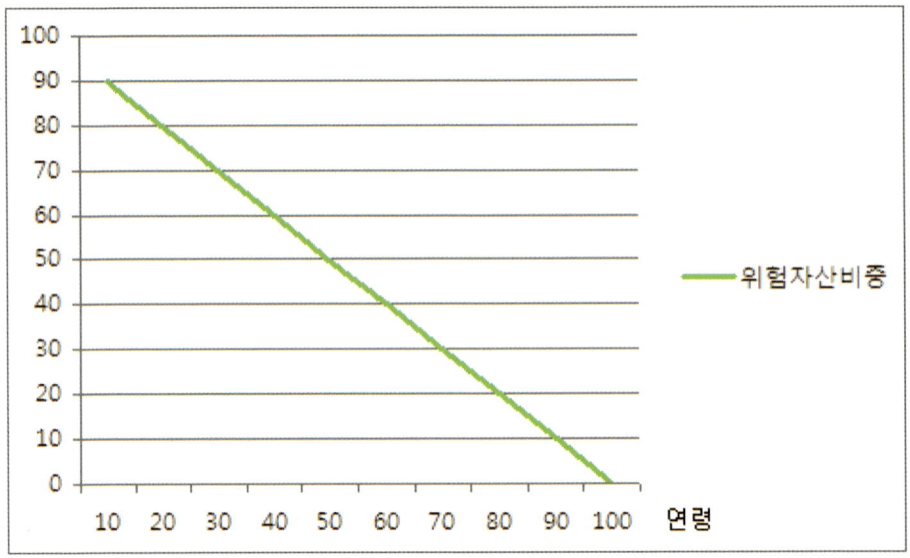

    10대에는 안전자산(예금 등)을 10%, 주식자산(위험자산)을 90% 비중으로 잡으면 된다. 설사 주식자산에서 크게 손실이 나더라도 다시 일어설 수 있고 수십 년이라는 기회가 존재하기에 공격적으로 투자해도 좋다.

    20대가 되면 위험자산 비중을 80%로 줄이고 안전자산 비중을 20%로 늘인다. 서서히 위험에 대한 부담을 고려해야할 시기가 다가오는 것이다. 나이가 들어서 50대가 되었다고 하자. 50대는 안전자산 비중 50%와 주식자산(위험자산)의 비중이 50%가 된다. 이 정도라면 투자에 큰 낭패를 보더라도 치명적이지는 않다.

    70대가 되었다면, 안전자산 비중을 70%로 크게 높여 자산을 서서히 안정적으로 운용해 가야 한다. 갑자기 생기는 병원비, 각자 집안 경조사에 따른 비용, 노동력 저하에 따른 소득 감소가 이어지는 시기이므로 공격적인 투자는 금물이다.

그렇다면 이 전략을 20살부터 100살까지 가상 매매에 적용해 보자. 이 전략의 시뮬레이션은 앞서 언급했던 주식혼합전략들과 마찬가지로 매년 연령에 따라 달라지는 주식자산과 안전자산의 비율을 조절하여 계산한 것이다.

[그림 9-7] 연령별 주식혼합 전략의 시뮬레이션

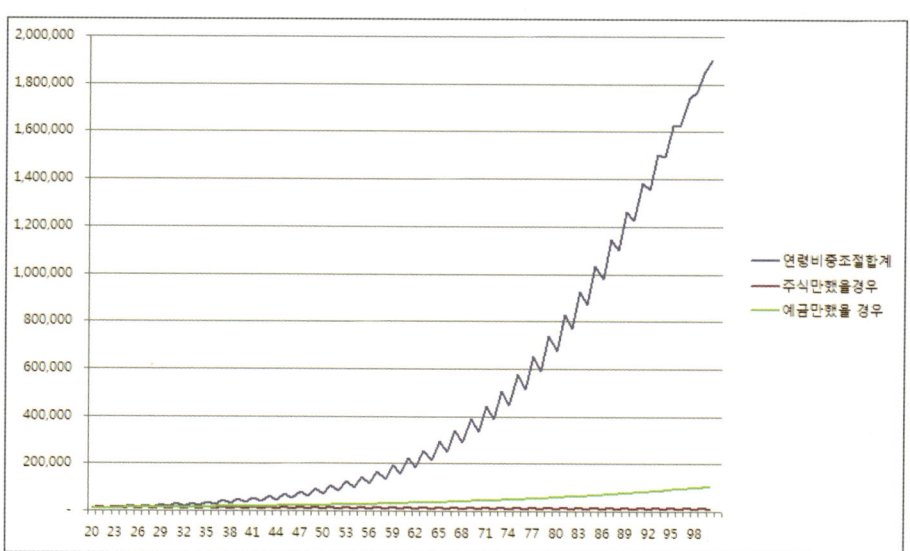

위에서 시뮬레이션 해보았던 두 가지 주식혼합전략과 똑같은 가정이다. 주가지수는 한 해 100% 상승, 다음 해는 -50% 하락하는 상황(한 해는 주가지수 1000p, 다음 해는 2000p)이 매년 반복된다고 가정하겠다.

그림9-7을 보면 안전자산의 이자율을 세후 3%로 가정할 경우, 1억 원의 자산은 80년 뒤에 190배 가까이 늘어남을 확인할 수 있다. 그저 안정성을 위

해 은행예금에 모두 맡겨두는 것보다 젊었을 때 공격적으로 투자하면서 서서히 안전자산 비중을 늘려 가면 그림9-7에서 보는 바와 같이 합계 수익금액의 변동성은 점차 낮아지다가, 100세가 되었을 때에는 은행이자 수준의 자금 증가만 발생된다.

그렇다면 이 방법 역시 실전에 적용해 보자. 앞서 살펴보았던 '50 대 50 주식혼합전략'과 '70 대 30 주식혼합전략'보다 투자기간을 길게 잡고 적용해 보도록 하겠다. 1985년 당시 33세 청년이 2017년 상반기 65세가 될 때까지로 투자기간을 잡아보겠다.

생각해 보면 32년은 기나긴 투자기간이다. 격동의 세월 속에 수많은 평지풍파가 있어 왔다. 80년대 폭등장에서부터 90년대 초 깡통계좌를 양산했던 폭락장, 그리고 90년대 말 IMF사태, 99년의 IT붐으로 인한 폭등장, 2000년 IT버블 붕괴에 따른 폭락, 그 뒤 2007년까지 글로벌 부동산 버블로 인한 강세장, 2008년 글로벌 금융위기 등 실로 다양한 일들이 많았다. 그 30년이 넘는 기간 동안, 주식자산은 종합주가지수와 똑같이 움직였다고 가정하고, 안전자산은 은행에 맡긴 것으로 가정하겠다.

[그림 9-8] 연령별 주식혼합전략, 50 대 50 주식혼합전략, 100% 안전자산 투자 사례

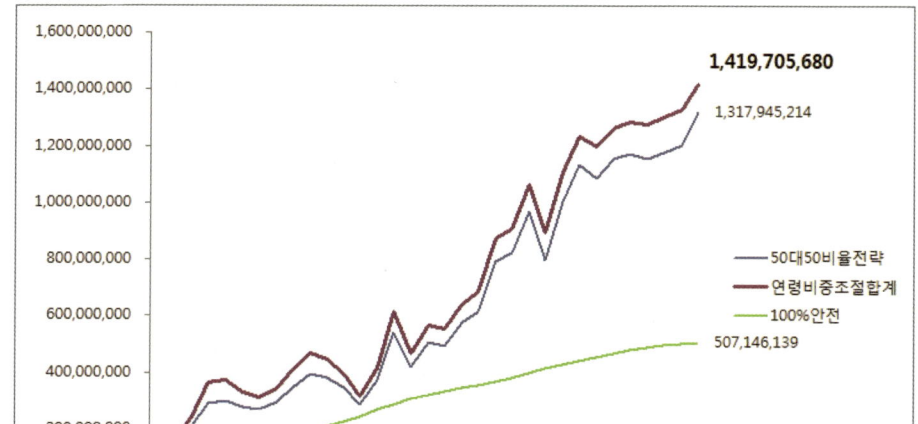

그림9-8을 보자. 1985년부터 2017년 상반기까지, 30년 이상의 세월이 흐르는 동안 30대 청년은 65세 초로의 나이가 되었을 것이다. 1985년 말에 '연령별 주식혼합전략'을 사용해 1억 원을 투자했다면, 그 1억 원은 14억 1,970만 원으로 14배 이상 증가했을 것이라 예상된다.

만약 1억 원을 100% 안전한 예금에 투자하고, 그 당시 예금이자로 계속 재예치 했을 경우라면 5억 714만 원으로 자산이 5배 정도 증가한 수준에 그쳤을 것이다.

물론 중간에 자산이 출렁거릴 때도 있었겠지만, 계속 이 원칙을 이어갔다면 수익금이 극대화 되는 효과를 보았을 것이다. '연령별 주식혼합전략'을 사용한 이 가상의 투자자는 65세가 된 현시점에서 안전자산 비중을 65%로 높

여 안정적 투자를 하고 있을 것이다. 다시 시간이 흘러 70세가 되었을 때는 그 비중을 70%로 높여 편안한 노후를 준비할 것이다.

이 주식혼합전략은 연령에 따른 투자성향을 안전자산(예금자산)의 비중에 자연스럽게 녹였다는 점에서 좋은 전략이라고 볼 수 있으며, 실제로 자산설계사들 중에 이런 류의 전략을 이용하는 사람들이 많다. 그 만큼 효용성도 높고 투자자 선호도도 잘 반영하고 있기 때문이다.

02 완벽한 투자 전략의 완성

앞장에서 설명 드린 '가치스타일 전략'으로 다시 돌아가 보자. 단순히 종합주가지수에 투자하는 것보다 2배 가까운 높은 수익률을 내는 것이 검증된 바 있다. 이 '가치스타일 전략'과 방금 설명을 마친 '주식혼합전략'을 합치면 자산관리의 큰 틀을 짤 수 있다. 즉 두 가지 전략의 시너지가 발생해 수익률이 극대화 될 수 있다.

'가치스타일전략'은 1년 단위의 종목 포트폴리오들의 수익률이 종합주가지수에 앞설 수 있는 가능성이 매우 높은 전략이고, '주식혼합전략'은 장기적인 관점에서 종합주가지수 및 은행예금 금리를 초월하는 수익률을 거둘 수 있는 전략이기 때문이다.

[그림 9-9] '가치스타일 전략'과 '주식혼합전략'의 결합으로 성공투자 전략 완성

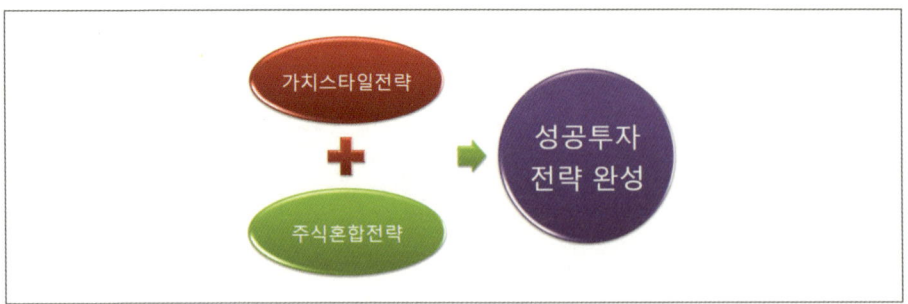

　마치 '제갈공명'의 최고 전략가와 '조자룡' 같은 최고의 지휘관이 만났다고 볼 수 있을 것이다. 필자가 강의를 하면서, 이 두 전략을 섞어보자고 하면 많은 분들이 혼란스러워 한다. 아주 생소한 결합이기 때문이다. 일반적인 주식투자 서적은 정말 지엽적인 매매기법을 설명하고 있다.
　'이 방법을 사용하면 스윙투자의 대가가 된다.'라는 책이 있다면, 그 책 안에는 스윙투자의 여러 가지 기술이 있을 것이다. 전체적인 자산관리 측면에서 자산은 어떻게 배분해야 하고, 주식투자를 할 경우 종목 수를 어떻게 해야 할지에 대한 실질적인 내용은 전혀 없다.

　이런 상황이다 보니 대부분의 개인투자자들은 '전략과 전술'이 조화된 투자방법을 사용하지 못하고, 단순히 '기술적 매매'나 '몰빵' 형식의 단기투자에만 치중하게 된다. 아무리 전술이 뛰어나다 하더라도, 즉 매매 방법이 매매단위에서 뛰어나다 하더라도, 전체적인 자산운용 전략이 없기 때문에 한 번의 잘못된 매매가 전체 자산을 무너뜨릴 수도 있다. 하지만 필자가 알려드린 '가치스타일 전략'과 '주식혼합전략'을 합치게 되면 전략과 전술이 모두 갖추어진 완벽한 투자법이 되는 것이다.

필자의 투자법이 갖는 가장 큰 장점은 한마디로 정리해 보겠다. 투자기준이 확고하게 잡혀 있으니까 안달복달하지 않는 안정된 투자마인드로 원리원칙에 따라 꾸준히 매매하면 안정적 수익률을 꾸준히 낼 수 있다는 것이다.

투자를 하다보면 자신의 마음을 컨트롤하기 힘들다. 특히 급등락 시장에서 투자자의 심리는 더 크게 요동친다. 앞으로 주식시장이 갑자기 한 해에 100%씩 상승하는 시장이 또 다시 올 수도 있다. 예전 1999년처럼 한 해에 뜨겁게 다가올 수도 있고, 2003년~2007년처럼 5년여에 걸쳐 꾸준히 우리 곁에 머물 수도 있다.

이런 시장이 되면 투자원칙과 전략이 수립되지 않은 투자자는 우왕좌왕할 수밖에 없다. 한 푼이라도 더 끌어와서 공격적으로 투자하고 싶어지는 게 인지상정이다. 반대로 주식시장이 폭락할 수도 있다. 2008년 금융위기 때처럼 종합주가지수가 1년 만에 반토막이 날 수도 있고, IMF가 터진 1997년처럼 날개 없는 추락이 발생할 수도 있다. 이런 상황을 만나게 되면 투자자들은 패닉상태에 빠져 추가적인 손실을 막기 위한 몸부림을 시작한다.

즉 주식시장의 밑바닥에서 모든 주식을 팔고 떠나는 상황이 벌어지는 것이다.

하지만 이 책을 읽는 독자들과 필자와 투자로 인연을 맺은 분들은 절대 이런 일에 휩쓸리지 않을 것이다. '가치스타일전략'과 '주식혼합전략 자산배분전략)'을 합쳐서 좋은 결과를 만들어 낼 수 있다. 그리고 그 방법 또한 발전시켜 나갈 수 있다.

예를 들어 '안전자산'을 은행예금으로 한정지었는데, 이 안전자산을 '국고

채'로 바꾸어서 투자하는 방법도 연구해 볼 수 있고, 리스크를 감수하고 '회사채'로 바꾸어 조금 더 높은 수익률을 올릴 수도 있다. 또 안전자산에 대한 개념을 확 바꾸어 '달러'로 적용할 수도 있다. '달러'로 적용한다는 것이 무슨 뜻인지 이해가 안 되는 분들도 있을 것이다. 지금부터 공부해 보기로 하자.

▶ 달러를 안전자산으로 활용한 '주식혼합전략'

달러를 안전자산으로 이용하는 이유는 간단하다. 글로벌 금융위기 또는 한국 내부의 금융시스템이 불안해지면 달러 가격이 크게 상승하는데, 그런 상황에서 주가지수는 급락하고 원달러 환율은 급격하게 상승하게 된다. 즉 주식시장에서 발생되는 손실을 원달러 환율이 어느 정도 보완해주는 효과를 내는 것이다.

그림9-10을 보자. 우리나라 금융시장이 개방되던 즈음인 1990년부터 살펴보면 주식 100%, 즉 종합주가지수에만 투자하였을 경우에는 1997년 외환위기, 2000년 IT 버블 붕괴 그리고 2008년 글로벌 금융위기 과정에서 심각한 재산상의 손해를 보았을 것이다. 하지만 주식혼합전략에서 안전자산으로 달러를 사용한 두 개의 전략은 매우 흥미로운 결과를 보여준다.

'70 대 30 주식혼합전략'이든 '50 대 50 주식혼합전략'이든 한국의 증시가 폭락하는 시점에서 자산의 감소 폭이 적고 상대적으로 부드러운 상승이 이어졌다.

[그림 9-10] 달러(안전자산)와 주가지수를 혼합한 전략

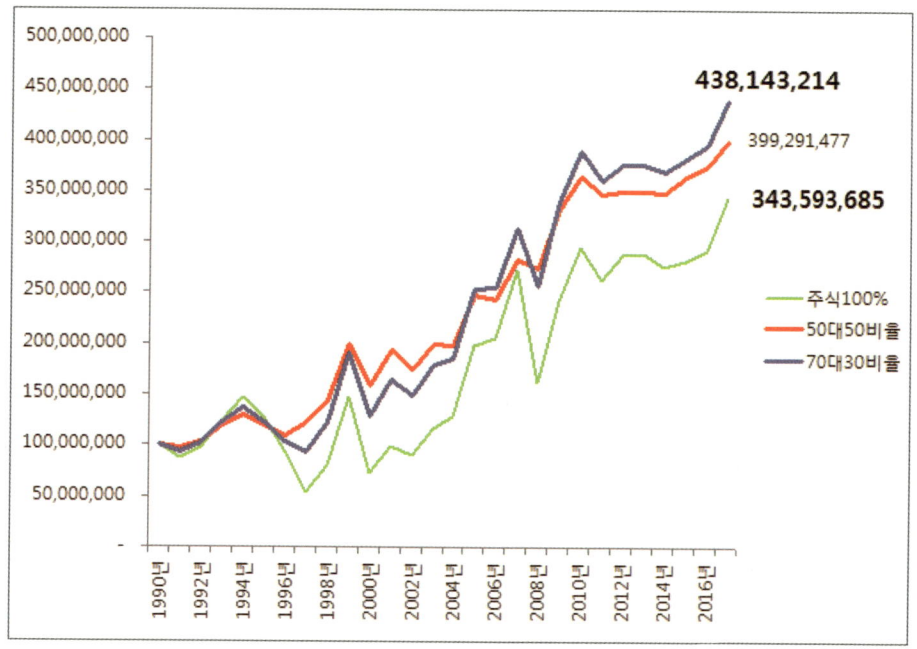

1990년 1억 원으로 시작한 전체 자금은 1997년 외환위기 당시에는 반토막이 나는 처참한 수익률을 보여준다. 이 정도의 수익률이라면 모든 투자자들이 손을 털고 주식시장에서 떠났을 것이다. 하지만 '50 대 50 전략'은 1997년에 12%의 자산 증가가 발생된다. 이는 당시 원달러 환율이 1996년 844원에서 1997년 12월 말 1,415원까지 폭등했기 때문이다.

결과적으로 안전자산으로 달러를 사용한 경우 장기적인 관점에서의 수익 상승과 단순 종합주가지수에 투자한 것보다 더 좋은 결과를 가져 왔다. 1990년 안전자산을 달러로 사용한 '70 대 30 전략'으로 1억 원을 투자하면, 2017년 상반기 투자금은 4억 3,814만 원으로 불어나게 된다. 100% 종합주가지수

에 투자한 경우는 3억 4,359만 원으로 대략 9,400만 원 이상의 수익금 차이를 보여준다. 안전자산의 변화로도 수익을 확대할 수 있다는 점은 투자에 있어서 매우 중요한 추가적인 단서가 될 것이다. 이러한 작은 단서를 하나하나 쌓아간다면 수익률은 점점 높아져 갈 것이다.

▶ 4등분 자산배분전략

앞서 주식혼합전략(자산배분전략)을 설명할 때 위험자산을 국내 주식으로 한정하거나, 안전자산을 국내 예금 또는 달러로만 한정했다. 글로벌 분산투자의 효과를 누릴 수 없다는 단점을 갖고 있는 것이다.

글로벌 분산투자를 하게 되면, 무엇보다 투자 안정성이 높아지는 효과를 거둘 수 있다. 만약 한국 증시가 글로벌 증시 대비 약세라 하더라도, 글로벌 증시의 긍정적 흐름에 힘입어 한국 증시의 부진을 상쇄할 수 있는 것이다. 안전자산도 마찬가지다. 한 나라의 안전자산으로 운용하는 것보다는 2개국 이상으로 확대할 때 수익률의 변동성을 낮출 수 있다.

특히 한국은 대북 리스크라는 지정학적 숙명을 안고 있기에, 글로벌 자산을 활용하는 것은 수익 안정성 측면에서 유용하다. 이런 기본 전제에서 '4등분 자산배분전략'은 간단하면서도 효과적인 분산투자 방법이다. 다만 단점이라면 분산이 확대된 만큼, 기대수익률이 시기에 따라 낮아질 수 있다는 것이다. 하지만 수익률의 안정성을 선호하는 투자자에게는 좋은 대안이 될 수 있겠다.

'4등분 자산배분전략'은 개념적으로 국민연금의 자산배분전략과도 유사하고, 일본의 공적연금이 구사하는 자산배분전략과도 많은 부분 비슷하다. 국내 자산에만 투자할 경우 자국 통화로 평가할 수 있다는 장점이 있는 반면, 자국 내부의 문제로 수익률이 크게 악화될 수 있다는 단점이 있다. 글로벌 자산 배분을 활용하는 이 전략은 거대 자금을 운용하는 경우 더욱 선호되는 경향이 크다.

4등분 자산배분전략을 세팅하는 방법은 간단하다.

국내 주식, 국내 안전자산, 해외 주식, 해외 안전자산에 1/4씩 자산을 나누어 세팅하고 1년에 한 번씩만 비중을 조절하면 된다.

이 전략을 설명하기 위해 국내 주식은 한국의 종합주가지수, 국내 안전자

[그림 9-11] 4등분 자산배분전략의 1991년 이후의 성과 추이

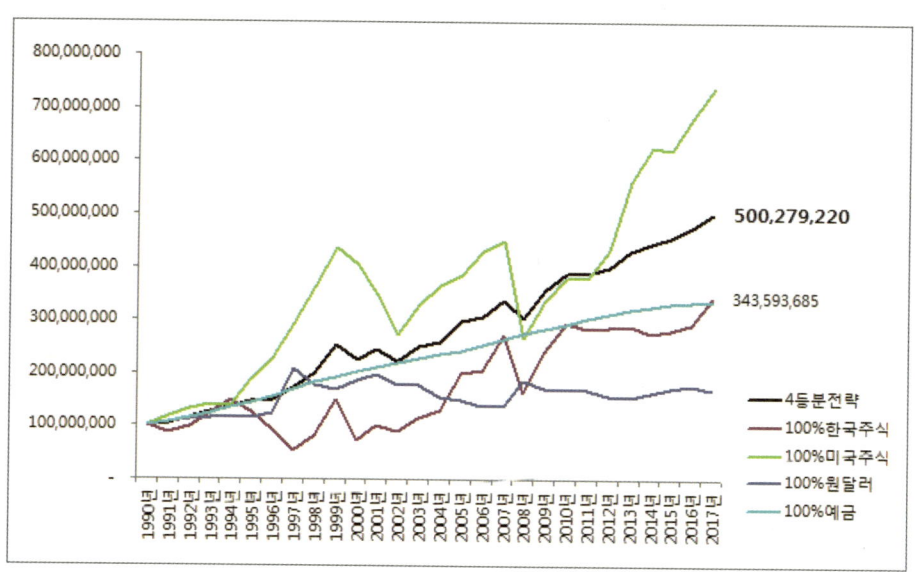

산은 1년 정기예금, 해외 주식은 S&P500지수, 해외 안전자산은 원 달러를 적용했다. 그림9-11은 1990년 말부터 2017년 상반기까지 4등분 전략을 시뮬레이션 한 결과이다.

그 효과는 놀라웠다. 1990년 말 1억 원으로 시작한 평가 자산은 2017년 6월 말 기준 5억 원 수준까지 증가했다. 이는 연복리 9.9% 수준으로 매우 높은 성과라 할 수 있다.

만약 100% 한국 주식에 투자했다면 3.43배 증가한 3억 4,359만 원으로 연 6.7% 수준의 성과에 그쳤을 것이다. 4등분 전략이 상대적으로 높은 성과를 낼 수 있었던 이유는 무엇일까? 1997년의 IMF 사태, 2000년 IT 버블 붕괴, 2008년 금융위기 등 굵직한 악재가 터질 때마다 미국의 주식과 달러 자산이 안전판 역할을 해주었기 때문이다.

그림9-11만 보고, 그냥 S&P500지수에 투자했다면 더 큰 수익을 올릴 수 있었겠다고 생각할 수도 있다. 하지만 S&P500지수도 IT버블 붕괴 당시 4년간에 걸쳐 40% 가까이 하락했고, 2008년 금융위기 때에도 40% 수준으로 하락했다는 사실을 기억해야 한다. 만약 100% S&P500지수에 투자했다면 폭락하는 상황에서 심리적으로 위축되어 중간에 포기할 수밖에 없었을 것이다.

이에 반해 4등분 전략의 경우, 최대 연간 하락폭이 10.6%(2008년) 수준이었다. 심리적으로 견딜 수 있는 수준으로 투자 원칙을 굳건하게 지킬 수 있었을 것이다. 이런 결과는 통계적으로 분석해 보아도 확인된다.

4등분 전략의 위험대비 수익률(샤프 지수)은 1.16인데, 한국 주식에 100% 투자 시에는 0.21이고 S&P500지수에 100% 투자 시에는 0.73이다. S&P500지수에 100% 투자했을 때보다 4등분 전략이 훨씬 월등한 위험대비 수익률을 거두었음을 알 수 있다.

글로벌 분산투자와 4등분 전략은 안정성을 추구하는 투자자에게 간단하면서도 좋은 무기가 되어줄 것이다.

▶ 시장 밸류에이션 수준을 이용한 'lovefund이성수의 이론현금비중'

시장 밸류에이션을 이용해 안전자산 비중을 조정하는 방법에 대해 직접적으로 언급한 경우는 아마 찾아보기 어려울 것이다. 그러다보니 다소 생소하고 어려울 수도 있다. 지금부터 '이론현금비중'의 개념을 차근차근 설명해 보겠다.

주식시장은 살아 있는 생명체와도 같다. 시장에 참여하는 투자자들은 기계가 아니라 감정을 가진 인간이기 때문이다. 계속 변화하는 경제 상황과 기업들의 실적, 그리고 기술의 진보 혹은 금융위기 등은 시장의 기대치를 높이거나 낮추면서 투자 환경 자체를 위아래로 흔들게 된다.

특히 시장의 기대치가 높아져 있는 상황에서는 버블이 만들어지기 쉽다. 똑같은 악재가 닥친다 해도, 버블이 낀 증시에서는 폭락장이 만들어지고 충분히 하락한 증시에서는 바닥을 다지는 흐름이 나타난다. 이런 상반된 반응을 보이게 되는 결정적 차이가 시장의 밸류에이션이다.

고평가된 증시에서 투자자들이 어떻게 움직이는지 생각해보자. 과열된 투자심리 속에 레버리지 등이 증가하면서 공격적인 매수세를 보이지만, 한편으로 시장 상황이 나빠지면 공격적인 매도세로 주식시장을 폭락시키고 과매도 국면을 만들어 시장을 추락시킨다.

반대로 충분히 하락한 주식시장에서는 더 이상 매도할 투자자들이 사라지고, 시장이 저평가되었음을 간파한 합리적 투자자들이 저가 매수에 동참하게 된다. 오히려 이때가 기회가 되는 것이다

즉 모두가 '예스!'를 외치고 주식시장에 뛰어들 때엔 주식 비중을 줄이고 안전자산의 비중을 높여야 한다. 반대로 모두가 '노!'를 외치며 주식시장에서 도망갈 때, 주식 비중을 높이고 안전자산 비중을 낮추는 것이 합리적 투자다. 그렇다면 구체적으로 어떻게 움직여야 할까? 어떤 기준이 있어야 하지 않을까? 그것이 바로 'lovefund이성수의 이론현금비중'이다(이하 이론현금비중).

필자는 2000년대 중반부터 '이론현금비중'이라는 개념을 연구하기 시작했다. 시장의 밸류에이션 지표들을 이용하여 고평가된 시장에서는 주식을 매도하여 이론현금비중을 높이고 저평가된 시장에서는 주식을 매수해 안전자산에 묶어든 이론현금비중을 줄이는 방식이다(이 개념을 이용하면 투자자들마다 자신에게 맞는 다양한 이론현금비중 공식을 만들 수 있을 것이다).

필자의 경우를 예로 들어 보겠다.

2007년 연말 필자는 이론현금비중을 33% 수준까지 올렸다. 독자들도 알다시피 그 후 2008년 금융위기를 맞아 주식시장은 대폭락했다. 그해 연말 주가지수는 40% 하락이라는 충격적 결과를 보였지만, 이론현금비중을 활용한 필

자의 포트폴리오는 26% 수준에서 자산 하락률을 저지했다.

2009년 초 시장이 과매도 되어 저평가된 국면이 되자, 필자는 이론현금비중을 11% 수준까지 낮췄다. 안전자산을 풀어 주식 비중을 높이면서 2009년 상승장에 동참할 수 있었던 것이다.

특히, 주식시장이 고평가되어 과열기에 접어들면 예금금리와 시장금리는 매우 높아지는 경향을 보인다. 이때 안전자산을 제법 높은 비중으로 묶어 놓기만 해도, 이자수익으로 짭짤한 수익을 올릴 수 있다. 반대로 주식시장이 폭락하고 침체기에 접어들면 예금금리는 바닥을 찍고 저금리 기조에 들어선다. 주식투자 매력도가 높아지게 되는 부수적 효과를 누릴 수 있는 것이다.

[그림 9-12] 1991년 이후 '이론현금비중'을 이용한 전략과 '50 대 50전략' 비교

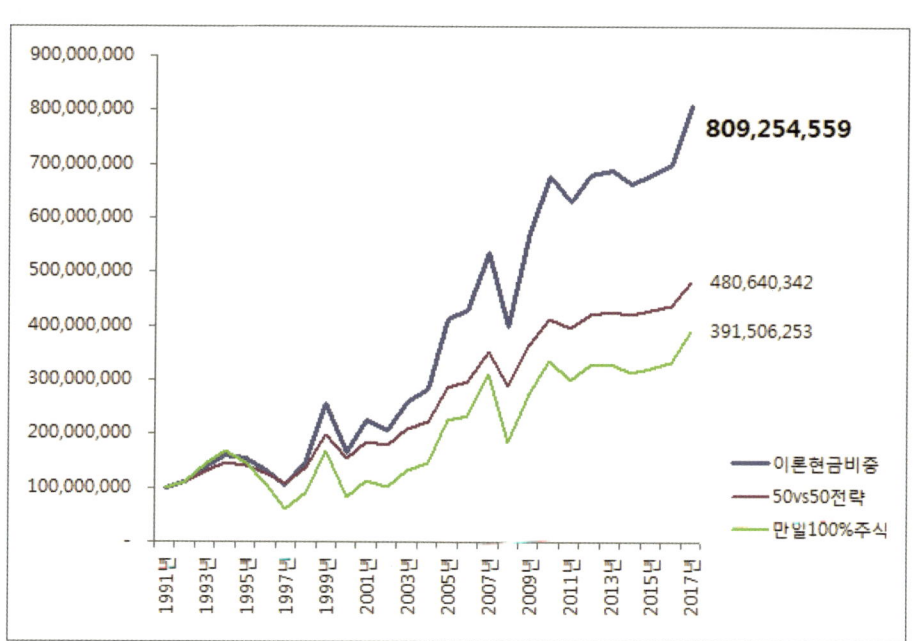

그림9-12는 앞에서 설명한 '이론현금비중' 전략을 '50 대 50 전략'과 '주가지수에 100% 투자'한 경우와 비교한 것이다. 기간은 1991년부터 2017 상반기까지, 주가지수와 1년 정기예금에 투자하는 방법을 사용했다.

'이론현금비중'을 이용한 전략은 시장이 고평가되었을 때 안전자산의 비중을 늘리고, 시장이 폭락했을 때는 '50 대 50 전략'보다 더 공격적으로 주식 비중을 높이게 된다. 그 결과 25년여 동안 수익은 꾸준히 우상향하면서 100% 주가지수에만 투자한 전략보다 2배 넘는 성과를 만들어냈다.

시장 밸류에이션을 이용해 '이론현금비중'을 만들 경우, 각자의 투자 성향에 따라 다양한 설계가 가능하다. 필자는 보다 공격적 투자를 지향하다 보니, 최대 이론현금비중을 50%로 제한하고 있다. 만약 시장 리스크에 대한 부담이 크다면 그 한도를 100%까지도 높일 수 있고, 시장 리스크를 감수할 힘이 충분하다면 이론현금비중을 대폭 낮춘 공식을 만들 수 있을 것이다.

중요한 포인트는 시장이 고평가되었을 때 이론현금비중을 높이고, 저평가되었을 때 비중을 낮추는 메커니즘이 적용되어야 한다는 것이다.

투자 수익금 관리하기

이제까지 필자가 오랜 기간 연구하고 실전에서 검증을 거친 투자전략과 전술에 대해 아낌없이 말씀드렸다. 이 책을 읽기 전까지 오랜 기간 손실만 보아 온 투자자도 있을 것이고, 주식투자를 처음 시작해 어떻게 투자해야 할지 고민하는 초보 투자자도 있을 것이다. 그리고 어느 정도 수익이 나긴 했지만, 언젠가 큰 손실이 날까 불안해하는 분들도 있을 것이다. 이 책을 만난 이후, 서서히 그런 걱정과 불안이 사라지게 되리라 확신한다.

그런데 이제부터 좀 다른 이야기를 하려고 한다.

'주식투자로 수익이 쌓인 이후에 종자금과 수익금을 어떻게 관리할 것인가'에 대한 이야기다. 필자가 제시한 전략과 전술로 돈을 벌었다 하더라도, 자칫 방심은 힘들여 쌓아 온 자산을 휴지조각으로 만들 수 있기 때문이다.

▶ 투자 수익금은 영원하지 않다

주변엔 주식투자로 벌어들인 수익을 '불로소득'으로 생각하는 사람들이 많이 있다. 불로소득이니 아껴서 쓸 생각이 없다. 필자도 주변에서 투자 수익금을 허투루 쓰는 경우를 너무 많이 보아 왔다. 특히 남성 투자자들에게서 그런 경향이 크다. 남자들은 일반적으로 과시욕이 강하다. 본인이 어떤 것을 성취하면 사람들에게 자랑하고 싶고, 인정받고 싶은 것이 자연스러운 현상이다.

고등학생이 일류 대학에 합격했다면, 대학교 졸업생이 알만한 대기업에 취업했다면, 고시공부를 하던 사람이 고시에 합격했다면, 그들은 이 사실을 모든 친구들과 가족, 친지에게 알리고 싶을 것이다. 성공한 사업가들이 고급 승용차와 명품으로 본인을 치장하는 이유도 마찬가지다. 그러니 남들은 다 쪽박 찬 주식시장에서 큰돈을 벌었다면 과시하고 싶을 것이다. 그런데 이상하게도 주식으로 번 돈을 엄한 곳에 쓰는 사람들이 많다는 게 문제이다.

가장 대표적인 경우가 '술값'이다.

개인투자자, 특히 직장인 투자자들의 평균 투자금액은 대략 1년 연봉 수준인 경우가 많다. 대략 2,000만 원에서 5,000만 원 규모로 직접 주식투자를 하게 된다. 그런데 대부분의 직장인 투자자들은 손실을 보는 경우가 태반이다. 아니라고 항변하고 싶겠지만 이건 엄연한 현실이다. 10명 중 9명의 개인투자자가 손실을 보고 있다. 그런데 지금 이 순간부터 제대로 된 전략과 전술로 수익을 만들어 가면서, 서서히 큰 수익을 쌓고 있다고 가정해 보자.

S사에 근무하는 김과장은 3000만 원을 가지고 주식을 시작했는데, 한 달

만에 10% 수익을 거두었다. 10%면 대략 300만 원, 요즘 보통 직장인들의 평균 봉급 수준일 것이다. 도깨비 방망이를 뚝딱 두드린 것처럼 한 달치의 봉급이 생겼다. 입이 근질거려 주변 동료에게 자랑을 안 할 수가 없다.

"나, 정치 테마주에 투자해서 단 하루 만에 한 달 봉급을 벌었어!"

주변의 동료들에게서 돌아오는 이야기는 대한민국 공통이다.

"우와, 한턱 쏴야겠네."

아마 많은 독자들이 이 대목에서 고개를 끄덕일 것이다. 직장인 투자자든, 전업투자자이든 마찬가지다. 그리고 으쓱한 마음에 '한턱'을 쏜다. 한턱 쏘면서 그냥 소주나 호프 한잔 할 수는 없다. 소위 좋은 술집에 간다. 여기서는 특급호텔에서 저녁과 와인을 쏘는 걸로 가정하겠다. 팀원들이 우르르 몰려 간 회식 자리에서 칭찬이 쏟아진다.

"김과장 대단해, 주식투자로 월급을 벌었으니 연봉 안올려도 되겠어." 팀장의 말도 칭찬으로 듣고 넘긴다. "김과장님 같은 남자 만나면 걱정 없이 살겠네요." 여직원들도 칭찬에 동참한다. 기분이 좋다. 웨이터를 불러 좋은 와인을 더 시킨다.

다음날 아침 정신을 차려보니, 와이프가 도끼눈을 뜨고 있다. 300만원 카드 영수증은 뭐냐고 추궁한다. 회사 회식인데, 자신의 카드로 긁은 것뿐이라고 대충 얼버무린다. 300만 원, 약간 무리한 것 같긴 하지만 다음 달에 또 10% 수익이 날 텐데 걱정 말자고 생각해 버린다.

다음날 출근하니 모두가 김과장을 향해 엄지손가락을 치켜세운다. 기분이 나쁘지 않다. 김과장은 오늘도 정치테마주로 한방을 먹기 위해 상한가 따라

잡기를 한다. 지난번에 10%만 먹고 나온 것이 영 아쉬웠으니, 이번에는 대출을 받아서라도 좀 크게 먹기로 했다. 다시 10%만 수익이 나도 천만 원, 대선도 임박했으니 마지막으로 크게 한 번 걸어 보기로 했다. 매수를 하고 나니 점심시간이다. 점심 식사 자리에서도 이어지는 칭찬과 찬사, 300만 원을 쓴 보람이 있다.

점심 식사 후, 스마트폰으로 시세를 보는데, 무언가 이상하다. 호가가 움직이지 않는다. 거래량도 차트도 꼼작하지 않는다.

'이거 뭐야, 증권사 전산장애인가?' 김과장은 심각하게 생각하지 않는다.

오후 5시, 업무를 마치고 뉴스를 보는 김과장의 얼굴이 허옇게 질린다. 그 테마주는 경영진과 대주주가 분식회계 및 배임, 횡령 등의 사유로 거래가 정지되었다는 것이다. 종목게시판에는 상장폐지까지 언급되고 있다.

'아뿔사!' 몇 달 뒤 김과장은 빚더미에 앉게 된다. 신용융자, 주식담보대출을 상환할 여력이 없어 아내 몰래 마이너스 대출과 카드 대출로 메워 넣었다. 그때 한턱 쏜 300만 원이 살 떨리게 아쉽다.

위의 내용은 가상의 내용이지만, 많은 투자자들이 공감할 것이다. 주식투자로 수익이 나게 되면 모두가 한턱을 쏜다. 그 한턱이 수익금을 넘어가는 경우도 왕왕 있다. 그렇게 수익금을 사용하고 나면, 손실구간에서는 원금이 훼손되는 상황이 발생한다. 다시 원금만큼의 투자금을 채워넣는다. 다시 원금 이상으로 수익이 쌓이면 그 수익금을 소비하고, 다시 손실구간에서 원금이 훼손되는 악순환이 반복된다.

주식투자로 분명 수익이 났는데, 웬일인지 빚만 늘어나는 상황이다.

수익을 보면 누구나 한턱을 쏘고 싶다. 그런데 그 한턱을 사랑하는 가족에게 쏘는 것은 어떨까? 300만 원 수익이 났던 김과장 정도라면 10만 원 정도 가볍게 파전에 막걸리 1차에서 끝내거나, 점심에 좋은 커피 한 잔씩 돌리는 걸로 끝냈어야 한다.

필자도 수익이 날 때 친구들에게 한턱을 쏘긴 한다. 친구들에게는 좀 미안한 이야기지만 그저 싸구려 파전에 막걸리로 2~3만 원 정도만 썼다. 내가 낸 수익은 공짜가 아니라 내 노력의 대가이기 때문이다. 월급으로 한턱 쏘는 사람은 없지 않은가?

▶ 내가 번 돈은 공돈이 아니다

앞의 사례에서 김과장은 중요한 점을 망각했다. 주식투자로 벌어들인 수익금에는 본인의 '노력과 정성'이 들어가 있다는 것이다. 그 종목을 매수하기 위해 해당 종목을 연구했을 것이고, 매매기법도 공부했을 것이다. 주식을 매매하면서 겪은 피 말리는 스트레스, 가족들 몰래 투자금을 만들기 위해 기울인 고생 등등, 이런 모든 노력이 있었기에 투자수익이 생기는 것이다.

자, 생각해 보자. 한 종목에 몰빵투자를 하더라도 그 종목에 대한 연구는 해야 된다. 재무제표와 전자공시 내역을 보면서 자세한 사업내역을 조사하는 것부터 시작하여, 해당 종목을 인터넷에서 검색하여 어떤 호재와 악재가 있는지 조사한다. 궁금한 사항이 있으면 그 회사의 주식담당자에게 문의도 했을 것이다. 그 외에도 차트분석, 외국인과 기관의 동향 등, 심층적 분석은 필수다.

그뿐이겠는가. 최근 대주주의 매매공시도 확인하면서 대주주의 심리까지도 생각한다. 혹시 지인이 그 회사에 다닌다면 저녁을 사면서 정보를 얻어내려고 노력한다. 이런 눈물 나는 노력, 대부분의 개인투자자들이 하고 있는 것이다.

그런데 주변에서는 이런 말들을 한다.
"주식 한 번 잘 해서 공돈 벌었네."
주식투자로 벌어들인 돈이 '공돈'이라면 은행, 증권사, 자산운용사, 투자자문사 등이 주식으로 수익을 낸 것이 모두 공돈이란 논리가 된다. 그렇다면 펀드매니저, 애널리스트, 증권회사 직원들에게 월급을 주지 말아야 한다. 주식으로 낸 수익은 절대 공돈이 아니다. 정당한 노력이 들어간 정당한 돈이다.
전업투자자든 아니든 주식투자의 수익금은 펀드매니저, 증권사 직원, 애널리스트가 받는 월급이나 성과급과 같다고 생각해야 한다. 이 책을 읽는 독자분들도 펀드매니저와 다를 바 없다고 생각해야 한다. 운용 자금이 본인의 것이란 점만 다르다. 그러니 수익금은 당신 자신의 펀드에서 나오는 귀중한 성과급이다!

▶ '72의 법칙'으로 자산을 불려 나가자

20세기 최고의 천재 과학자, 알버트 아인슈타인은 물리학과 천문학에 혁명적 변화를 가져 왔다.
학창시절 과학에 심취했던 필자는 상대성이론을 발견한 아인슈타인의 천

재성에 감복했던 기억이 난다. 그의 천재적인 두뇌에서는 여러 가지 획기적인 이론들이 쏟아져 나왔는데, 그 중 투자에도 필요한 원리가 있다. 그것이 바로 '복리의 공식'이다.

아인슈타인은 "복리는 인간의 가장 위대한 발명이며, 세계의 8번째 불가사의다."라고 얘기하며 '72의 법칙'이라는 놀라운 복리 계산 법칙을 제시하였다. 이 '72의 법칙'에는 아주 심오한 활용법이 담겨 있다.

72를 이자율로 나누면, 자산이 대략적으로 2배가 될 때까지의 기간이 계산되어 나온다. 말로 하면 어렵지만, 예를 들면 아주 간단하다.

연간 6%의 수익률을 복리로 계산해 자산이 두 배가 되는 시점은?

72 ÷ 6 = 12년

6%의 복리로 매년 자산을 늘려 가면 12년 뒤에는 자산이 2배가 된다는 얘기다.

그렇다면 12%의 수익률이라면 몇 년 뒤에 자산이 두 배가 될까?

72 ÷ 12 = 6년

이렇게 계산하면 본인의 자산이 언제 두 배가 되는지 대략적으로 계산할 수 있다. 연간 15%의 복리 수익률이라면 4.8년(72÷15), 대략 5년 만에 자산이 2배가 된다.

'그렇게 오래 걸리면 투자할 맛이 안 난다.'라고 생각하실 수 있다.

하지만 우리가 1, 2년 사는 것이 아니지 않는가. 특히 지금 세대는 기대 연령이 80세가 훨씬 넘어간다. 매 5년마다 2배씩 자산이 늘어나는 것이 얼마나 대단한 것인지 금액으로 계산해 보도록 하겠다. 깜짝 놀랄 준비를 하기 바란다.

위 사례의 김과장이 지금 30살이라고 가정해 보자. 투자금을 조금 키워 5천만 원을 매년 15% 수익률로 꾸준히 투자한다면 놀라운 일이 일어난다.

35살이 되는 시점에 5천만 원은 1억 원으로 두 배 증가할 것이다.

40살이 되었을 때는 2억 원, 45살이 되었을 때는 4억 원이 되어 있을 것이다.

50살이 되었을 때는 8억 원, 55살이 되었을 때는 16억 원의 자산가가 될 것이다.

그리고 환갑이 될 즈음엔 약 33억 원의 거대한 자산가로 자리잡을 것이다.

인플레이션을 감안하더라도 60살이 되었을 때의 복리투자 성과는 놀랍다. 1년의 물가상승률이 5%라고 가정해 보자. 물가상승률을 감안한 60살 김과장이 연간 15% 복리로 거둔 약 32억 원의 가치는 현재가치로 7억 4천만 원이 된다. 5천만 원으로 불린 30년 뒤의 투자자산이 현재가치로 7억 4천만 원이 되었다면 매우 훌륭한 투자성과인 것이다.

앞서 '가치스타일 전략'이 연평균 15% 정도의 수익률을 내었다는 사실을 떠올려 보자.

만일 가치스타일 전략을 조금 더 업그레이드 한다면 연평균 20%의 복리수익률도 노려볼 수 있을 것이다. 워런 버핏은 연간 복리수익률 25% 수준으로 억만장자가 되었다. 아니 조만장자가 되었다. 만약 앞의 김과장이 연평균 25%의 복리수익률을 거두게 되면 5,000만원의 자산은 얼마나 될까? 입이 쩍 벌어지는 결과가 나온다.

[그림 9-13] 5,000만원의 투자금으로 수익률 15%일 때와 25%일 때의 복리효과

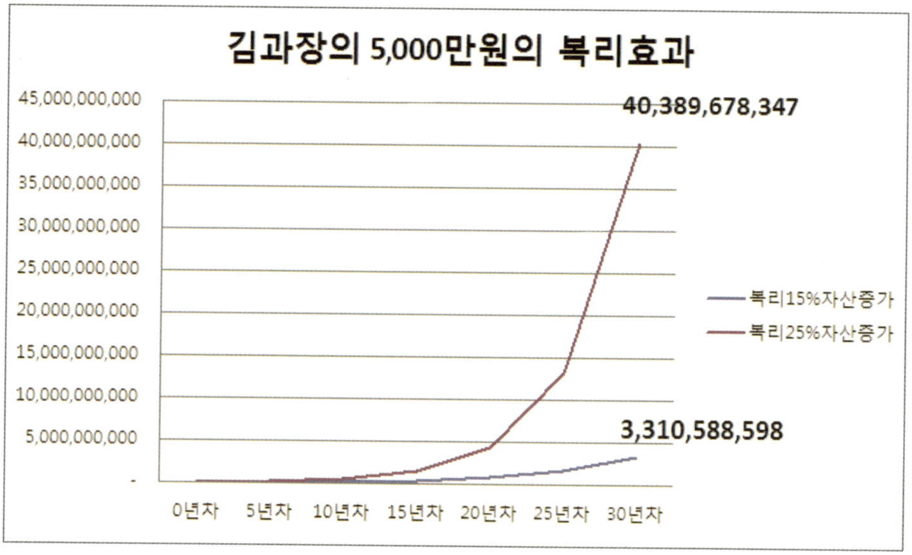

김과장의 5,000만원의 복리효과

- 복리15%자산증가
- 복리25%자산증가

40,389,678,347
3,310,588,598

그림9-13에서 김과장의 5,000만 원을 15% 복리로 계산했을 때, 30년이 지난 60세에 33억 원이 된다는 결과를 확인할 수 있다. 그런데 만약 25% 복리로 수익이 누적되면 자산 증가 속도는 빛의 속도가 된다. 15%일 때와는 비교가 안 되는 것이다. 김과장이 25%의 복리 수익률을 올릴 수 있다면 60세가 되었을 때 자산은 403억 원이 된다. 이 금액이면 물가상승률 5%를 감안하더라도 현재가치로 93억 원대에 이르는 어마어마한 금액이다.

자, 놀란 마음을 진정하고 정리를 해보자.
개인투자자들은 자신의 투자금 수천만 원의 가치를 크게 생각하지 않는 경우가 많다. 하지만 제대로 전략 전술을 구사해 투자한다면 매년 복리효과를 누리며 엄청난 가치를 창출할 수 있다. 물론 주식투자로 매년 수익이 나지 않

을 수도 있다. 하지만 특정 연도에 손실이 났다면, 다음 해 또는 그 다음 해에는 그 보다 더 높은 수익이 발생할 수 있도록 부단한 노력을 해야 한다. 워런 버핏의 25% 수익률은 아니더라도, 연 복리 15% 수준만 달성하면 은퇴 후엔 자산가로 살 수 있을 것이다.

10장

투자심리에 성패가 달렸다

지금까지 주식투자에 필요한 지식들을 체계적으로 공부했다. 가치투자를 위한 재무제표, 이를 이용한 재무비율 및 투자 지표, 이론주가 모형과 가치스타일 투자전략과 자산배분전략을 자신의 것으로 만들었을 것이다.

그런데 정말 이상한 일은 필자가 이 책에 나온 투자법을 지인들에게 공들여 알려주고, 세미나나 교육을 통해 설명해주어도 주식투자로 돈을 번 사람들은 생각보다 많지 않다는 것이다.

앞 장에서 필자는 가치스타일 투자의 놀라운 성과를 언급했다. 이렇게 좋은 투자법이 있는데도 많은 투자자들이 수익을 내지 못하는 이유는 뭘까? 책에서 소개한 방법에 무슨 문제라도 있는 것일까?

절대 그렇지 않다. 필자는 이 책의 초판이 나온 2013년 이후, 4년여 동안 가치투자 포트폴리오의 수익률을 공개해 왔는데 그 기간 동안 꾸준한 성과를 이어왔음은 명백한 사실이다(그림10-1 참조).

'문제는 투자심리'라는 것이 필자의 강력한 주장이다.

[그림 10-1] 초판 출간 후, 4년간의 가치투자 포트폴리오 성과

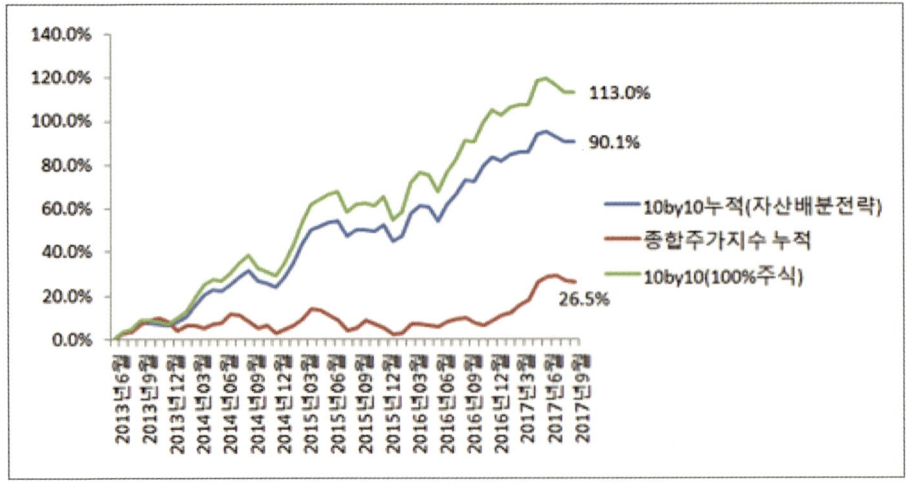

아무리 뛰어난 지능과 정보, 투자 지식을 가졌다 해도 투자심리가 굳건하지 않으면 자신이 세웠던 투자 원칙은 무너지고 만다.

가치투자를 통해 꾸준히 수익을 이어오던 투자자라 하더라도 중간 중간 시장이 출렁이게 되면 언제 그랬냐는 듯 공포감에 휩싸이면서 자신의 투자 원칙을 휴지 조각처럼 던지는 이들이 많다.

시장이 출렁일 때, 투자자들은 뉴스나 소문 혹은 주변 사람들의 훈수를 민감하게 받아들이고 자신의 원칙을 쉽게 무너뜨린다. 사소한 시장의 소음을 천둥소리로 증폭시키고, 스스로 공황 상태에 빠지게 된다. 좋은 머리와 지식으로 무장한 투자자들이 한 순간에 감정의 동물로 전락하는 것이다.

투자하기 전에 먼저 투자심리를 컨트롤할 능력을 키워야 한다. 그러기 위해서는 몇 가지 강제 조항이 필요하다. 율리시스가 사이렌의 유혹을 이기기 위해 자신의 몸을 돛대에 묶고 선원들의 귀를 밀랍으로 막은 것처럼.

감정이 휘둘리지 않도록 제한을 가하라!

 주식시장에는 끊임없이 노이즈가 쏟아진다. 매달 악재들이 등장해 시장을 뒤흔들기도 하고, 경우에 따라서는 인류가 멸망할 것 같은 분위기가 조성되기도 한다. 이런 소음이 반복되면 차분한 투자자들도 한순간 자신의 투자에 회의를 느끼게 된다.

 주식시장에 떠도는 뉴스와 소문들은 마치 율리시스를 유혹한 사이렌의 노래처럼 투자금 전부를 매도하게 하거나, 모든 자금을 한 종목에 쏟아 붓거나, 버블이 심한 위험한 종목에 집중하도록 만든다.

 이를 막기 위해서는 자신의 투자에 제한 사항 몇 가지를 만들어둘 필요가 있는데 다음의 3가지가 대표적 예이다.

 첫 번째, HTS와 모바일 증권앱(MTS)을 삭제한다.

 시세 조회나 거래의 편리성 때문에 HTS나 모바일 증권앱을 활용하는 투자자들이 많다. 출퇴근 시간은 물론 화장실에서도 주가를 확인할 수 있고, 심지어 잠들기 직전까지도 계속 주가 조회가 가능하다.

 문제는 이렇게 수시로 주가를 확인하다 보면, 아무리 멘탈이 강한 투자자라 해도 마음속에서 불안감이 자라게 된다는 것이다. 그렇게 스멀스멀 피어오른 불안감은 어느 순간 투자 원칙을 무너뜨리는 원흉이 되고 만다.

 이를 막기 위한 최소한의 방법 중 하나가 HTS와 모바일 증권앱을 삭제하는 것이다. 사실 장기투자, 가치투자를 하는 이들이라면 매 시각, 매 초 단위로 주가를 확인할 필요가 없다. 이 책의 투자 전략과 원칙들을 실천하고자 하는 투자자라면 우선 주가 조회라는 강박증에서 벗어나야 한다.

 두 번째, 레버리지 투자는 절대 하지 않는다.
 주식투자를 하다 보면, 단숨에 큰 수익을 내려는 욕구가 강해진다. 가장 쉽게 할 수 있는 방법이 부채를 끌어와 투자금을 늘리는 레버리지 투자다. 증권사에서 제공하는 주식 관련 대출이나 마이너스 통장, 심지어 카드론을 이용하는 투자자도 있다.
 이렇게 레버리지 투자를 감행하면, 수익이 날 경우에는 자기 자금보다 높은 수익률을 만드는 짜릿한 경험을 하게 되지만, 반대로 손실이 날 경우 모든 투자금을 날리게 되는 심각한 상황이 벌어진다.

 레버리지 투자자들이 매분 매초 습관적으로 주가를 확인하는 것은 이런 불안감 때문이다. 수시로 주가를 살펴보다가 하락이 시작되면 공포감에 사로잡히고, 이러지도 저러지도 못하다가 손실이 쌓여 임계치에 도달하면 손절매하게 되는데 그때는 이미 모든 투자금을 날린 시점일 경우가 많다.

세 번째, 일부러 수수료가 비싼 증권사를 이용한다.

　앞의 제한 사항 두 가지는 이해가 되는데 이건 무슨 얘기인지 의아해 하는 독자가 많을 것이다. 세 번째 제한 사항은 역설적 표현으로 이해하면 된다.

　요즘 증권사 수수료는 매우 저렴하다. 평생 수수료 무료를 선언하는 증권사도 있을 정도다. 그래도 거래가 빈번하게 이루어지면 증권거래세가 쌓이게 되는 법이다. 증권사의 수수료가 무료라 하더라도 유관기관 수수료는 내야 하기에 매매 횟수에 비례해 직간접적 비용이 늘어나는 것이다. 이뿐 아니라 매매 과정에서 발생하는 호가 차이도 일종의 비용으로 볼 수 있다.

　따라서 가치투자자들 중에는 자신의 매매 횟수를 통제하기 위해 일부러 수수료가 비싼 증권사를 이용하는 경우가 많다. 만만찮은 수수료를 감안하다 보면 자연스럽게 매매 횟수가 줄어들게 되고, 흥분과 공포라는 투자심리에 휘둘리지 않을 수 있다. 자신이 세운 투자 원칙을 깨고 매매하고 싶은 마음에 일종의 브레이크 장치로 작용하는 것이다.

02 군중심리의 메커니즘을 이해하라

아이작 뉴튼은 물리학과 수학에 큰 업적을 남긴 위대한 과학자다. 그가 만든 뉴튼 역학과 미분학은 과학은 물론 수학 발전에도 큰 기여를 했다. 그런데 쌩뚱맞게도 주식 얘기를 할 때도 아이작 뉴튼이 등장한다.

워낙 천재이다 보니 '주식시장에도 뭔가 업적을 남겼나 보다'라고 생각할 수 있겠지만, 사실은 주식투자로 큰 재산을 잃은 투자자로 알려져 있다.

뉴튼이 노년기에 접어든 1718년에서 1721년 사이, 영국은 사우스 씨 컴퍼니(South Sea Company) 버블에 사로잡혀 있었다. 처음에 뉴튼은 자신의 천재적 명성에 어울리게 이 회사에 투자해 몇 배의 수익을 내고 매도했다. 이후 주가는 계속 폭등했고, 군중들은 이 회사의 주식을 사기 위해 혈안이 되었다. 자신이 매도한 가격보다 훨씬 높이 치솟은 주가를 본 뉴튼은 감정을 추스르기 어려웠고, 소위 상투 시점에서 거액의 자산을 투자했다. 하지만 곧이어 주가는 4분의 1 수준으로 폭락했고 뉴튼은 큰 손실을 입었다.

결국 천재 과학자 뉴튼도 주식시장의 군중심리에 당했던 것이다. 그는 이런 명언을 주식시장에 남겼다.

"나는 천체의 움직임을 미세한 수준까지 계산할 수 있지만, 인간의 광기를 계산할 수는 없다."

군중심리란 막연한 개념일 수 있다. 그리고 자신이 군중심리에 빠졌다는 것을 알아차리기란 매우 어렵다. 극단에 치달아서야 객관적 상황이 보이지만 그때는 이미 뒤늦은 시점인 경우가 많다.

그런데 왜 인간은 군중심리에 이렇게 취약한 것일까? 그것이 바로 인간의 본능이기 때문이다. 인간이 현재와 같은 문명사회를 이룬 것은 1만 년이 채 안 된다. 특히 금융시장이 성숙한 것은 길게 잡아야 100년이다. 그 이전에는 야생에서 생존하는 데 유리한 유전자만 DNA에 남겼을 것이다. 합리적 투자의 적인 군중심리의 정체가 바로 이것이다.

우리는 왠지 모르게 모여 있어야 마음이 편하고, 다른 사람과 같은 행동을 해야 안심이 된다. 야생에서 독자적 행동을 하면 맹수에게 잡아먹히거나 무리에서 도태되어 생존이 위협받는다. 군중심리를 잘 따르는 개체의 생존 가능성이 높아지는 것이다.

아이러니하게도 야생에서는 생존에 필수적인 이 본능이 주식시장에서는 독이 된다. 군중들이 흥분해 주식시장에 뛰어들 때 주식시장은 상투가 되고, 군중들이 겁먹고 도망갈 때 주식시장은 바닥을 만든다.

시장의 상승세가 이어져 모든 사람들이 주식투자를 찬양하는 시기엔 너도나도 증권사로 뛰어가기 바쁘다. 1초라도 더 빨리 주식을 사기 위해 마음이 급해지는 것이다. 주식투자 성공담은 미화 과정을 거친 후, 다른 투자자들을 더욱 흥분시키는 역할을 한다. 하지만 어느 순간 주식시장의 상승으로 높아진 주가와 시가총액을 떠받치는 데 필수적인 자금이 더 이상 들어오지 않게 된다. 이미 모든 잠재적 투자금이 유입되었기 때문이다. 결국 시장은 바람이 사라진 하늘의 연처럼 추락하기 시작하고 뒤늦게 뛰어든 군중들은 엄청난 손실을 보고 만다. 2007년, 전 국민이 주식형펀드에 가입하기 위해 증권사로 몰려갔던 사례를 생각해보면 이해가 쉬울 것이다.

주가가 폭락하면 군중심리는 돌변해 주식시장을 악의 축인 것처럼 몰아 부친다. 마녀사냥이 따로 없을 정도다. 주식투자는 도박이니 패가망신의 지름길이라고 말하는 이들까지 나온다. 심지어 주식투자를 절대 하지 말라는 식의 책도 등장한다. 비관론이 힘을 얻는 시점이다.

이미 주식투자로 큰 손해를 본 사람들은 더 이상 손해 볼 수 없다는 생각에 모든 주식을 시장에 내던지고 주식시장을 떠난다. 현명한 투자자들이 헐값으로 버려진 주식을 야금야금 사 모으는 시점도 바로 이때다. 그리고 어느 순간부터 주가가 상승하기 시작한다. 더 이상 매도할 사람이 없기 때문이다.

2008년 금융위기를 겪은 후 2009년이 바로 그랬다. 투자자들이 모든 주식을 팔고 시장을 떠났던 그때가 바닥이 되었던 것이다.

군중심리를 대할 때는 실체를 면밀히 관찰할 필요가 있다. 적당한 군중심리는 시장의 방향성을 알려준다는 점에서 일부분 긍정적 효과가 있지만, 극단적 군중심리는 시장의 상투와 바닥을 알리는 신호이기 때문이다. 존 템플턴 경이 남긴 명언 역시 군중심리에 대한 통찰력에서 비롯된 것이다.

"강세장은 비관 속에서 태어나, 회의감 속에 자라며, 낙관 속에서 성숙하여, 행복 속에서 사라진다."

03 군중심리를 역이용하는 방법, 휴먼인덱스

앞에서 투자에 있어 군중심리가 얼마나 위험한지에 대해 충분히 설명했다. 이제 그 위험한 군중심리를 투자에 긍정적으로 활용하는 방법에 대해 이야기하려고 한다. 바로 '휴먼인덱스'를 역이용하는 방법이다.

휴먼인덱스를 사전에서 찾을 필요는 없다. 칼럼을 쓸 때, 혹은 세미나나 강연, 교육을 할 때 언급하는 필자만의 용어이기 때문이다. 군중심리란 쏠림이 심해서 모든 사람들이 주식투자를 찬양하거나 비관하는 극단적 상황을 연출한다. 이중에서 시장의 과열과 상투를 알려주는 신호가 인간 지표, 즉 휴먼 인덱스다.

잘 생각해보면 군중심리는 단 하루 만에 만들어지는 것이 아니다. 시장이 달아오르려면 어느 정도의 시간이 필요하다. 주식시장의 상승 초기에는 기존의 투자자들이 흥분하지만, 시장이 상투권으로 접어들게 되면 이전에 주식을 하지 않았던 이들이 주식투자를 하겠다고 나선다.

분명 얼마 전까지 주식투자는 패가망신의 지름길이라며 비난하던 이들이 직접 투자에 나서고 주식시장을 찬양하는 것이다. 과거 1989년과 1999년, 그리고 2007년을 예로 들어 설명해 보겠다.

1985년 100포인트 중반에서 시작된 상승장은 1989년 1,000포인트를 넘어서면서 4년 만에 6~7배 넘는 주가지수 상승률을 기록했다. 주식투자에 '주' 자도 모르던 사람들이 들썩이기 시작했다. 평생 농사만 짓던 노인들이 소를 팔아 증시로 뛰어들었고, 아이 키우고 살림만 하던 전업주부들이 적금통장을 깼다. 가히 전 국민이 주식투자 광풍에 휩싸였던 것이다.

명절 때 친지들이 모이면 주식투자 영웅담이 난무했고, 지하철에는 국민주를 사서 주주가 되었다는 초등학생이 등장한 광고가 걸렸다. 누가 봐도 확실한 상투였다. 결국 주가지수가 반토막 나면서 1990년대 초반 깡통계좌 사태로 이어졌고 증시의 흑역사가 만들어졌다.

1999년에도 광풍이 주식시장을 강타했다. IMF 사태 이후 막 숨통이 트이기 시작한 한국 경제에 힘입어 주가지수는 단숨에 280포인트에서 1,000포인트까지 상승했다. 여기에 전 세계적인 IT 버블이 가세해 주식시장은 투자자들로 인산인해를 이루었다. 당시는 HTS가 범용화 되지 않은 때였기에 객장에서 주문하려는 투자자들로 발 디딜 틈이 없었던 것이다.

여기에 펀드 열풍까지 불면서 그해 추석 친지들 사이에서 '펀드'를 모르면 칠푼이로 취급되었을 정도였다. 하지만 이런 극단적 군중심리는 2000년 IT 버블이 붕괴되면서 급랭되었고 2000년 코스닥 폭락과 종합주가지수 급락 속에서 투자자들은 큰 손실을 입고 말았다.

2007년은 2003년부터 시작된 4년여 상승장의 막바지였다.

2000년대 초중반, 사람들은 주식시장에 염증을 느끼고 있었다. 앞서 언급했던 IT 버블 붕괴 과정에서 큰 손실을 경험했고, 카드 대란 등의 개인 신용 위기도 있었기 때문이다. 2003년 봄 500포인트 근처에 있었던 주가지수는 2000년 중반 내내 꾸준히 상승해 2007년에는 2,000포인트에 이르게 되었다.

다시 사람들이 주식투자에 뛰어들기 시작했고, 중국을 중심으로 한 BRICs(브라질, 러시아, 인도, 중국) 펀드에 가입하기 위해 증권사 지점에는 긴 줄이 만들어졌다. 은행들은 예금이 아닌 주식형펀드를 판매하느라 바쁠 정도였다.

당시 인기를 모았던 시트콤 '거침없이 하이킥'에는 전업투자자였던 이준하(정준하 분)가 등장해 주식투자로 대박을 내는 장면이 나오기도 했다. 2007년의 뜨거웠던 분위기 역시 2008년 금융위기가 오자 급격히 냉각되었고 투자자들은 또 한 번 큰 손실을 보았다.

위에서 언급한 3개의 사례는 극단적 군중심리가 만들어지는 과정에서 휴먼인덱스가 어떻게 형성되는지를 보여주고 있다. 군중심리는 하루이틀에 만들어지지 않고 단계적으로 확산되는데, 위에서 예시한 1989년, 1999년, 2007년 모두 그런 양상을 보였다.

자, 이제부터 휴먼인덱스를 이용하는 방법에 대해 알려주겠다.

일단 주변 지인들 중 주식투자를 절대 하지 않을 것 같은 인물을 5명 정도 선정한다(주식투자를 하지 않다가 위의 세 시기에 주식투자에 뛰어들었던 인물들도 괜찮다). 그리고 그들이 주식투자를 하는지 안 하는지 가끔씩 체크하면 된다.

선정한 5명 중 3명 이상이 주식투자를 시작했다면 상투권에 접어들었다고 판단하고, 서서히 주식투자 비중을 줄여나가면 되는 것이다. 이것이 휴먼인덱스를 이용해 군중심리를 역이용하는 방법이다.

필자도 5명의 휴먼인덱스를 가지고 있다. 물론 그분들은 자신이 그런 역할을 하는 줄 모를 것이다. 2017년 가을 현재, 이 5명 중 1명이 휴먼인덱스의 신호등을 밝혔다. 2017년 봄, 주가지수가 2,500포인트를 향해 달려가자 주식투자를 시작했던 것이다. 그 이전에는 전혀 주식투자를 하지 않았던 인물임에도 불구하고 말이다.

필자는 차후에 휴먼인덱스 중 5명이 모두 불을 밝히면 '이론현금비중' 등 복합적 분석을 통해 서서히 주식 비중을 줄여 나갈 예정이다. 군중심리가 광기에 접어들게 되면 시장은 상승 동력을 만들기보다 상투를 만들고 하락할 가능성이 매우 크기 때문이다.

자, 이 책을 읽고 계신 독자 분들도 당장 5명의 휴먼인덱스를 마음속에 선정해놓고 군중심리를 역이용할 준비를 갖추기 바란다. 그리고 5명에게는 절대 '당신이 나의 휴먼인덱스이다'라고 알리지 말기 바란다. 당사자의 마음이 상할 수도 있고 휴먼인덱스로서의 효용성이 떨어질 수도 있기 때문이다.

그렇지만 무엇보다 가장 중요한 것은 본인이 군중심리에 휩쓸리지 않겠다고 마음을 단단히 먹는 일이다. 주식시장이 뜨겁게 달구어져 휴먼인덱스 모두에 신호가 켜졌는데도, 냉정을 잃고 그 신호를 무시한다면 상투로 향하는 롤러코스터를 타게 될 것이 분명하다. 단! 주식시장이 가열차게 상승하고 있는 강세장이라는 조건을 추가로 붙인다.

에필로그

불변의 투자 나침반이 되기를

『시간을 이기는 주식투자 불변의 법칙』 초판이 나오고 4년이라는 시간이 흘렀다. 개정판에는 그 기간 동안 더욱 성숙해진 시각과 풍부해진 투자 지식들을 추가했고 기존의 자료들을 업데이트했다.

초판에서 언급했던 전략들은 그 후 4년여 동안 의미 있는 투자 성과를 만들어냈다. 또한 이 책의 투자 철학에 공감하고 실천에 옮긴 가치투자자들은 그에 맞는 수익을 올릴 수 있었으리라 생각한다.

그리고 앞으로도 가치투자 이론과 전략들은 시간을 이기고 계속 좋은 성과를 만들 수 있을 것이라 확신한다. 다만 과거에 비해 기대수익률이 조금 낮아지거나, 상대적으로 부진한 시기가 이전보다 길어질 수는 있다.

하지만 그런 상황에 직면했을 때, 절대 군중심리에 휩쓸려 투자 원칙을 버리지 말아야 한다. 그 시기와 그 상황에 지느냐, 아니면 이기느냐에 따라 장기적인 투자 성과에 있어 큰 차이가 만들어진다.

특히 2010년대 중반 이후, 로보어드바이저(Robo-advisor, 전문가 대신 컴퓨터가 알고리즘을 통해 자산을 운용하는 서비스)와 인공지능 투자가 시작되고 점점 활성화되는 추세에 있기에, 감정적으로 투자하는 이들은 더욱 어려운 상황을 맞을 것이다. 문제의 원인을 시장에만 돌리지 말고, 자신의 약한 투자 마인드에서 찾는 노력이 필요하다.

그런 의미에서 이번 개정판에는 '투자심리'에 관한 내용을 추가하였다. 새롭게 변화하는 세상에서 투자심리를 컨트롤 하는 것이 무엇보다 중요할 것이기 때문이다. 아무리 좋은 가치투자 전략을 발굴하고, 아무리 우수한 자산배분전략을 가지고 있다 하더라도 작은 수익률에 흔들리고 군중심리와 시장 소음에 동요된다면 아무 소용이 없다.

필자는 2014년 봄에 술을 끊었다. 건강상 이유도 있지만 투자심리를 굳건히 하겠다는 다짐도 포함된 결정이었다. 술은 사람을 감정적으로 만들기 쉬워 자칫하면 투자심리에 영향을 미칠 수 있기 때문이다. 혹여라도 금주 결심이 흔들릴까봐 필자의 칼럼을 매일 읽어주시는 독자와 회원 분들께 공개적으로 선언도 했다.

초판의 책 말미에서 '이 책이 투자에 큰 도움이 되었다고 막걸리 한잔 사주시면 마다하지 않겠다'라고 썼지만 이제는 술을 즐기지 않으니 이 말을 끝으로 글을 마치도록 하겠다.

"이 책이 투자에 큰 도움이 되었다고 맛있는 카페라테 한잔 사주신다면 마다하지 않겠다."

『시간을 이기는 주식투자 불변의 법칙』이 독자 여러분에게 불변의 투자 나침반이 되길 바라며…

2017년 하늘이 높푸른 가을 날에
lovefund 이성수

✧ 당신은 언제나 옳습니다. 그대의 삶을 응원합니다. — 라의눈 출판그룹

시간을 이기는
주식투자 불변의 법칙

개정판 1쇄 2017년 11월 1일
2쇄 2020년 6월 1일

지은이 lovefund 이성수
펴낸이 설응도   편집주간 안은주
영업책임 민경업

펴낸곳 라의눈

출판등록 2014년 1월 13일(제 2014-000011호)
주소 서울시 강남구 테헤란로 78길 14-12(대치동) 동영빌딩 4층
전화 02-466-1283   팩스 02-466-1301

문의(e-mail)
편집 editor@eyeofra.co.kr
마케팅 marketing@eyeofra.co.kr
경영지원 management@eyeofra.co.kr

ISBN : 979-11-86039-97-7 13320

이 책의 저작권은 저자와 출판사에 있습니다.
저작권법에 따라 보호를 받는 저작물이므로 무단전재와 복제를 금합니다.
이 책 내용의 일부 또는 전부를 이용하려면 반드시 저작권자와 출판사의 서면 허락을 받아야 합니다.
잘못 만들어진 책은 구입처에서 교환해드립니다.